我国农业科技园区创新发展战略研究

陈学渊 吴 圣 吴永常 著

中国农业科学技术出版社

图书在版编目(CIP)数据

我国农业科技园区创新发展战略研究／陈学渊，吴圣，吴永常著．--北京：中国农业科学技术出版社，2021.10

ISBN 978-7-5116-5515-8

Ⅰ.①我… Ⅱ.①陈…②吴…③吴… Ⅲ.①农业园区-高技术园区-发展战略-研究-中国 Ⅳ.①F324.3

中国版本图书馆 CIP 数据核字（2021）第 197594 号

责任编辑	徐定娜
责任校对	贾海霞
责任印制	姜义伟　王思文

出 版 者	中国农业科学技术出版社 北京市中关村南大街 12 号　邮编：100081
电　　话	（010）82105169（编辑室）　（010）82109702（发行部） （010）82109709（读者服务部）
传　　真	（010）82109707
网　　址	http://www.castp.cn
经 销 者	各地新华书店
印 刷 者	北京建宏印刷有限公司
开　　本	185 mm×260 mm　1/16
印　　张	14.5
字　　数	238 千字
版　　次	2021 年 10 月第 1 版　2021 年 10 月第 1 次印刷
定　　价	98.00 元

版权所有·翻印必究

目 录

1 研究背景、意义与框架 ... 1
1.1 研究背景 ... 2
1.2 研究意义 ... 4
1.3 研究思路与研究内容 ... 5

2 农业科技园区的概念和功能 ... 7
2.1 农业科技园区的概念 ... 8
2.2 农业科技园区的建设目标、功能和空间结构 ... 9
2.3 我国农业科技园区的典型类型 ... 13

3 农业科技园区的发展历程及发展现状 ... 17
3.1 我国农业科技园区发展的5个阶段 ... 18
3.2 我国农业科技园区建设的主要成效 ... 21
3.3 我国农业科技园区发展的主要问题 ... 24

4 农业科技园区的管理体制创新研究 ... 27
4.1 农业科技园区的管理体制特征 ... 28
4.2 宏观层面的园区管理体制创新 ... 32
4.3 微观层面的园区管理体制创新 ... 38
4.4 案例分析 山东省农业科技园区管理体制创新评价分析 ... 48

5 农业科技园区三产融合发展研究 ... 55
5.1 园区三产融合发展的内涵与功能 ... 56
5.2 园区三产融合发展的路径与模式 ... 62
5.3 案例分析 陕西大荔现代农业园区产业演变分析 ... 66

6 农业科技园区的创新集群构建与模式研究······79
6.1 农业产业集聚的内涵、机制与作用······80
6.2 农业科技园区产业创新集群路径······84
6.3 案例分析 陕西杨凌、山东寿光与湖北武汉······88

7 农业科技园区的园城镇村融合发展······97
7.1 园区建设与城镇化发展······98
7.2 农业科技园区对城镇化的作用机理······103
7.3 农业科技园区建设的园城镇村融合······106
7.4 案例分析 陕西大荔现代农业园区园城融合发展分析······108

8 农业科技园区的规划与建设实践······117
8.1 以园区管理体制机制为特征······118
8.2 一二三产融合发展规划······137
8.3 产业集聚打造规划······185
8.4 园城镇村融合规划······199

9 主要结论和政策建议······213
9.1 主要结论······214
9.2 政策建议······215

参考文献······219

1
研究背景、意义与框架

1.1 研究背景

1.1.1 农业科技自主创新能力新发展面临新需求

当前，我国经济面临转型升级的任务，创新驱动高质量发展的重要性更加突出。党的十九大报告指出，我国经济正处在转变发展方式、优化经济结构、转变增长动力的攻关期，必须坚持质量第一、效益优先，以供给侧结构性改革为主线，推动经济发展质量变革、效率变革、动力变革，提高全要素生产率。要驱动经济转型升级，在提质增效等方面取得更大进展，就必须大力推进科技创新。在新一轮的国际竞争格局重塑中，创新已成为国家竞争力的核心所在，必须牢牢抓住创新这个牵动经济社会发展全局的"牛鼻子"，塑造更多依靠创新驱动、更多发挥先发优势的引领性发展，依靠科技创新、体制创新和商业模式创新，挖掘发展内生动力。

近年，我国耕地资源不断减少，给农业发展造成严重的威胁；农产品生产成本不断上升，农业收益持续下滑，农业比较优势减弱。我国农业产业出现了新矛盾，农业面临着供求结构失衡、农业生产要素配置效率低下、农业自主创新不足、农产品竞争力不强等问题。农产品阶段性供过于求和供给不足并存，农村一二三产业融合发展深度不够，农业供给质量和效益亟待提高；农民适应生产力发展和市场竞争的能力不足，农村人才匮乏；农村基础设施建设仍然滞后，农村环境和生态问题比较突出，乡村发展整体水平亟待提升。要破解这些难题和挑战，根本出路在科技，需要加快农业科技创新破解结构性难题，全面提升我国农业质量、效益和竞争力。

1.1.2 农业农村农民实现高质量发展面临新任务

农业是国民经济的根基，粮食安全事关国家生存，我国农业生产资源有限，科技创新是农业发展的唯一出路。党的十九大报告首次提出了实施乡村振兴战略。习近平总书记强调，要推动乡村产业振兴，紧紧围绕发展现代农业，围绕农村一二三产业融合发展，构建乡村产业体系，实现产业兴旺，把产业发展落到促进农民增收上来，全力以赴消除农村贫困，推动乡村生活富裕。产业兴旺突出了以推进供给侧结构性改革为主线的要求，突出了用现代产业发展理念和组织方式改造农业农村产业的趋势。乡村要发展现代农业，确保国家粮食安全，调整优化农业结构，加快构建现代农业产业体系、生产体系、经营体系，推进农业由增产导向转向提质导向，提高农业质量、效益、整体素质。

农业科技园区作为一种集聚经济，通过将各方面要素集中起来，可以降低交易成本，获取规模经济，达到单个企业不能达到的效果。在农业科技园区中，企业通过共用基础设施、共享劳动力市场、相互交流和协作，缩短了企业的沟通距离，促进信息流动和技术扩散，促进了产业创新，从而获取竞争优势，促进地区经济增长。乡村产业振兴是一个系统工程，需要人才、资金、技术以及相关的支撑配套产业和政策，需要各方面进行协同以发挥更好的作用。如果某方面存在不足，都会影响乡村产业的整体发展。农业科技园区通过采用连片式、集群化、全产业链的发展模式，促进农村生产生活、就业创业、休闲观光等协同发展，快速促进乡村发展。农业科技园区汇聚各方面力量，连片带动乡村发展，避免单个企业或要素的不足，是乡村振兴战略实施的有效载体。

1.1.3 农业科技园区产业链提质升级面临新阶段

农业科技园区是现代农业发展的新型模式，是农业技术组装集成的载体，是市场与农户连接的纽带，是现代农业科技的辐射源，是人才培养和技术培训的基地，对周边地区农业产业升级和农村经济发展起示范与推动作用。经过近20年的发展，国家农业科技园区建设取得巨大成就，然而也面临着许多问题，与当前形势发展需求存在很大差距。我国农业科技园区的理论和实践依然存在许多问题。在实践方面，虽然经过多年发展，农业科技园区依然面临要素集聚效应不强、科技创新能力不高、自我发展动力不足、示范带动能力不明显等问题，与其他类型园区存在趋同化发展趋势。农业科技园区的农业高新技术产业发展不足，自主创新成果较少，许多依赖外部引进，与真正意义上的"科技园"存在差距。

2018年1月，科技部等六部委发布《国家农业科技园区发展规划（2018—2025年）》，提出农业科技园区存在的几个问题：一是引领示范现代农业发展的作用还未充分凸显，园区创新创业、成果转化水平仍需进一步提高，新产业和新业态的集聚效应不够，农业产业竞争力不强；二是区域布局有待进一步优化，园区发展不平衡，建设水平参差不齐，创新资源和要素流动不畅，同质化竞争严重，支撑区域发展显示度不高，东部地区的园区布局密度、发展水平明显高于中西部地区；三是资源整合力度有待加大，园区的组织领导和业务指导有待加强，园区缺乏支撑政策，特别是土地配套政策、金融贷款政策和社会投资政策，导致园区科教资源和创新型企业的集聚力度不强。

我国农业农村的形势发展对农业科技园区的建设提出了新的要求，2017年中央一号文件提出了"提高农业科技园区建设水平""打造现代农业创新高地"。《国家农业科技园区发展规划（2018—2025年）》明确到2025年，把园区建设成为农业科技成果培育与转移转化的创新高地，农业高新技术产业及其服务业集聚的核心载体，农村大众创业、万众创新的重要阵地，产城镇村融合发展与农村综合改革的示范典型。

1.2 研究意义

1.2.1 丰富农业科技园规划理论

研究有助于完善农业园区理论，指导和推动我国的农业科技园区建设。当前，我国农业科技园区理论研究不足，理论落后于实践发展。自20世纪90年代以来，随着我国农业园区的建设和发展，关于农业科技园区的研究日渐丰富，逐渐形成了我国农业园区的理论基础体系。然而，很长一段时间以来，农业科技园区相关研究发展缓慢，研究内容多集中在科技创新、综合评价、发展战略等议题上，研究方法以定性分析为主，多为作者的经验论述，缺乏深入的理论分析和实证研究。本研究采取理论分析、概念模型、社会调查、案例分析等多种手段，从政府视角来解读农业科技园区，有助于拓展农业园区的研究方法和研究范围，丰富农业园区的建设理论。

1.2.2　推动农业科技园建设水平

本研究有助于进一步认识农业科技园区，把握农业科技园区的演变特点和发展规律，为农业科技园区的发展实践提供理论指导。农业科技园区的发展面临着众多问题，地方关于如何推动园区进一步发展存在迷茫。新时期国家农业科技园区如何发展的问题正处于探索之中，需要加强理论研究，在重要理论和实践问题上实现突破，明确园区的发展方向和路径。本研究从机制体制、产业集群、产业融合等角度出发，对农业科技园区许多方面的问题进行了分析，有助于深入理解和认识农业科技园区的运行规律，探索园区众多发展问题背后的根源，进而提出促进园区发展的对策建议。

1.2.3　提升农业高质量发展能力

农业科技园以展示现代农业技术、转化科技成果、培训职业农民为主攻方向，加强农业先进技术组装集成，促进传统农业的改造与升级。农业科技园区是农业科技创新的功能区域，研究有助于建立适应我国农业高新技术产业发展的体制机制，推动我国农业科技体制改革，促进我国农业科技发展，提高农业的质量、效益和竞争力。同时，由于现代农业产业园、田园综合体、农村创新创业园区等其他类型农业园区的管理模式与农业科技园区相类似，本研究可为其他类型农业园区建设提供参考和借鉴。

1.3　研究思路与研究内容

1.3.1　研究思路

本书围绕如何开展农业科技园区的提质升级、提高农业科技园区的建设水平开展研究。前三章重点阐述农业科技园区的发展现状，介绍农业科技园区的概念、发展历程、建设现状、存在的问题等。第四章到第九章是本书的重点，分别从管理体制创新、三产融合、创新集群打造、园城镇村融合等方面展开研究。

1.3.2 研究内容

第二章，农业科技园区的概念和功能。该章主要对农业科技园区的概念进行界定，对园区的建设目标、主要功能和空间结构进行介绍。

第三章，农业科技园区的发展历程及发展现状。该章对20世纪80年代末以来农业科技园区的发展历程进行阶段划分，分析发展演变的影响因素。分析农业科技园区发展现状，包括园区数量、空间布局、产业分布等，总结农业科技园区的发展成效。

第四章，农业科技园区的管理体制创新研究。该章对农业科技园区主要管理主体进行介绍，分析农业科技园区的组织管理体系架构，将园区管理机制体制分为宏观、微观两个层面，并分析两个层面的相互关系。在此基础上，分别分析宏观和微观层面的园区管理机制体制。

第五章，农业科技园区三产融合发展研究。分析了农业科技园区推动一二三产融合发展的必要性，以及一二三产融合发展的路径，并通过大荔农业科技园区的案例分析一二三产融合发展的实践。

第六章，农业科技园区的创新集群构建与模式研究。该章主要探索如何以农业科技园区为基础打造农业产业集群。该章分析了产业集群的概念，产业集群的形成机制，产业集群的优势，以及如何推动园区产业集群发展。该章通过3个案例，分析了园区产业集群的形成机制。

第七章，农业科技园区的园城镇村融合发展。该章分析探讨了农业科技园区推动园城镇村融合的优势和路径。该章分析了农业科技园区发展对城镇化的作用机理，如何推动园城镇村融合发展。该章通过大荔农业科技园区的案例，分析园区建设对城镇化推动作用。

第八章，农业科技园区的规划与建设实践。该章从规划视角对农业科技园区建设实践进行案例分析，探讨了如何从规划视角推动园区管理体制改革、一二三产融合发展、园区创新集群打造和园城镇村一体化发展。

第九章，主要结论和政策建议。该章对全书进行总结和讨论，提出具体的对策建议。

2
农业科技园区的概念和功能

2.1 农业科技园区的概念

科技园区最早诞生于1951年的美国，斯坦福研究园的巨大成功吸引了世界上许多国家的效仿，为了促进科技创新和经济增长，世界各国纷纷建立科技园区。我国的农业科技园起源于20世纪90年代，是我国最早的农业园区类型，是农业园区建设的先行者、探路者。自农业科技园区诞生以来，许多专家学者和部门机构对其进行了研究，从不同视角给出了农业科技园区的定义，其中比较典型的有以下几种。

第一种是"基地论"，认为农业科技园区是实现一定功能的基地或场所。蒋和平（2000）认为，"农业科技园区是在农业科技力量较雄厚、具有一定产业优势、经济相对较发达的城郊和农村，划出一定区域，由政府、集体经济组织、民营企业、农户、外商投资兴建，以农业科研、教育和技术推广单位作为技术依托，集农业、林业、水利、农机、工程设施等高新技术于一体，引进国内外优质品种和先进、适用的高新技术，以调整农业生产结构、增加农民收入、展示现代农业科技为主要目标，对农业新产品和新技术集中投入、集中开发，形成农业高新技术的开发基地、中试基地、生产基地，以此推动农业现代化的一种开发方式"。该定义比较全面，落脚点是"三个基地"，有助于人们认识和推动农业科技园区。

第二种是"要素论"，认为农业科技园区应当具备一定条件。许越先等（2001）认为，"现代农业科技园区应具备：以农业设施工程建设为主体；资金和技术的集中投入；进行集约化生产；实行企业化管理；具有示范、带动、科普、观光、精品生产加工等多种功能；产生经济效益、社会效益和生态效益的综合效益"。该定义对农业科技园区的一些典型特点进行了概括，强调了构成农业科技园区的基本要素，但具有一定的局限性。农业科技园区在后期发展过程中，部分特征发生了变化，该定义已经不符合园区的现实情况。例如，过去的农业科技园区以发展设施农业为主要模式，以农业设施工程建设为主体，但当前的农业科技园区建设形式多样，已经不再以农业设施工程建设为主体。

第三种是"组织论",认为农业科技园区是一种经济组织。王朝全（2002,2004）认为,农业科技园区是各级政府及其部门、高等院校、科研院所、各类企业和专业农户在一定区域内以一定制度结合起来从事高新农业技术应用研究、示范推广及其产业化的农业科技与经济组织。该定义从组织理论的视角,将农业科技园区看作一种新型的组织,而且这种组织具有典型的混合组织的特征,即是公共组织和私人组织的混合体。

第四种是"模式论",认为农业科技园区是现代农业发展的新型模式。这是2001年科技部等六部门在《农业科技园区指南》（以下简称《指南》）提出的,认为"农业科技园区是现代农业发展的新型模式,是农业技术组装、集成的载体,是市场与农户连接的纽带,是现代农业科技的辐射源,是人才培养和技术培训的基地,对周边地区农业产业升级和农村经济发展起示范与推动作用"。这个定义较为权威,主要从园区的功能作用角度去描述,承载了政府的意志。由于政府在农业科技园区建设中起主导作用,园区总体上是按照这个定义来建设和发展。

2.2 农业科技园区的建设目标、功能和空间结构

2.2.1 农业科技园区的建设目标

根据《指南》,农业科技园区的具体目标包括:实现一批农业技术的组装集成,解决一批影响园区及周边地区农业发展的重大科技问题;转化和推广一批农业科技成果,培育新的经济增长点;培养和吸引一批优秀人才,建立技术培训与技术服务网络体系;培育和孵化一批具有国际竞争力的科技型农业产业集团。可以看到,国家农业科技园区肩负着推动农业科技创新、促进产业结构调整和产业升级、实现农村农业现代化的目标和使命。具体来看,国家农业科技园区建设具有促进乡村经济发展、推动农业科技创新和提供社会公共服务三大目标。

(1) 乡村经济发展目标

乡村经济发展是国家农业科技园区建设的重要目标，也是实现其他目标的重要基础。国家农业科技园区需要推动技成果产业化，提高园区的经济效益，以确保园区的可持续发展。园区作为区域农村经济增长的极点和中心，当经济实力得到充实和增强后，通过扩散效应和辐射效应发挥作用，带动周边的农业农村经济发展。

(2) 农业科技创新目标

推动农业科技创新，促进我国农业高质量发展，是国家农业科技园区建设的关键目标。科技创新与经济增长、社会公共服务是分不开的，科技创新是园区发展的核心动力。通过加强农业科技创新，促进要素驱动向创新驱动转变，是解决我国农业产业问题的必经之路。《指南》明确了农业科技园区是技术密集型，强调了以科技开发、示范、辐射和推广等活动为主要功能。

(3) 社会公共服务目标

首先，农民受益是园区的建设目标。《指南》强调"农民以土地、劳动力、资金等入股或通过与企业签订产品购销合同等形式参与园区建设，接受技术指导与培训"。园区企业和科研机构与农户是利益联结的关系，让农民分享园区发展收益，提高农民的收入水平。其次，高素质农民培训、农业技术推广、科技扶贫等是园区的重要目标。最后，园区是周边居民科普、参观、游览的好去处。

2.2.2 农业科技园区的主要功能

农业科技园区功能众多，不同的学者对其有不同的描述，有的学者认为农业园区具有的主要功能有9种。较多的学者认为农业科技园区主要有5种功能，分别是精品生产和加工功能、示范功能、带动功能、科普教育功能和休闲观光功能。农业科技园区包含农业、科技、园区三要素，农业科技园区的诸多功能来源于这三方面。例如，休闲观光、健康养生、生态涵养、农耕文化等来源于农业的多功能性；研究开发、技术培训、成果展示、科技服务、示范带动来源于园区的科技优势；集聚扩散、创新创业、生产生活、产城融合等来源于园区的基本功能（表2-1）。

2 农业科技园区的概念和功能

表 2-1 农业科技园区的主要功能

园区功能	文献
孵化功能、信息集散功能、示范功能、辐射带动功能、聚集功能、结合功能、对外交流功能、培训功能、赢利功能	吴普特（2001）
精品生产和加工功能、示范功能、带动功能、休闲观光功能、科普教育功能	许越先（1999）；杨其长（2001）；佟光霁（2002）
研制功能、开发功能、中试功能、生产功能、示范功能、观展功能、服务功能、带动功能	高焕喜（2000）
生产加工功能、孵化试验功能、集聚扩散功能、教育示范功能、休闲观光功能	周小琴 等（2005）
技术开发、引进、转化、示范、科技服务、推广辐射	杨敬华（2008）
经济功能、科技功能、社会功能	张义丰（2010）
创新引领、创业孵化、示范带动	周华强 等（2018）

资料来源：作者计算

我们可以比较农业科技园、产业园、创业园和田园综合体四者之间的功能作用，以便对农业科技园区的功能有更深入的理解。

农业科技园作为一种集聚经济，首先具有要素集聚功能，将分散的技术、资金、人才、制度等聚集在一起（翟印礼 等，2016）；而作为农业园区，具有生产加工、休闲观光、教育培训等功能（魏德功，2005）。科技含量高是农业科技园区别于其他园区的显著特征，其功能侧重于科技方面，具有科技推广、创新研发、技术示范等功能（蒋丹平 等，2012）。农业科技园的另一个重要功能是城镇化，随着园区不断发展，周边人口不断迁入园区，生产生活性基础设施不断完善，形成城镇的一般性功能。农业产业园以发展产业追求经济效益为目的，除了科技能力相对较弱，基本具备农业科技园的所有功能。然而，随着园区产业不断发展，企业不断加大科技投入，农业产业园的科技水平和创新能力也在不断上升。

农业创业园的重要特点是创业主体的广泛性，包括企业家、农民工、大学生、退伍军人等相关主体，有助于激发亿万群众智慧和创造力。要素集聚是农业创业园的一个重要功能，通过集聚政策、资金、技术等相关要素，为创业者提供创业平台、场所和资源，促进中小企业快速成长。农业创业园的另一个重要功能是创新服务，为创业者提供指导和培训，提高创业者的创新技术和管理运营水平，增加创业的成功概率。田园综合体是集聚生产加工、休闲观光、文化旅游、居住生活等多种功能的乡村综合发展模式。它以产业为基础，融入生产生活生态，实现山水田园般的诗意生活。田园综合体突破了农业园区的范围，主要目的是推进乡村建设，它强调以合作社为主要载体，让农民充分参与和获益。田园综合体不同于一般的农业园区，也不是传统的乡村旅游，更多是从农村发展角度对乡村资源实行合理开发，建设宜居宜业的新农村，实现村庄美、产业兴、农民富（乔金亮，2017）。

2.2.3 农业科技园区的空间结构

工业园区一般只有核心区，而我国的农业科技园区多采取核心区、示范区和辐射区的"三区"模式，但也有一些园区只设置了核心区和示范区。

（1）核心区

核心区是农业科技园区重点投资建设的中心区域，具有园区管理、研发、培训等多种功能，集聚大部分的经济实体。核心区功能主要包括 5 个方面（蒋和平，2000）：一是进行技术研发、试验和示范；二是发展市场化运作的企业集团；三是对园区进行协调和管理；四是引进国内外专家开展技术研发和咨询；五是开展农业科技培训。

（2）示范区

示范区是核心区的农产品生产基地和科技成果的实验示范基地，为核心区提供原材料和种养植基地、试验示范基地等空间。由于农业科技园区一般将创新研发、精深加工、生产居住等功能集聚在核心区，将大面积的生产、养殖放在示范区，从而形成了"高端在内，基地在外"的分工协作模式。

（3）辐射区

辐射区为园区核心区主导产业涉及和影响的区域。辐射区一般离核心区较远，没有完整的边界和范围。正因如此，有的园区在实际建设规划中并没有设置辐射区。随着园区的发展，核心区通过科技推广网络和"公司+农户"的组织形式，使核心区成为周边地区农业发展的技术辐射源（图 2-1）。

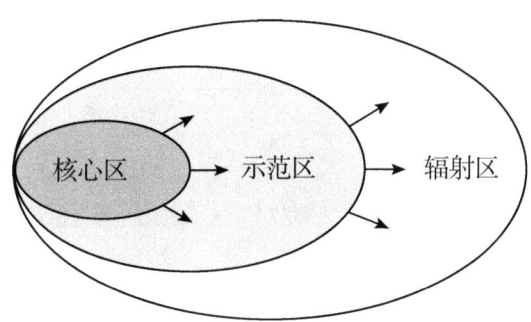

图 2-1 农业科技园区的空间布局示意图

2.3 我国农业科技园区的典型类型

2.3.1 国家农业科技园区

建设国家农业科技园区是党中央、国务院提出的一项重要任务，2001年由科技部联合农业部、水利部、国家林业局、中国科学院、中国农业银行推动实施。国家农业科技园区作为农业科技园区体系的核心组成部分，是农业高新技术产业示范区建设的基础园区，是省级农业科技园区的发展目标。自2001年建设以来，国家农业科技园区先后经过试点建设阶段（2001—2005年）、全面发展阶段（2006—2011年）、创新发展阶段（2012—2016年）和提质升级阶段（2017年至今）4个时期。国家农业科技园区由地方政府（原则上为地级市政府）向科技部等申报园区建设，获得科技部等部门批准后建设，3年建设期满后进行验收，验收通过后挂牌授予"国家农业科技园区"称号。截至2018年底，国家农业科技园区先后经历8次审批达到278家，其中，165家通过验收正式挂牌"国家农业科技园区"。其中，山东省国家农业科技园区达到20家，是拥有国家级园区数量最多的省份（表2-2）。截至2020年底，科技部等部门批复了9个批次的园区共计304家（含2003年增加的两个试点）。其中，深圳园区的整合减少了1家，2019年有5家园区验收不达标，有3家园区退出园区管理，园区数量为295家。

表 2-2 国家农业科技园区发展情况

批次	批准数目	批准时间	通过验收数目	通过验收时间	备注
第一批	21	2001 年 9 月	38	2010 年 3 月	2003 年增加了井冈山园区和辉山园区试点
第二批	15	2002 年 5 月		2010 年 3 月	
第三批	27	2010 年 12 月	27	2016 年 10 月	
第四批	8	2012 年 4 月	7	2016 年 10 月	
第五批	46	2013 年 10 月	45	2017 年 11 月	
第六批	46	2015 年 3 月	48	2018 年 11 月	增加对前期的吉林松原、江西上饶 2 个园区验收
第七批	82	2015 年 12 月	77	2019 年 12 月	有 5 个园区不达标；有 3 个园区退出
第八批	32	2018 年 12 月	待验收		
第九批	25	2020 年 3 月	待验收		

资料来源：作者计算

2.3.2 农业高新技术产业示范区

农业高新技术产业示范区是我国农业科技园区的重要类型，农业科技园区最早诞生于 20 世纪 80 年代后期，其发展受到了当时国内外科技革命和工业型开发区建设热潮的影响。在改革开放和工业型开发区蓬勃发展的背景下，农业科技园区从沿海地区兴起并逐步蔓延到全国范围。在我国农业技术落后的条件下，建设农业科技园区，促进农业高新技术产业发展，推动农业产业结构升级，实现农业跨越式发展，成为农业科技发展的重要目标。农业科技园区的名称多样，其中许多带有"农业高新技术"字样，例如农业高新技术产业园/示范园。1997 年 7 月 29 日，国务院批准设立杨凌农高区，成为我国第一家国家级农业科技园区和国家级农高区；2015 年 11 月，国务院同意山东省设立黄河三角洲农高区，成为继杨凌的第二个国家级农高区。2018 提出推进新一批农高区建设，标志着农高区发展进入新的历史阶段。

2.3.3 省级农业科技园区

在中央政府的引导下，省级农业科技园区体系得到快速发展，地方政府在农业科技园区管理中的作用增强。首先，省级政府更多参与到国家农业科技园区的建设中来。《"十二五"国家农业科技园区管理办法》增强了省级政府和省级科技管理部门在国家农业科技园区建设中的作用，提出"园区所在省、自治区、直辖市、计划单列市及新疆生产建设兵团等成立国家农业科技园区建设领导小组，负责辖区内园区建设的组织领导和协调推进工作，落实国家有关政策和制定地方配套政策"。其次，各地建立了省、市级农业科技园区体系。2011年，《"十二五"国家农业科技园区发展规划》提出加强省（部）级农业科技园区建设和企业型农业科技园区建设，逐步形成国家和省部级农业科技园区为主体，多种模式并存、区域均衡、功能完善的全国农业科技园区体系。在中央的指导下，省级农业科技园区迅速发展，颁布《省级农业科技园区管理办法》，推动省级农业科技园区建设。与此同时，各地级市参照中央和省级政府建立市级农业科技园区，形成了层次分明、功能互补园区体系。在中央的指导下，农业科技园区得到快速发展。截至2017年，国家农业科技园区数量达到246家，省级农业科技园区数量超过1 000家。这段时期批复建设国家农业科技园区数量最多，2011—2017年园区从65家迅速增加到246家。在中央的指导下，省级园区的数量迅速增加。吉林、福建、山东、湖北、广西、云南、陕西、甘肃等省（区）均在这一时期启动（或重新启动）了省级农业科技园区建设。

3

农业科技园区的发展历程及发展现状

3.1 我国农业科技园区发展的 5 个阶段

我国农业科技园区最早由基层进行自主探索，2001 年之后，进入国家规范化发展阶段，目前形成了包括国家农业高新技术产业示范区、国家农业科技园区、省级农业科技园区等各级别各类型的农业科技园区体系。总体来看，我国农业科技园区发展大致经历了以下 5 个阶段。

3.1.1 萌芽起步阶段（1980—1993 年）

我国农业科技园区的诞生受到了发达国家农业科技发展以及国内外工业园区建设浪潮的影响。20 世纪 80 年代，科技园区在全球范围内广泛发展，我国建立的深圳、珠海、汕头、厦门 4 个经济特区取得重大成功。1984—1991 年，我国先后建立 14 家国家级经济技术开发区和 28 家国家高新技术产业开发区。在科技园和开发区迅速发展的情况下，一些专家学者呼吁建立农业科技园区，促进我国农业对外开放，加速农业现代化发展进程，例如，1985 年，有学者提出建立"农业科学经济开发园区"的设想（沈毅，1985）。同时，发达国家的农业科技取得了巨大进展，荷兰、以色列、新加坡等国家通过建设农业科技园区，有效促进了本国的农业科技发展。1986 年，新加坡农业食品和兽医管理局启动农业技术计划，通过建立农业科技园区，采用先进技术发展集约农业，有效缓解了其国内的粮食安全问题。1988 年，中国科学院地理研究所、南京土壤研究所分别提出了建立山东禹城科技农业园和河南省封丘科技农业园的初步设想（刘笑明，2008）。1989 年 8 月 6 日，"中国科学院科技农业园研讨会"在山东禹城召开，会议交流了建园设想，探讨了建设科技农业园的必要性和可行性，讨论了科技农业园的概念、性质、内容、模式结构及其功能。在改革开放的大环境和开发区建设的热潮中，各地区的农业科技园区逐步建立起来，但是主要集中在东部沿海地区。据相关统计，1992 年已建或在建的各种农业科技园区已接近 20 个（刘克辉，1992）。

3.1.2 快速发展阶段（1994—2000年）

20世纪90年代，国际农产品竞争激烈，发达国家正积极拓展国外农业市场，中国加入世界贸易组织的需求也迫使中国开放农产品市场，积极参与国际农业合作。1994年，我国在北京建立中以示范农场，同年在上海建立孙桥现代农业示范区，其中，中以示范农场以展示以色列设施农业和节水技术为主体，上海孙桥现代农业示范区以引进荷兰全套高档设施和工厂化生产技术为主体（刘笑明，2008）。自此，具备现代意义的农业科技园区真正建立起来，许多学者将1994年作为农业科技园区的诞生元年。在中以示范农场、上海孙桥现代农业示范区等园区的示范带动下，各地区农业科技园区纷纷建立。到1997年，全国的农业高新技术开发区、农业科技园区和现代农业示范园总数达到406个（蒋丹平 等，2012）。1997年，国家科学技术委员会在北京、上海、杭州、沈阳和广州5个城市首批推进"工厂化高效农业示范工程"项目，促进设施农业在全国的普及，进一步加快了农业科技园区的发展。由于1997年亚洲金融危机，工商资本流向农业领域，为园区发展带来了活力。到2000年初，我国已建成各类农业科技园区接近4 000个，其中，国家级园区1个、省级园区42个、地市级园区362个、县级园区3 000多个（吴普特，2001）。

3.1.3 调整发展阶段（2001—2009年）

进入21世纪，中央通过出台相关政策，建立农业科技园区管理制度，指导园区建设和发展，农业科技园区进入了规范化阶段。一方面，园区发展得到国家认可，想通过建设农业科技园区，促进农业产业结构调整，加速农业科技成果转化，加快我国农业现代化进程；另一方面，随着各地园区快速发展，许多普遍性问题暴露出来。由于缺乏宏观指导，许多园区存在重复建设、技术盲目引进、运行机制不完善、产品竞争力缺乏等问题，需要出台相关政策来进行规范指导。2000年，中央农村工作会议对各地农业园区发展实践给予肯定，2001年，全国农业科技大会将国家农业科技园区作为其中一项重大科技行动提了出来，并且被纳入《农业科技发展纲要（2001—2010

年）》，2010年，科技部等六部门制定发布《农业科技园区指南》与《农业科技园区管理办法（试行）》，分别于2001年和2002年启动2批共36个国家级园区试点建设工作。与此同时，许多省份相应启动了省级农业科技园区建设工作。2005年，受到国务院开发区整顿的影响，农业科技园区发展放缓，此后一段时期没有批复新的国家级园区建设。2007年，科技部等发布了《国家农业科技园区综合评价指标体系》。2009年，科技部根据《国家农业科技园区评价验收规范》对试点建设的前2批国家级园区进行验收，并于2010年1月通过综合评议验收。

3.1.4 全面发展阶段（2010—2016年）

2010年，科技部等启动第3批国家农业科技园区申报工作，园区发展进入新的发展阶段。2012年，科技部印发《"十二五"农业与农村科技发展规划》，提出"一城两区百园"的总体发展思路，推进北京国家现代农业科技城、杨凌国家农业高新技术示范区和黄河三角洲国家现代农业科技示范区建设。2012年，中央一号文件提出"推进国家农业高新技术产业示范区和国家农业科技园区建设"的任务，此后国家园区连续5次被写入中央一号文件，进一步推动了农业科技园区的发展。到2015年，国家农业科技园区先后经过7批申报，总数达到246个（2016年和2017年没有新的园区被批准建设，数量不变）。该时期我国农业科技园区的产业类型不断丰富，海洋渔业、生物制药、生物种业等新型产业不断兴起，农产品物流、金融、咨询等现代服务业不断涌现，形成了一批具有特色的园区。这一阶段，省级和地市级农业科技园区也得到快速发展，以山东省为例，到2016年，山东省建立了1个国家农高区、19个国家农业科技园区、12个省级农高区、111个省级农业科技园，形成了四级联动、梯次发展的农业科技园区体系，基本实现了涉农县（市、区）的全覆盖。

3.1.5 提质升级阶段（2017年至今）

2017年，中央一号文件提出"提升农业科技园区建设水平""打造现代农业创新高地"，标志着农业科技园区进入新的历史发展阶段，随着国内外经济形势变化，许多园区面临着转型升级的问题，推进农业供给侧结构性改革、提升农业科技创新能力与农产品竞争力成为园区发展的重要途径。同时，随着现代农业产业园、田园综合体、农村产业融合发展示范园等的出现，农业科技园区不再是相对单一的农业园区类型。2017年，科技部提出要做好提升农业科技园区建设水平工作，并对国家农业科技园区的发展进行总结。2018年1月22日，科技部等部门发布《国家农业科技园区发展规划（2018—2025年）》，提出发展高新技术产业、提升创新服务能力、促进园城镇村融合等要求。2018年10月，科技部审批了第8批32家国家农业科技园区建设工作，园区总数达到278个。2018年1月29日，国务院办公厅发布《关于推进农业高新技术产业示范区建设发展的指导意见》，提出到2025年建设一批国家农业高新技术产业示范区，大力发展农业高新技术产业，推进农业科技创新，打造高新技术产业集群，成为农业科技园区发展的重要途径。2019年，科技部对第七批国家农业科技园区进行验收，有5家园区验收不达标被淘汰；同年有3家园区退出园区管理，国家农业科技园区数量降为270家；2020年科技部批准了25家园区建设，国家农业科技园区数量为295家。

3.2 我国农业科技园区建设的主要成效

自1988年山东禹城农业科技园筹建起，农业科技园区已经有超过30年的发展历程。自2001年以来，国家农业科技园区迄今已有近20年的发展历程，我国先后9批共建立了295个国家级园区，覆盖除我国港澳台之外的全国所有省（区、市），基本涵盖了主要农业生产区域。经过多年的发展，我国形成了一批类型多样的农业科技园区，为促进我国农业农村发展和农业科技创新积累了丰富的经验。

3.2.1 促进社会就业和农民增收，带动农业农村经济发展

农业科技园区建立于农业优势区域，许多位于欠发达的贫困农村地区，对促进农村地区的经济发展、减少城乡差距起到有效作用。农业科技园区通

过吸引农业企业投资，促进科技要素资源流进农村地区，有助于打破欠发达地区的"贫困恶性循环"。产业关联理论认为，不同产业通过产品、劳务、技术、价格、投资等形式相互影响，农业科技园区通过产业的前向、后向和旁侧效应促进相关产业发展，促进周边就业、产出和收入的增加。此外，农业科技园区充分发挥了技术集成和示范作用，促进了农户对农业新技术的采用，有助于提高农业生产经营效率。经过多年发展，许多农业科技园区已成为地区经济的增长引擎，带动地区的农业农村发展。2003—2017年，农业科技园区的产值规模从154.61亿元增长到16 688.39亿元，年缴税额从5.22亿元增加到1 154.93亿元。2017年，已建成的246家国家农业科技园的核心区面积达到82.8万公顷，带动就业人数886万人。根据相关统计，2017年农业科技园区的农民人均可支配收入达平均达15 697元，超出所在地级市23%以上[①]。

3.2.2 培育高精尖农业科技企业，促进科技创新成果转化

首先，农业科技园区通过培育和引进农业科技企业，改善了农业的生产方式。从国家农业科技园区来看，截至2017年已建成的246家园区核心区的面积为579万亩（1亩≈667平方米，15亩＝1公顷，全书同），示范区2亿亩，引进培育的农业企业总数达8 700多家，其中高新技术企业1 555家。累计引进培育新品种4.09万个，推广新品种1.46万个，引进推广各类农业新技术2.2万项，审定省级及以上植物和畜禽水产新品种642项，取得专利授权超过4 000项。其次，农业科技园区在新型职业农民培训、农业试验示范、农业技术推广等方面起到了积极作用，促进了农业科技的产业化发展，推动了农业产业结构调整，提高了农业劳动生产率。2017年，国家农业科技园区引进推广的新技术、新产品、新设施共计33 560项。最后，农业科技园区作为我国农业科技的创新高地，通过创新研发，取得了一批农业科技成果，利用科技保障了我国的粮食安全。2017年，全国246家国家农业科技园区获得的专利授权数5 134项，共有科技企业孵化器630个，比2016年增加14%。2017年申请的专利授权数量达到22 604项，其中发明专利数量达到

---

① 资料来源：《2017年国家农业科技园区年度报告》。

5 560 项，占比约为 24.60%。

3.2.3 缩小城乡之间的发展差距，助力推动城乡融合发展

长期以来，我国城乡在基础设施、公共服务、生产要素、居民收入等方面存在较大差距。只有提高农业生产效率，促进传统农业部门转向现代工业，促进城乡产业、制度、要素等相互融合，才能从根本上消除二元经济结构。农业科技园区的建设，对缩小城乡差距、促进城乡融合发挥重要作用。首先，农业科技园区培育了农业新产业新业态，促进了农村一二三产融合发展，拓宽了农业的多功能性，延伸了产业链条。许多园区通过发展休闲观光，已成为国家级旅游景区，例如北京昌平、山东寿光、陕西杨凌、天津津南、新疆昌吉等一批国家农业科技园区已成功创建国家4A级旅游景区。其次，农业科技园区推动了基础设施和公共服务的均等化。农业科技园区促进了道路交通、物流设施、教育培训、环境卫生等发展，随着园区生产、生活性基础设施不断完善，推动了"园城镇村"的融合发展。再次，农业科技园区促进城乡要素双向流动。通过集聚效应促进人才、资本、技术流向农村地区，缓解生产要素单向流入城镇的问题。最后，农业科技园区提升了乡村产业生产效率。农业科技园区集聚资本、科技、人才、信息等现代要素，改善了农业农村生产条件，加速了农业品种新技术的应用，提高了乡村土地产出率、资源利用率、劳动生产率，促进了农业转型升级。

3.2.4 积累科技园区发展新经验，实现农业农村乡村振兴

农业科技园区作为我国农业园区的先行者、探路者，其在发展中形成的许多经验和模式，可为其他类型的农业园区提供经验参考。在园区管理上，农业科技园区发展机制和相关管理制度，包括园区的申报、评价、验收等制度，可为其他类型园区提供参考。在园区结构上，农业科技园区建立了核心区、示范区、辐射区的三区联动发展模式，促进了产业之间的相互关系，加强企业和农民之间的利益联结。针对产业地域分散的特点，农业科技园区探索构建了"一园多核"的管理结构，解决了农业的空间分散问题。在机制体制上，探索形成了政府主导型、企业主导型、科研单位主导型3种主体运营

模式，探索建立了农业科技园区专家大院，有效缓解人才要素在空间上的不匹配问题；为了促进园区之间的交流，建立了农业科技园区协同创新联盟，形成了协同创新的新形式。

农业科技园区是我国农业现代化建设过程中的创新探索，农业科技园区作为一种经济组织，强调科学技术在农业中的应用，促进良种繁育、生产加工、标准化生产各环节，辐射带动农业周边农民生产。农业科技园区采取整体性开发模式，通过集群性、连片性、全产业链的开发，快速推动农业农村经济发展。农业科技园区通过引进科技要素，促进农业经营的规模化、标准化、机械化水平，对传统农业进行改造，改变了农业的生产经营方式，提升农业的质量和效益。此外，农业科技园区作为农业农村发展试验田，发挥着"先行先试"功能，积极进行农村金融、农村土地、科技体制、成果转化等方面的改革创新，为农业农村发展探索和积累宝贵经验。

3.3 我国农业科技园区发展的主要问题

农业科技园区是基于产业集聚、发展极、技术创新等理论建立起来的。马歇尔（A. Marshall）认为企业聚集在一起可获得3个方面的好处：共享专业劳动力市场、共用供应商和基础设施、促进信息流动和技术扩散（曾光 等，2005）。农业科技园区通过将要素集中起来，可以规模经济，降低交易成本，可以获取单个企业不能达到的效果。佩鲁的发展极理论认为，经济增长在空间中总是围绕着极核进行，增长首先不同强度出现在一些增长点或增长极上，然后通过不同的渠道向外扩散（Perroux，1950）。Porter提出产业集群概念，认为集群由于地理临近性，缩短了企业的沟通距离、强化了企业的竞合关系、促进了产业创新，从而获取竞争优势、促进区域经济增长。

基于相关基础理论和农业科技园区的建设目标，可以得出农业科技园区是否成功的几个判断标准。首先，能否集聚相关的资源要素，降低交易成本，获得规模经济。其次，能否形成产业配套，与其他企业联系互动形成竞合关系，促进相关产业发展。再次，能否形成自我发展机制，形成地区经济的增长极，辐射带动农业农村经济发展。最后，能否实现农业科技园区的发展目标，是否具有较强的科技创新能力和示范带动能力，促进区域农业结构调整和产业升级。基于这4个方面进行分析，认为我国农业科技园区存在以下几个问题。

3.3.1 资源集聚不强，创新要素缺乏

农业科技园区的科技资源集聚能力不足，许多园区技术、人才、金融、政策等要素缺乏，与高校和科研院所未能形成深入的产学研结合。园区相关产业及支撑产业发展不足，缺乏科研单位、金融部门、中介机构等相关科技支撑和服务主体，企业不能及时获取到相关产品和服务，未能很好地降低生产成本和交易费用。许多园区只是当地资源整合，集聚效益不能较好发挥，对外部的科技企业、高层次人才、创新创业人员的吸引力不高。同时，园区普遍缺乏配套的政策体系，尤其是配套的土地、金融贷款和社会投资政策。

3.3.2 产业联系不紧，产业体系缺失

农业科技园区产业关联度较低，农业产业化相关辅助产业发展链条不长，科研、中介、金融等支撑产业发展不足，产业链环节之间没有紧密联系，没有形成生态网络（卢凤君，2014）。园区入驻龙头企业数量较少，企业之间缺乏分工协作，产业规模小而散，产业链条的下游如加工、物流、销售等环节缺乏，没有形成现代农业产业体系。有些农业科技园区空间布局过于分散（李秀彬，2010），园区的核心区、示范区和辐射区之间缺乏互动关联。

3.3.3 经济效益不佳，发展动力不足

许多园区企业普遍弱小，缺乏龙头带动，园区发展依赖于招商引资，未能形成良好的内生发展动力。由于区位条件、经济发展、科技资源等方面的差异，农业科技园区地域发展差异较大，偏远地区园区发展相对落后。许多农业科技园区面临较大的招商引资成本，而引进的某些企业未能充分带动园

区经济发展。部分园区虽名为农业高新区，但是园区的主要来源为装备制造、建材等非农产业；区内的大多数农业企业，均存在生产规模小、成长性差等问题，缺乏具有国际竞争力的高新技术产业[①]。

3.3.4 科创效率较低，示范能力较弱

长期以来，农业科技园区主要以引进技术为主，自主开发项目较少。随着国内外市场环境的变化，园区自主创新能力不足的问题逐步显现，成为园区发展的瓶颈。部分园区缺乏长期入驻的科研人才和团队，科技创新能力不强。农业科技园区的创新创业、成果转化水平有待进一步提高，许多园区与真正意义上的"科技园"存在差距，引领示范现代农业发展的作用未充分凸显。

[①] 农业科技园区：创新动力何处来 http://www.ce.cn/xwzx/gnsz/gdxw/201706/05/t20170605_23418521.shtml.

4
农业科技园区的管理体制创新研究

4.1 农业科技园区的管理体制特征

4.1.1 管理体制及对园区发展的重要性

体制和机制都属于制度范畴，既相互区别，又密不可分。制度是人为设计的决定人类相互关系的约束和行为规则（诺斯，1994）。制度分为正式制度和非正式制度，其中正式制度是人们有意识创造的规则，包括法律、法规、政策等；非正式制度是无意识形成的规则，例如道德观念、伦理规范、风俗习惯等。本章主要涉及的是正式制度。

"体制"是指一定的规则和制度。体制是制度外在的具体表现和实施形式，是管理经济、政治、文化等社会生活各个方面事务的规范体系。与体制相对应的是"机制"，机制是指各要素之间的结构关系和运行方式。"机制"一词最早源于希腊文，原指机器的构造和工作原理。机制通常指制度机制，机制通过制度系统内部组成要素按照一定方式的相互作用实现其特定的功能。制度机制运行规则都是人为设定的，具有强烈的社会性，例如竞争机制、市场机制、激励机制等。由于本章不只研究外在表现和实施的管理体制，还研究园区管理组织的内部结构及其相互关系，以及组织的运行方式，因此不仅包括体制，还包括机制。

关于管理体制，学者们给出的定义大相径庭。管理机制是指管理系统的结构及其运行机理。管理机制本质上是管理系统的内在联系、功能及运行原理，是决定管理功效的核心问题。管理体制是指组成某个管理系统的结构以及方式，包括管理主体的机构设置、组织权限划分以及协调控制职能实现等内容（何增科，2007）。管理体制在一般管理意义上是指某个管理系统内部的结构以及组成方式，包括3个方面的内容（于弘路，2016）：一是管理系统由哪些组织形式构成；二是这些组织形式怎样组合成统一的系统；三是各组织形式采用什么方法来完成系统管理目标。在有关高新区管理体制的研究中，许多研究者都未直接给出管理体制的内涵与要素，而是根据管理机构性质或管理权限多少划分管理体制的类型（王欣，2017）。

4.1.2 园区建设的管理体制构成与特征

管理机制体制创新是农业科技园区发展的重要动力。早在2001年，科技部等六部门发布的《农业科技园区指南》指出，农业科技园区"以体制创新和机制创新为动力"，而在农业科技园区发展体制机制中，管理体制机制是核心。

(1) 农业科技园区管理体系的主要构成

国家农业科技园区管理体制是包括中央政府、省级政府等各主体在内的组织体系。由于农业生产具有外部性，中央和省级政府对农业领域的干预较多，给予农业许多的政策支持。为了确保粮食安全和社会稳定，中央和省级政府对农业进行大力投入，建立了相关的配套政策和专项资金，以支持农业农村发展。中央和省级政府的政策对地方政府和企业的行为产生重要影响，是地方政府建设园区以及企业进行投资的决策参考。因此，国家农业科技园区管理体制研究，不可避免需要考虑中央、省级政府的作用。总体来看，国家农业科技园区管理体制是由各级政府构成的复杂系统，可以从宏观和微观两个层面进行考察。

- 宏观层面

宏观层面考察由中央政府、省级政府和地方政府及其相互关系构成的管理体系，具有宏观性和整体性，主要影响农业科技园区的宏观发展环境。中央政府在宏观层面管理体制中起主导性作用，省级政府主要起支持和协助作用。地方政府则在宏观制度的驱动和约束下，积极推动农业科技园区发展。宏观层面管理体制的运行由各级政府之间的相互关系推动，上级政府通过相关制度影响下级政府的行为，而下级政府的行为影响农业科技园区建设的最终结果。农业科技园区的政策制定和实施需要各级政府进行分工协作，如果各级政府之间关系不协调、相互衔接不畅，可能导致制度设计缺陷或者政策实施效果不足，不利于园区的健康快速发展，甚至使园区发展偏离既定的目标方向（图4-1）。

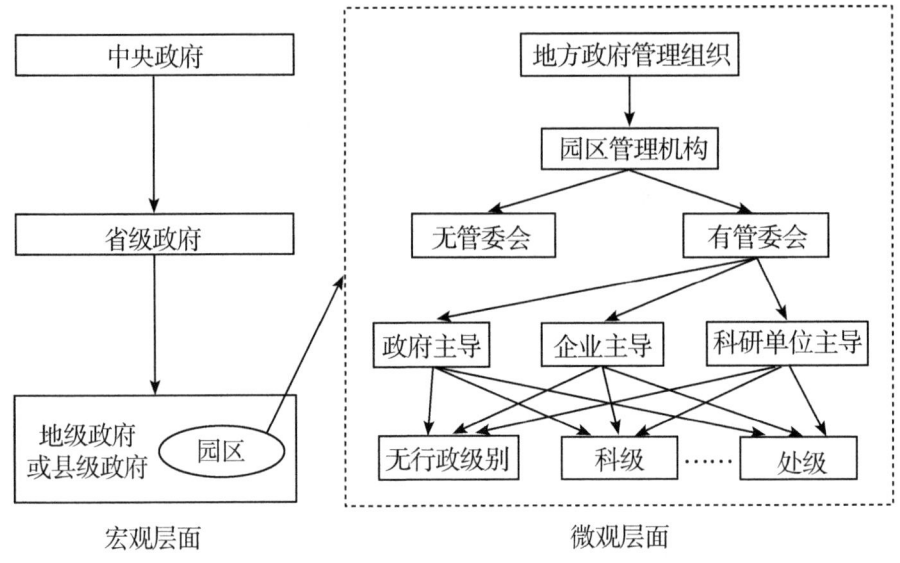

图 4-1 国家农业科技园区的管理体系

- 微观层面

微观层面考察由地方政府、园区管理机构以及其他主体构成的组织体系，它们直接影响农业科技园区的内部经济活动，进而影响园区的建设和发展效果。微观层面管理体制主要是处理好园区内外部的组织关系，包括政府和市场之间的相互关系、政府各部门或各组织之间的相互关系，以及组织和个体之间的相互关系，它们是园区健康发展的重要基础。

首先，政府和市场的关系体现了地方政府给予园区的配套政策支持。政府政策是园区经济发展的重要动力，通过营造良好的创新创业环境，促进企业成长和产业发展。早在1995年埃茨科瓦茨（Henry Etzkowitz）就提出著名的"三螺旋"模型，分析政府、企业和科研机构之间的关系如何推动科技创新和经济增长。

其次，不同组织或部门之间的相互关系影响了园区政策制定和实施效果。这些关系包括不同政府部门之间的关系，市、县和园区之间的关系，核心区、示范区和辐射区之间的关系，以及不同核心之间的关系。其中，不同政府部门之间的关系在园区发展中非常重要，它决定农业科技园区发展能否得到良好的有效政策支持。

最后，组织和个体之间的相互关系影响个体的行为，进而影响组织的整体绩效。良好的组织制度能够激发人员的积极性和创新性，更好地为园区主体提供服务，进而影响科技要素的获取和投入效率。

（2）农业科技园区组织管理运行的主要特征

- 系统性

农业科技园区管理体制是由多主体构成的系统体系，包括各级政府管理部门、园区管理机构，以及园区开发公司、科研单位、社会组织等其他主体。在以往的管理体制研究中，一般只注重微观层面的管理体制，而忽略了中央政府、省级政府等构成的宏观层面。农业科技园区管理体制由各方面子系统构成，如果某个方面表现不足，就会影响系统整体功能的发挥。因此，关于农业科技园区管理体制研究，应当采取系统性思维来进行考察，不仅要关注不同子系统的功能特点，还要关注不同子系统之间的相互关系。只有不同子系统的功能都趋于完善，同时不同子系统之间相互协调、有机衔接，才能确保系统整体功能的有效发挥。

- 复杂性

国家农业科技园区管理体制是个复杂的系统体系。首先，农业科技园区涉及多方面管理主体，纵向包括中央政府、省级政府、地方政府和园区管理机构等主体，横向包括科技、农业、国土、林业、财政等多个部门。如何明确各主体的权责关系，构建有机衔接的合作机制，形成推动园区发展的合力非常关键。其次，农业科技园区建设的目标具有多重性。国家农业科技园区肩负着推动我国农业科技发展、提高农业质量和效应、促进农业农村发展的使命，具体来说，其目标有科技创新、经济发展、粮食安全等多个方面。再次，农业产业的多样性和复杂性。农业产业涉及种植业、畜牧业、渔业、林业，产业链条涉及繁育、生产、加工、服务等环节，而且不同作物和动物品种的特点不同，这些都增加了园区的管理难度。最后，不同农业科技园区的管理体制差异较大，不同园区的组织结构、管理模式等差异较大；部分园区采取多个核心区的形式，横跨多个行政区域，增加了园区的管理难度。

- 异质性

国家农业科技园区的管理体系由诸多方面构成，但是不同部分的功能及其重要性存在差异。例如，中央政府、省级政府、地方政府、园区管理机构等不同主体在园区建设中发挥的职能作用不同。在园区不同的发展阶段,不同主体的作用大小也不同。在园区建设初期,地方政府和中央政府起关键作用,它们是推动园区快速发展的重要力量。而在园区发展中后期,园区管委会、科研单位、社会组织等主体的重要性更加凸显,尤其是园区管委会,承担着园区政策支持、创新环境营造等功能,中央政府和地方政府更多表现为支持和服务的作用。

4.2 宏观层面的园区管理体制创新

4.2.1 宏观管理体制的主要功能

为了促进国家农业科技园区健康发展,中央政府主导建立了专门的园区管理部门,即园区协调领导小组及其管理办公室,管理办公室设在科技部,负责园区宏观管理工作,其主要对象是众多的国家农业科技园区以及作为建设单位的地方政府。园区宏观管理部门的主要功能和作用有以下几个方面。

(1) 规范

规范是对国家农业科技园区的发展进行管理和调控,对地方政府和园区管理机构的行为,以及园区的发展效果进行要求,使农业科技园区建设符合目标期望。为了推进农业科技园区科学、合理发展,宏观管理部门制定了相关的管理制度和政策措施。例如,出台园区发展的指导意见,避免出现重复建设、竞争无序、侵犯农民利益等问题;制定具体详细的管理制度,在土地利用、建设目标、重点任务等方面进行的规定;通过评价引导地方政府加强创新投入,不断提高园区的建设水平。

(2) 支持

支持是为国家农业科技园区建设提供政策、资金和项目等各方面支持,以促进园区快速发展,体现了宏观管理部门将推动园区发展作为自己的职责和义务。宏观管理部门积极支持园区建设,在创新平台、研究开发、成果转化等方面给予资金、项目支持。例如,科技部积极支持园区建设"重点实验室""星创天地""众创空间"等创新创业平台；在国家农业科技园区建设初期，科技部建立科技专项资金，每年给予园区一定的资金支持。

(3) 服务

宏观管理部门还为农业科技园区提供多方面的服务，包括提供政策、信息、培训等。服务体现了以农业科技园区为本位，管理部门的活动不是对园区进行管制，而是提供服务促进园区快速发展。宏观管理部门的许多活动体现了其"服务"的职能，例如组织专家对园区考察并提出发展建议；帮助园区对外宣传推广；组建园区协同创新联盟，促进园区相互交流和学习；定期举办园区培训班，对管理人员、科技人员进行培训等。

4.2.2 宏观管理体制的主要问题

(1) 宏观层面激励缺乏，地方政府动力不足

相比同级别的经开区和高新区，宏观层面给予农业科技园区的政策支持较少。以国家高新区为例，许多企业能够享受税收减免、土地红利、出口奖励等政策，但农业科技园区农业企业难以享受得到这些政策。虽然符合条件的农业科技企业也可以申请相应政策支持，这些政策主要针对工业企业，农业企业很难满足其要求。此外，各部委对高新区的支持较多，目前各部委支持的创新载体、科技项目、产业基地、试点项目以及先行先试政策绝大部分都落在高新区（程郁 等，2014）。农业科技园区的宏观支持主要以科技部和省政府为主，支持力度较弱，形式较为单一，难以推动农业科技产业快速发展。

农业由于其特殊性需要政府给予补贴，欠发达地区由于财政资源不足，依赖于中央和省级政府给予转移支付。获取经费和资金项目是地方政府建设国家农业科技园区的重要目的，目前中央政府缺乏农业科技园区的配套政策和专项资金投入，势必会影响地方政府的积极性。许多省份建立本区域的园区支持政策，为国家农业科技园区提供相应的支持。然而，省级政府资金规模较小，而且不同省份的政策不同，有的省份还没有资金支持，难以建立全国一盘棋的管理体系，形成农业科技园区长效支持机制。随着近年来我国经济增长速度的放缓，地方政府的财政税收减少，农业科技园区招商引资困

难，园区经济效益不足，地方政府要求对园区补贴的呼声增强。另外，目前现代农业产业园、田园综合体等农业园区都有中央或省政府给予资金投入，而农业科技园区缺乏配套资金投入，一定程度上影响了地方园区建设的积极性。

（2）园区评价机制不健全，导向作用不明显

监测统计是及时了解和掌握园区发展状况的重要手段，国家农业科技园区的统计监测属于我国的部门统计调查项目，是在科技部部门统计调查项目下开展的统计行为①。目前，我国国家高新区早已建立了"国家高新区和高新技术企业统计调查制度"的部门统计调查项目，国家农业科技园区还没有建立专门性的统计调查制度，是依托于其他科技统计调查制度进行的，统计法律效力不足，缺乏有效的制度约束。

当前，国家农业科技园区的监测统计存在着评价指标不完善、统计数据质量不高、人员经费缺乏等问题，难以对园区发展绩效进行准确的测量和评价。国家农业科技园区统计监测由地方相关部门负责，由于不同园区的组织机构、人员队伍等差异较大，不同园区的统计数据质量参差不齐。部分园区管理组织结构不完善，还没有建立专门的统计部门，人员和经费缺乏，难以确保统计数据质量。许多园区没有明确的四至范围，核心区、示范区的边界模糊，给统计工作带来了困难。由于地域条件不同，一些园区发展规划存在不足，核心区面积过大或过小，导致统计结果事实不相符。部分园区理解认识不到位，将全县甚至全市当作统计范围，失去园区应有的区域功能。园区统计监测中没有体现出农业产业，有些农业科技园区的收入多来自非农产业，无法反映出园区的真实发展情况。

（3）约束制度不足，政策执行落实存在困难

农业科技园区发展面临自身利益和公共利益冲突、考核体系和实际的背离、竞争和成本的约束等问题，影响了地方创新探索的努力。目前，许多地方没有将园区发展纳入考核标准，难以激发相关管理人员的积极性。由于农

---

① 根据《中华人民共和国统计法》，所有统计行为都要依据法律进行，我国统计调查项目包括国家统计调查项目、部门统计调查项目、地方统计调查项目，其中部门统计调查项目是国务院有关部门的专业性统计调查项目。

业科技园区预期收益不足，地方政府在追求经济增长利益过程中，可能存在具有保护污染企业、引进不相关的企业、侵犯农民利益、偏离农业领域等行为。而在园区验收考核中，为了通过园区验收要求，可能存在过度宣传、形象工程、资料数据伪造等现象。地方政府重视园区的验收和评估，担心园区不合格而被淘汰，但并非是重视园区建设，而是担心被淘汰后产生的影响。

由于约束机制不完善，违规处罚存在执行难的问题，少有园区因为不符合要求而受到处罚。由于农业科技园区采取平衡性的政策，园区根据地域和产业进行名额分配，使得园区建设水平参差不齐，这使得园区难以用统一的标准去进行衡量，使得现行园区考核标准失效。园区考核还需要考虑其他现实情况，存在一定的"人情"因素。部分园区基础条件虽然较差，但是地方政府非常重视，而且园区对地方经济发展比较重要，可能酌情给予适当的照顾。例如，一些专家认为地方建设园区不容易，应该对他们进行鼓励，不应该过于严格。此外，由于中央政府对于园区资金支持较小，在验收和评估考核中难以采取严格措施，以免园区管理部门在园区建设实际工作中产生工作制约。农业科技园区面临的众多不规范问题，需要建立完善的约束机制并严格执行，引导地方政府努力建设农业科技园区。

4.2.3 宏观管理体制的改革创新

（1）加强制度顶层设计，完善园区宏观发展机制

明确园区的功能定位，指明园区的发展方向。明晰农业科技园区的市场性、公共性和社会性功能，采取"推""拉"两方面手段相结合，在采取市场化手段的同时，以行政手段或者财政补贴推动园区建设。厘清中央政府、省级政府和地方政府之间的权利和义务关系。明确中央、省级政府和地方政府之间的投入比例，共同推动农业科技园区发展，形成中央、省、市、区（县）四级统筹建设的格局。增强农业科技园区的社会性功能，构建多主体的农业科技社会服务体系，对园区的社会性效益上进行补贴，提高地方政府的积极性。

明确农业科技园区未来的发展路径和方向。随着农业供给侧结构性改革的推进，各类农业科技园区正处于转型升级的时期，但转型动力不足与升级方向不明的问题突出，园区发展存在迷茫。探索适应新时期园区发展的新模式，指明园区未来的发展方向，对减少园区发展疑虑，提高园区建设积极性具有重要作用。可支持农业科技园区向农高区、高新区、经开区等方向发展，或者提供向更高水平园区迈进的途径。例如，随着新一批农高区建设的提出，激发地方政府建设农高区的积极性，获得省市级政府的大力支持。建设国家级农高区，向更高水平的园区迈进，已成为众多农业科技园区发展的目标和方向。

做好园区宏观制度设计，激发园区的建设积极性。完善农业科技园区评价机制，提高园区的建设标准，要求园区建立具有一定标准的管理组织，提高管理体制的评价权重，引导园区成立具有高行政级别、跨部门协作的组织结构。完善园区组织管理制度，创新绩效激励机制。完善农业科技园区统计和评价制度，加强统计监测的法律支持，对违反相关规定的园区给予处罚，提高制度的权威性。完善园区考核办法，并进行评估考核，依据考核结果分类支持。加强监督评价，建立动态退出机制，允许地方自愿退出农业科技园区体系。加强制度执行力度，构建规范、动态的园区管理机制，对不符合规定的园区坚决给予相应处罚，严格控制园区数量，确保园区的质量和水平。

（2）推动科技体制改革，为园区提供多方面服务

农业科技园区是我国科技体制改革的缩影，随着我国科技体制改革推进，园区的发展潜能得到释放。加强农业科技成果产权保护，建立农业科技成果转化机制，促进科技成果市场化和产业化发展。积极发挥农业科技园区协同创新联盟的作用，加快国家、省级农业科技园区的相互连接，形成园区资源共享，促进园区之间在行政、金融、信息、产业、人才方面结盟，实现全国园区一盘棋，提升农业科技园区的发展层次。按照加快转变政府职能与更好发挥视窗作用相结合的要求，加强园区之间的政策联动、投资结盟、信息共享、产业互动，进一步激发园区活力，形成园区自我发展的长效机制。

针对地方农业科技园区的认识不深，工作人员更换频繁的问题，可以建立农业科技园区培训机构，扩大培训规模，对园区管理人员进行定期培训；发展国家农业科技园区创新联盟的作用，促进园区的相互交流和参观学习。加强高校和科研院所的合作，将农业科技园区作为大学生实训基地，促进技术、信息之间的交流。定期组织召开农业科技园区工作会议，建设园区交流平台，组织各园区之间交流学习，为各园区之间资源共享创造条件，全方位多层次支持园区建设。建立园区沟通和交流机制，制定农业科技园区建设指导方案或手册，通过培训会、交流会和相互参观学习，加强基层工作人员对园区的理解和认识。

（3）推进部门协同合作，构建园区联合支持机制

加强部际之间的联合，建立更加紧密联合支持机制。加强对园区创新的引导和指导，形成上下联动、部门协同的创新支持体系，根据各个园区的产业特色，有针对性地在人才、平台、技术上给予支持。提升市场在资源配置中的主导作用，对资金、科教、信息等资源进行整合，增强农业资源的集聚效应。制定出台相关持续推进现代农业园区建设、科技人才引进、投融资、科研院所和科技成果转化等配套政策，加大市级各部门对园区发展的建设支持力度。加强农业科技园区的政策支持，为园区提供专项资金支持，给予地方"真金白银"的好处，对具有较强公益性的园区进行财政补贴，撬动社会资本对园区进行投入，提高地方建设园区的积极性。随着各种类型农业园区的不断增长，需要明确不同型园区的职能定位，推进不同类型园区分工协作、相互融合、有序竞争。同时，加强部际之间的协作，对资源要素进行统筹，防止要素资源的过度分散，避免重复建设。

在微观层面，构建齐抓共管机制是园区快速发展的重要保证。统筹多部门协作，明确部门职责，建立部门的联合支持机制。加大园区建设的财政支持力度，加强资源整合力度，建立健全市县联动、部门协同的园区建设体制机制，充分体现的协同创新生态体系。打破部门和区域界限，探索建立平台资源共享、机制创新高效协同推动的新机制。出台支持园区建设相关政策的文件，制定出台用地、税收、人才以及投融资等优惠政策。在人才引进、税收减免、金融信贷、土地流转等方面给予更大的优惠和支持，以利于营造开放性大、吸引力强的良好政策环境。构建土地供应、金融支持、招商引资、人才引进等系列配套政策，改善营商环境，培育创新创业文化，使农业科技园区成为探索农业科技体制改革创新的重要阵地。

（4）理顺管理组织结构，赋予园区充分的自主权

按照一定标准要求，建立符合条件的园区管理机制。建立统一的、具有标准化的园区管理机构,要求具有固定的办公场所、强有力的领导班子、高素质的专职人员、明确的管理服务职能、完善的工作机制、充足的运行经费,组织管理自成体系,确保园区建设和发展的顺利进行。构建行政和市场化相结合的管理体制,加强科研单位主导型园区和政府的沟通与合作,弥补其在行政职能上的不足。为了确保园区社会性功能和发展方向,企业主导型尽可能采取国有企业运营管理模式,市场化发展较为成熟的地区可探索社会化管理模式。

促进地方政府进一步下放权力,提高农业科技园区的职能授权。通过组织协调和评价导向,促进地方政府提高园区管理机构的授权,其中国家农业科技园区原则上建立副处级以上的管委会。以改革创新为动力,不断完善园区运行管理机制,不断推进机制体制创新,在投融资、科技推广、技术和人才引进等方面进行创新探索,建立多层次、多元化的要素投入机制,利用市场手段建立符合新时期农业农村发展需要的科技创新体系,促进科技企业、科研单位、技术人员等主体发挥最大效能,赋予更大的改革试验权。积极发展园区先行先试功能,在投融资、技术创新、成果转化、人才管理以及土地流转等方面进行探索创新,探索制定园区土地、税收、金融政策,鼓励科技人员创新创业。

4.3 微观层面的园区管理体制创新

4.3.1 微观管理体制的主要功能

(1) 农业科技园区的组织管理结构

组织结构是指组织内部成员的权利与责任关系(徐虹 等,2011)。由于国家农业科技园区具有明显的政府主导色彩,要了解园区微观层面的管理体制机制,我们需要了解地方政府的组织结构。地方政府由多个职能局办构成,如科技、农业、国土、发改、财政等,各职能局办之上有主要分管领导,最后有总揽全局的"一把手"领导。国家农业科技园区的建设、管理工作一般由科技局负责,由于部分地方政府没有设置科技局,而由其他部门负责。

根据科技部等部门的要求,地方政府建立由地方主要领导和各职能局办组成的园区建设协调领导小组,为园区建设提供指导和支持。国家农业科技园区在规划编制、开发建设、项目实施等方面都需要各部门协同推进,领导协调小组主要起到发展决策、组织协调的作用。协调领导小组下设办公室,办公室一般设置在科技局。在农业科技园区生命周期的不同阶段,协调领导小组的功能、作用大小不同。在园区发展初期,由于园区建设需要进行各部门相互协调,协调领导小组的作用比较关键。另外,在发展初期许多园区尚未建立独立的管理机构,协调领导小组办公室承担相应的管理工作。随着园区管理机构的建立,机制体制的不断完善,协调领导小组的作用相对减弱。

为了促进园区健康快速发展,需要组建专门的管理机构对园区进行管理、运营和服务,配备专职的管理人员,在财务上实施独立核算,以提高工作效率。完善的管理机构是园区健康发展的重要保障,如果没有独立的管理机构,导致园区工作效率不高,政策的制定和执行能力有限,影响园区的有效运行和长远发展。独立的管机构意味着独立的经济核算,政府是国家农业科技园区的重要投资主体,但是园区要获得发展就必须进行独立经济核算,尽可能降低成本,充分利用自身资源,提高经济效益。健全的管理机构是园区各项制度有效实施的基础,是企业进入园区的一个参考标准。例如四川省某园区企业认为:"农业科技园区是地方招商的好平台,但是如果没有自己的管理机构和职能,会让企业心存担忧"。

目前,绝大多数的国家农业科技园区采取管委会的体制。为了增强经济开发职能,还在管委会基础上还建立了园区开发公司,承担园区基础设施建设、投资融资、土地流转、企业服务等职能。园区管理机构可以由政府部门组建,采取事业单位的形式,作为地方政府的派出机构;也可以委托给科研单位,或者委托给某个具体的企业负责。根据管理机构运营承担主体的性质,国家农业科技园区可分为政府主导型、科研单位主导型和企业主导型3种类型。

典型的国家农业科技园区组织结构由园区协调领导小组,园区管委员及其指导下的专家委员会、开发公司构成。其中，管委会负责园区的日常管理工作，设立党工委书记或（和）管委会主任，管理委员会根据需要下设若干内设职能部门；专家委员会由相关专业领域的专家构成，接受管委会的管理、指导或聘用，负责发展规划评估论证、专业技术指导、重点课题引进与实施、人才引进和培养等；园区开发公司主要负责经营管理、基础设施、企业服务、政府投资项目建设等。在企业主导型园区中，企业作为管理机构，其功能包括了园区开发公司的所有职能。

（2）国家农业科技园区管理机构的职能权利

- 管理机构的职能权利

国家农业科技园区是促进农业高新技术产业发展的功能区，其主要目标是推动农业科技进步和农业农村发展。为了推动科技新技术产业发展，农业科技园区一般实施特殊体制，建立精简、高效、灵活的管理机构，对园区进行管理、运营和服务。良好的管理体制有助于改善园区治理，获取更多的外部资源，为企业提供更好的服务，提高经济发展和创新绩效。由于国家农业科技园区基本上由地方政府主导建设，园区管理体制和组织架构是在地方政府支持下建立起来的，管理体制的运行依赖于地方政府的授权以及提供的政策和资源支持。

国家农业科技园区的建设借鉴了开发区许多经验，从开发区的体制中可以看出我国农业科技园区管理体制的许多规律和特点。同许多国家级高新区一样，开发区的管理机构是绩效型、任务型组织，经济快速发展是其首要目标（吴晓林，2017）。为了实现这个目标，需要赋予管理机构特殊的权利，确保其高效运行，避免受到各种外部因素的束缚和干扰。为了适应市场经济，打破现有的机制体制束缚，以快速获取各类稀缺的要素资源，促进产业经济的快速发展，绝大多数开发区建立了"精简、统一、高效"的管理机构，得到省市政府赋予的许多特殊权利，能够灵活迅速地解决开发区发展中面临的各种问题。许多国家高新区实行市级管理权限下放，管委会拥有包括区域规划、财政税收、行政审批等众多权限；而部分高新区将管委会与行政区合并，采取"一套人马，两块牌子"的运作方式，拥有政府部门的一切权力。

经过多年摸索和经验积累，以及在各级科技管理部门的指导下，相当多的国家农业科技园区采取了政府主导型的管委会管理体制。然而相比许多开发区，除了个别园区（如国家级农高区），国家农业科技园区管委会的权力较小，职能相对较弱。在职能范围方面，农业科技园区以经济开发和科技创新功能为主，其管委会主要承担发展规划、项目建设、招商引资和企业服务职能，而行政审批、财政税收、优惠政策、社会事务等权限一般由地方政府负责。在行政权力方面，与开发区行政级别普遍采取"高配"的不同，许多国家农业科技园区管委会的行政级别相对较低，甚至部分园区还没有行政级别。

- 管理机构的功能和作用

在国家农业科技园区建设和发展中，园区管理机构起到非常关键的作用。作为园区运行的管理主体，管理机构为园区发展提供政策、资源、运营和管理保障，负责园区发展规划制定、基础设施建设、招商引资、项目实施、企业服务等工作。总体来看，以管委会为主体的管理机构对园区发展的关键作用有以下几个方面。

第一，发展规划和政策制定。园区建设首先面临的是如何对其进行规划，例如战略定位、产业布局、发展思路等，以及实现其目标的途径。虽然许多地方政府聘请专业机构帮忙规划，但是如果管理部门对园区缺乏认识，很难对园区进行具体实施。专业机构只起到协助的作用，如何建设园区最终还得依靠自己。在园区规划设计中，制度的设计非常关键，包括如何构建良好的管理体制，以及制定配套政策措施，这些关系着园区的未来发展。在规划设计完成后，最重要是如何落地实施。在园区发展过程中，随时面临着各种问题，需要园区管理机构进行规划和决策，及时制定和出台相应的政策措施。

第二，科技资源要素获取。农业科技园区发展离不开技术、人才、金融等要素资源，园区之间的竞争很大程度表现为资源要素的竞争。制定相应政策，不断吸引外部资源要素的进入，是园区持续快速发展的关键。开展招商引资、招才引智等活动，促进科技要素不断进入园区，是管理机构面临的重要任务。管理机构还需要积极创新探索，构建技术、土地、金融等要素多元化投入机制，通过股权合作、委托研究、联盟、框架协议等多种方式，为农业科技园区发展提供源源不断的要素资源。

第三，园区管理和企业服务。企业服务是园区管理机构的基本职能。管理机构需要为主体提供多方面服务，不断创新服务方式，不断提高服务质量，降低主体的交易成本。例如，解决中小企业融资难的问题、创新知识产权保护机制、推动行政审批制度改革，以及进行制度规范、流程优化、创新服务等系列措施。此外，园区管理机构还需要做好园区的监管，包括做好企业统计监测，保护园区生态环境，防止企业违规生产，引导企业加强科技投入，促进园区产业转型升级。发挥市场的决定性作用，减少对市场主体的不恰当干预。只有处理好与市场主体之间的关系，才能很好地推进园区建设发展。

第四，创新创业环境营造。园区管理机构的另一个重要任务是为园区营造良好的创新创业环境，提高科技创新和经济增长绩效，包括提供基础设施和公共服务、建立相应的创新创业平台、制定相应的激励措施、开展新型职业农民培训、发展中介组织和教育培训机构、培育园区创新文化等。建立微观经济规则、制定激励措施来激发市场主体的活力，提高投入的质量和效率促进生产力发展；通过基础设施、金融政策、平台建设等投入，营造良好的创新创业环境，做好企业服务。通过营造良好的创新创业环境，管理机构的目标是打造根植于本地的产业生态系统，建立以企业为主体的创新体系，大力培育农业高新技术企业，不断提升园区的科技创新水平和经济发展能力（图4-2）。

农业科技园区的持续快速发展，需要不断地推进改革创新，不断提升园区主体服务水平，不断丰富科技要素投入渠道，不断完善园区创新创业环境，不断提高经济发展和创新绩效。园区管理机构在改革创新中具有"主客同体"的特点，即管理机构既是改革的推动者，又是改革的主要对象。只有不断自我革新，才能更好地发挥管理机构的功能作用。管理机构自我革新来源于其组织活力，管理制度、工作氛围、人员素质等对影响管理组织的效率和改革创新活力。完善的工作制度、精干的人才队伍、融洽的环境氛围，能够激发人员的积极性和创造性，提高组织的效率和创新能力。

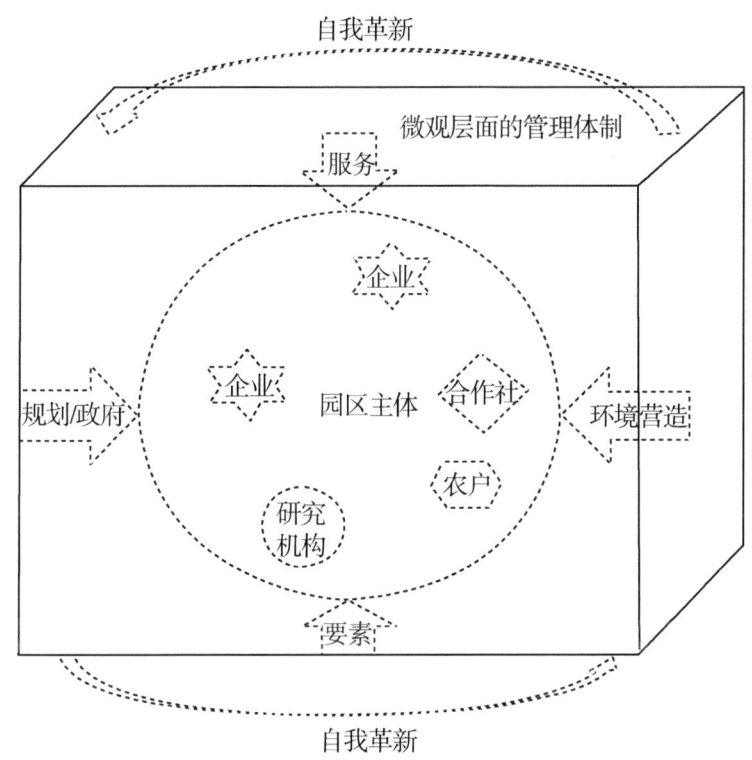

图 4-2 农业科技园区微观层面管理体制的作用机理

4.3.2 微观管理体制的主要问题

总体来看，国家农业科技园区微观层面管理体制存在的问题，主要有以下几个方面。

(1) 园区配套支持政策缺乏，地方重视程度不足

农业科技园区通过特殊的制度安排，引进现代科技要素集聚，通过包括动植物新品种、机械设备、信息技术、管理理念等科技要素的应用，促进农业生产效率的提高。农业科技园区的发展动力来自特殊的制度安排和政策体系，它是吸引生产要素集聚、促进创新研发、推动产业升级的关键。在园区发展初期，为了实现规模经济效应，许多园区实际担当了"经济开发区"的功能，主要依靠生产要素低成本和政策优势进行招商引资，推动经济总量、产业规模、财政收入增长，在拥有较为坚实的物质基础后逐步转型升级。但这种特殊的制度安排和政策体系来源于地方政府的授权，地方政府及其主要领导的重视和支持程度对园区的发展非常关键。由于园区管理部门缺乏相应的权利，也并不具备政策支持能力，需要向上级领导进行游说或寻求支持，如果得不到地方政府及主要领导的认可和重视，园区建设和发展面临着政策支撑和资源支持不足的局面。

农业科技园区带来的经济增长和财政收入较小，地方政府给予园区的政策支持较小，对科技资源要素的吸引能力较弱，难以实现园区的跨越式发展。当前，缺少强有力的配套政策支持，是制约农业科技园区升级的重要瓶颈。上级部门给予园区的政策性支持力度不足，在人才引进、税收减免、金融信贷、土地流转、成果转化等方面缺乏配套政策。由于缺乏相应的激励政策和奖励措施，难以吸引科技企业和高素质的人才来园区投资、就业。在土地方面，由于农业科技园区不能改变农业用地的性质，加上近年来国家加强了建设用地指标的管控，企业获取土地存在困难，土地资源的缺乏制约了园区的建设规模。在金融方面，园区投融资机构数量少，企业融资困难，缺乏有效资金获取渠道。对于欠发达地区的农业科技园区，由于经济发展和财政税收较少，软硬件基础条件薄弱，政策力度相较于其他经济发达地区存在明显的差距。

农业科技园区是区域的农业政策高地，然而现实中许多园区并不具有显著的政策优势。部分地方没有给予园区有效的配套政策，园区平台功能实际上没有得到发挥，有无园区对于当地经济发展没有太大差别。在调研中发现，有的地方虽然也制定了与园区主导产业发展的相关政策，然而园区并没有被作为推动地区经济发展的重点项目，产业政策并没有与园区建设相结合，农业科技园区的要素集聚平台没有得到充分利用和发挥，功能没有体现出来。例如，H园区是以茶叶为主导产业的某国家农业科技园区，当地政府虽然出台了许多有关茶叶相关的优惠政策，但是这些政策均属于县政府的整体性政策，并没有将园区作为一个重点功能平台进行打造，农业科技园区也没有成为招商引资的宣传品牌，实际上园区的平台和品牌没有得到利用，功能没有发挥出来。

（2）组织管理结构不健全，部门协调成本较高

首先，组织结构不完善，园区之间差异较大。国家农业科技园区缺乏统一的建设标准，管理体制主要由地方自主建设，组织结构形态各异，尤其在管理机构、人员数量、行政级别、管理模式等方面，不同园区差异较为明显。部分园区由于人员编制、运行经费、程序审批等问题，尚未成立管委会，园区日常工作都依赖于科技局的组织推进。部分园区组织结构不完善，管理松散、无序，存在管理主体缺失。虽然科技部要求各园区成立具有行政职能的管委会，但不少园区管委会建设不到位，组织机构不健全，管理权责不明确。管委会缺乏编制、经费、专职人员和办公设备，没有具体的负责人，开展工作存在困难。虽然许多园区都成立了园区开发公司，但是一些园区开发公司处于空转状态，未能发挥实质性的作用。此外，受到政府组织结构和职能结构的影响，农业科技园区的归属单位各地差异较大，有的归口科技部门管理，有的园区归口农业部门管理，有的没有明确的管理单位。在2018年政府机构改革中，许多县（区）科技局调整和撤并，农业科技园区转由其他部门管理，给纵向的科技部门职能管理带来了困难。同时，由于其他部门对农业科技园区工作不熟悉，在管理、服务上存在不足。

其次，园区管理机构职能较弱，运行效率不高。除了部分已升级为农高区的园区之外，农业科技园区管委会的职能普遍较小，没有得到市、县政府的充分授权，缺乏政策制定、土地规划、财政收税等方面的职能。国家农业科技园区管委会的行政级别从副科级到正厅级差异明显，不同园区之间的职能权利差距巨大。由于园区管理机构的行政级别较低，自主性权利难以牵头协调和管理。此外，管理部门职责不明确，缺乏招商引资功能，上下之间缺乏联动，园区建设工作推动乏力。

最后，园区组织协调困难，部门之间和地区之间缺乏协作。国家农业科技园区建设涉及多部门，由于领导管理体制不完善，各部门之间联动不足，难以形成政策合力。由于协同机制不健全，部门权责不明晰，园区建设容易沦为单个部门的工作。而且农业科技园区权属往往较为复杂，涉及部门较多，组织协调成本较大，工作推进存在困难。

此外，园区的空间结构也给组织协调工作增加了困难。受地理条件、产业分布等因素影响，许多园区横跨不同的行政区域，如果没有良好的协调机制，容易造成不同行政区域之间的摩擦，影响园区整体发展。国家农业科技园区的面积较大，园区核心区、示范区涉及过多的县（区），组织协调成本较高。部分园区核心区发展不足，产业规模较小，对示范区的辐射带动不明显，核心区和示范区缺乏产业联系，"两区"之间相互割裂。部分园区采取"一园多核"的模式，不同核心区分布在不同的行政区域，而且核心区之间距离过远，产业关联小，核心区之间缺乏合作，实际上各自独立发展。

（3）财政和人才资源缺乏，人员队伍不稳定

在基础设施、人文环境、人才资源等基础条件不足的情况下，农业科技园区对外部资本的吸引力不足，其快速发展难以脱离特殊化经济政策的驱动。然而，我国农业科技园区大多位于远离城市的农业优势区域，经济发展水平相对较低，地方财政资源有限，难以通过强有力的经济政策来撬动各方面的社会资源。由于农业科技属于资本密集型和知识密集型产业，农业科技园区建设需要大规模的资本和高素质的人才投入，产业周期性长、投资见效缓慢，其产业特征与乡村的资源条件相违背，要素供需在空间上形成矛盾，资本、人才、金融等要素长期依赖外部流入，运行经费依赖上级政府部门的资金支持。而近年来，随着中国经济从高速增长转为中高速增长，财政收入也进入中低速增长阶段，地方政府的财政资源进一步趋紧。

农业科技园区的优惠政策由地方政府自主制定，在财政资源稀缺的条件下，地方尽量将财政资源用到最能发挥经济效益的领域，对农业科技园区的支持减少。除了经费之外，人员短缺也是许多园区面临的一个重要问题。目前乡村业务繁忙，各种业务需要人们来说。园区工作的人员多采用兼任方式。让园区主要领导陷于镇的具体事务中，很难腾出精力抓园区的建设与发展，导致园区工作弱化（东晓 等，2019）。

我国基层农业科技人员少、知识结构老化，不能很好地适应现代农业发展需要。许多农业科技园区与科研院校的结合度不高，自身缺乏专业的、高层次的科技研究人才，对农业前沿科技成果信息了解不够及时，对一些高精尖技术和新品种的引进转化上能力不足，农业科研院所和农业院校对园区发展的推动作用并没有充分发挥出来。许多园区缺乏专业的管理团队和科研团队，专业人才少，工作力量薄弱。在政府主导型园区中，由于管理人员多属于政府部门公职人员，部分人员作为兼职管理园区，定期受到政府的人事调整,人员队伍不稳定。另外,由于园区建设依赖于地方政府及其主要领导的重视,而且不同的领导有不同的发展思路,相关领导的调动和更换对园区发展影响较大。例如,H 园区为西部某省份的国家农业科技园区,由科技局负责建设、管理。自 2015 年园区被批准建设以来,在短短的几年之内,市委书记换了三任,科技局局长换了三任。频繁的人事调动,使得园区管理组织难以发挥有效作用,3 年来园区建设工作停滞不前。

(4) 园区管理制度不完善,机制体制创新乏力

农业科技园区管理组织结构不完善,管理机构缺乏有效管理制度,组织运行效率较低。我国大部分园区是以政府为主导建设起来的,普遍存在重视科技硬件设施而忽视现代化制度和经营管理等软件建设。许多园区没有制定完善的管理制度,缺乏人力资源、薪酬绩效、财务管理等规章制度。部分园区管委会行政化色彩明显,还没建立各司其职的职能部门体系,财务管理较为混乱。与我国开发区普遍实行"大部门制、扁平化、聘任制"不同,大多数国家农业科技园区还没实现聘任制,人事管理缺乏绩效收入激励,没有与经营和管理人员的切身利益挂钩,难以调动人员的积极性。管理部门与企业衔接不够紧密,人员主动意识不高,执行力不强,政策创新落实不够,不能很好地适应迅速变化的市场环境。

由于组织结构和管理制度的缺陷,加上管理机构的职能权力不足,经费、人才、信息等资源的缺乏,体制机制的改革创新不足,促进现代农业发展的方式不够完善、不够灵活。在职能和资源依赖上级政府的情况下,园区管理机构面临上级部门过多的干预,许多方面需要等待上级部门审批和指示,精简、高效运作机制逐渐弱化,相关机构在改革创新过程中"惧于尝试",逐渐失去体制机制创新的动力和积极性。而由于自主性权力不足,以及人员晋升和薪资绩效激励缺乏,使得园区管理组织的缺乏活力,招商引资、企业服务、对外宣传等形式单一,土地流转、金融改革等措施不足。

4.3.3 微观管理体制的改革创新

内部动力是园区长效发展的关键,仅仅依靠上级政府,园区很难获得好的发展。只有构建良好的管理运行机制,将创新能力内部化,激发地方政府和管理机构的创新积极性,形成园区自我发展的动力,才能获得良好的发展。以体制改革和机制创新为途径,探索园区管理体制机制创新,在机构设置、人员编制与配备上出台相关政策,激发人员创新活力。近30年来,高新区大部制的行政管理体制改革,优化审批流程的"放管服"改革,身份封存、全员竞聘、绩效工资等的劳动人事制度改革等,都大大提高了高新区的效率。农业科技园区可适当借鉴高新区的管理制度,向"高效率+新体制"转变。通过推进园区综合改革,推行人员岗位制、全员聘用制、绩效考核制,以岗定薪,打破事业编制和聘用人员使用的壁垒。

创新分配机制,利用股权投资、技术入股、项目合作等多种形式,吸引资本、技术、人才向农业科技园区集聚。开展农业科技成果转化收益、科技人员兼职取酬等制度创新,激发农业科技人员的积极性。推进农业科技体制改革,促进产学研深度融合,将农业科技转为现实生产力。构建专业化的组织管理机构和专业队伍,不断提高园区的建设水平。加强引进高端管理人才的引进,为"园区"的建设和发展注入新鲜血液。进一步加强园区干部队伍建设,充分调动园区干部干事创业积极性,发挥干部特长,建设一支能打硬仗、能打胜仗的干部队伍,不断提升园区管理水平。

4.4 案例分析 山东省农业科技园区管理体制创新评价分析

4.4.1 省级层面的管理体制

山东省农业科技园区管理组织体系可分为2个层次:一是由省委省政府及其各省级职能部门构成省级层次;二是园区所在的各市、县政府及其下属职能部门构成的地方层次。在2个层次构成的农业科技园区管理体系中,山东省建立了农业科技园区多部门协作发展模式,形成农业科技园区联合治理体系,具体特点表现为3个方面。首先,省委省政府高度的重视,政策决定由省委省政府部署，以省委省政府名义发布相关政策文件，将农业科技园区及农高区纳入全省的发展规划中。其次，各部门协同配合，省级科技主管部门统筹协调发改、国土、财政、商务、金融等相关部门协作配合，从管理机构设置、规划批复、建设用地核准等方面给予大力支持。最后，各级别政府分工明确，相互协作，具体建设由园区所在地人民政府推进。

山东省注重资源整合和协同创新，通过工作联动机制、创新战略联、资源平台等方式，促进省内农业科技园区的共建共治共享。首先，建立了国家、省、市、县四级共同支持园区创新发展的工作联动机制，组建了山东省农业科技园区特色产业协同创新战略联盟，推进园区在技术成果转化及示范、产业提升、资源共享等方面开放、合作、互惠、共赢。其次，探索建立产业联盟、质量联盟等协同创新模式，推进协同创新，引导园区从单打独斗向整体合作提升。山东省大力推动相同、相近产业的园区强强联合，培育具有国内外竞争力的特色产业集群；推动不同产业类别的园区跨界联合、优势互补，接续、拉长产业链条，培育新兴产业集群。最后，充分应用互联网、大数据等现代技术，采取线上线下相结合的方式，建立以实体农业科技园区为依托的"云农业科技园"，为传统农业注入科技、信息、金融等先进生产要素。

4.4.2 园区层面的管理体制

截至2017年底，山东省共有91个园区设有园区管理委员会，占比63%。依政府重视程度不同，各级农业科技园区设立的管委会行政级别存在差异。黄河三角洲农高区成立了正厅级的园区管理委员会，泰安园区、威海（荣成）园区以及莱芜园区成立了正县级的园区管理委员会。农业科技园区管理委员会在制定园区发展战略与规划，解决园区建设发展中的重大问题等方面发挥了重要作用。通过各类农业科技园区经过不断探索实践，山东省逐渐形成政府主导型、企业主导型两种发展模式。不同级别的农业科技园区管理模式结构不同，低级别的园区更多采用企业主导的管理模式。截至2017年底，山东省共有各类农业科技园区145家，其中国家农业科技园区20个；省级农业科技园 111 个，占比为 76.6%。在 145 家农业科技园区中，政府主导型占 43%，企业主导型占 57%。企业主导型园区比重较高的原因，是因为大部分省级农业科技园区以企业为主体进行建设。

4.4.3 园区的要素投入效率

要素投入效率是衡量农业科技园区建设质量的重要指标，它也是地方政府是否积极建设农业科技园区的衡量指标。自改革开放以来，在分税财政制度和以经济为核心的干部考核体系下，地方政府将经济发展的指标放到最重要的位置上。较低的投入效率使得农业科技园区建设的机会成本过高，不利于激发地方政府的建设积极性。以下对山东省农业科技园区的要素投入效率进行分析。

（1）模型与指标体系

本文选取数据包络分析（data envelopment analysis，DEA）对山东省各地市农业科技园区的运营效率进行评价。数据包络分析（DEA）是查恩斯（A. Charnes）等于 1978 年提出的一种基于线性规划的用于评价同类组织工作绩效相对有效的特殊方法。DEA 模型将综合效率（TE）分解为纯技术效率（PTE）和规模效率（SE），TE=PTE×SE（雷国平 等，2014）。其中，TE 为规模不变情况下决策单元的综合效率；PTE 为可变规模情况下的技术效率；SE 为规模对资源利用效率的影响，体现实际规模与最优规模之间的差距；当 TE 为 1 时，该决策单元的投入产出是综合有效的。当 TE 为 1，SE<1 时，表明对现有资源利用是有效的，但并未达到最优规模（刘继为 等，2018）。

将山东省各地级市的农业科技园区总体数据作为指标，其中投入指标选取核心区面积、园区大专以上学历、研发经费投入、科技特派员、科研机构数量 5 个指标；输出指标选取园区累计产值、孵化企业数、新品种数量、成果转化数量、累计取得专利数量、示范推广新品种数量 6 个指标（表 4-1），数据来源于山东省科技厅《山东省农业科技园区年度报告 2017》。本文利用 DEAP2.1 软件进行 DEA-BCC 模型分析，得到山东省各地级市的农业科技园区运行效率结果（表 4-2）。

4 农业科技园区的管理体制创新研究

表 4-1 山东省农业科技园区运营效率评价指标体系

指标	类别	具体指标	代码
投入指标	土地	核心区面积	X1
	人才	园区大专以上学历	X2
	资金	研发经费投入	X3
	技术	科技特派员	X4
		科研机构数量	X5
输出指标	经济效益	园区累计产值	Y1
		孵化企业数	Y2
	社会效益	新品种数量	Y3
		成果转化数量	Y4
		累计取得专利数量	Y5
		示范推广新品种数量	Y6

表 4-2 2017 年山东省各地市农业科技园区运行效率

名称	综合效率	纯技术效率	规模效率	规模收益
济南市	1.000	1.000	1.000	不变
青岛市	1.000	1.000	1.000	不变
淄博市	0.522	0.880	0.593	递减
枣庄市	1.000	1.000	1.000	不变
东营市	1.000	1.000	1.000	不变
烟台市	1.000	1.000	1.000	不变
潍坊市	1.000	1.000	1.000	不变
济宁市	1.000	1.000	1.000	不变
泰安市	1.000	1.000	1.000	不变
威海市	1.000	1.000	1.000	不变
日照市	1.000	1.000	1.000	不变
莱芜市	1.000	1.000	1.000	不变
临沂市	0.595	1.000	0.595	递减

(续表)

名称	综合效率	纯技术效率	规模效率	规模收益
德州市	1.000	1.000	1.000	不变
聊城市	0.569	0.686	0.830	递增
滨州市	0.248	0.496	0.501	递增
菏泽市	0.407	0.430	0.946	递增
平均值	0.844	0.911	0.910	—

资料来源：作者整理

（2）评价结果分析

根据表4-2的评价结果分析，围绕山东省各地市农业科技园区建设的总体运行、科技投入、科技产出等方面主要存在以下特点。

- 总体运行水平分析

由表4-2可知：山东省各地市农业科技园区运营的综合效率平均值为0.844，园区整体综合运行效率未达到最优，仍需从技术效益与规模效益方面进行提升。其中，综合效率值达到1.000的有12个，说明这些地市园区运行有效，园区生产投入要素包括土地、人才、经费等与产出效益达到一致，包括济南、青岛等市，占比70.59%。而其余的5个园区综合效率值均小于0.8，占决策单元总数的29.41%，说明这些地市园区的某些要素投入与产出不均衡，影响园区资源节约与规模发展。

- 纯技术效率和规模效率分析

在山东省17个地市的数据中，纯技术效益和规模效益均达到1.000的有12个；均未达到1.000的有4个；临沂市园区发展的纯技术效益达到1.000，而规模效益未达到有效状态。山东省各地市农业科技园区纯技术效率平均值为0.911，规模效率为0.910，说明两者对山东省各地市农业科技园区整体运行效率非最优结果的影响作用是相近的，应结合两方面进行完善。从纯技术效益角度看，济南、青岛、枣庄等13个地市园区的纯技术效率值为1，表示纯技术有效，即资源投入配置与要素产出"双优"，要素生产利用实现了效用最大化；而淄博、聊城、滨州与菏泽4市园区纯技术效率值均低于1.000，即纯技术无效状态，要素投入与产出效益差，存在资源投入浪费或农业科技技术不成熟、生产效益低现象。从规模效率角度看，山东省12个地市园区的规模效率值为1.000，合理规模安排与产业集聚促使其实现规模有效；而剩余5个地市园区实际规模与最优生产规模差距较大，导致规模无效。

- 规模报酬趋势分析

山东省农业科技园区总体规模收益状况中，规模收益为不变的园区共12个，占比为70.6%，包括济南、青岛、枣庄等，这些园区已达到规模有效状态；规模收益为递增的园区有3个，占比为17.6%，包括聊城、滨州、菏泽，这些园区应在现有投入基础上适当增加用地面积、技术等要素的投入，以此来提高园区的规模效益，使园区产量能进一步增加；规模收益为递减的园区有2个，分别是淄博和临沂，表明园区投入过多但产出无效，应通过缩减投入或提升产出效率来提升规模效益。

- 投入与产出分析

由表4-3可知：淄博、聊城、滨州、菏泽4个纯技术效率无效的地市园区在核心区面积、科技特派员、研发经费投入等5个方面均存在投入冗余问题。淄博市表现为投入过多核心土地面积和大专以上学历人才，而取得的经济效益和科技转化率较低；聊城和滨州则表明投入较多研发经费但取得科技成果不足；菏泽投入要素较为均衡但在科技转化方面仍有欠缺。盲目投入和要素低效率利用致使园区发展纯技术效率无效，因此需要提升对土地、人才、资金方面的利用效率，调整投入产出结构，将科技资源投入转换成为科技创新成果。

表4-3 纯技术无效园区的投入冗余与产出不足

园区	投入冗余					产出不足					
	X1	X2	X3	X4	X5	Y1	Y2	Y3	Y4	Y5	Y6
淄博	51 440.72	8 475.44	0.00	55.43	40.71	138.64	0.00	45.79	0.00	1 045.37	45.79
聊城	0.00	0.00	4 715.32	18.93	0.00	0.00	0.00	0.06	11.09	493.25	0.00
滨州	0.00	615.09	3 890.60	0.00	0.00	0.00	19.21	231.27	11.63	0.00	286.27
菏泽	0.00	0.00	0.00	13.74	1.83	0.00	14.41	105.57	8.97	0.00	105.57

资料来源：作者整理

根据评价结果来看，山东省 157 家各类农业科技园区经过建设探索与创新升级，实现了"量"的提升，创造了巨大的经济效益，但山东省各地市农业科技园区整体综合运行效率未达到最优。运用 DEA 模型分析表明，在 17 个园区中仍有 4 个园区由于不合理的投入结构和低效资源配置导致园区纯技术无效率；除去规模收益不变的园区，规模收益递增的园区所占份额较大，这部分园区由于要素投入不合理导致效益低效。因此投入结构不合理和运营产出效率低是导致山东省农业科技园区 DEA 无效的主要原因，生产要素投入"量"与经济效益产出"质"存在不平衡性，应集聚科技资源，适当协调各要素投入比例，加大园区的高新技术成果转化力度；提升对土地、人才、资金方面的利用效率，调整投入产出结构，将科技资源投入转换成为科技创新成果（赵秋实，2009）。

5
农业科技园区三产融合发展研究

5.1 园区三产融合发展的内涵与功能

5.1.1 三产融合发展内涵与外延

(1) 国内外学者关于三产融合的研究

一二三产融合发展理论衍生于日本学者今村奈良臣提出的"六次产业"的观点，他认为农业应与二三产业结合成为一种新的综合性的一个产业，不仅从事种养殖业，而且与加工销售等二三产业紧密地联系在一起，也有利于获取二三产业的附加值，提高农民的收入（刘宏娜 等，2018）。因此可以理解成农业不仅仅是指传统生产过程，还包括与农业息息相关的第二产业即农产品加工和第三产业即文旅服务，农业一二三产业融合也由初始的 $1+2+3=6$ 进化到 $1×2×3=6$，即可以理解成农业全产业链中的某一个产业产值为 0，则产业融合的实质就不成立，只有依靠农业产业链上的所有节点通力合作、资源共享、共融共通，通过技术、科技的创新降低三大产业间的发展壁垒，通过成果、产品和资源的相互渗透交叉融为一体，才能逐步形成动态融合的新业态，真正意义上实现农村地区整体经济效益的提高。一二三产融合发展与六次产业发展既有联系也有区别，相同点是 2 个概念的产生都是基于产业要形成跨界发展，改变原有的单一农产品生产的模式，引入优质二三产资源多元化发展，不仅可以提高农产品附加值，挖掘农业农村深层文化，更能拓宽农民收入和生活水平；不同点是一二三产融合发展涵盖范围和要求更加广泛和影响深远，借鉴国外，尤其是日本六次产业发展模式，常见模式是农产品产地自产自销，受限于日本国土面积特点，地产地销的六次产业模式更适合国情，而一二三产融合发展在我国是一个社会性广泛概念，三产融合发展不仅仅局限于农民增收，而附加了更多的农业农村建设和社会发展的属性责任，因此我国对三产融合发展有了更高和更有深度的要求。

农村一二三产融合发展，狭义地讲，就是统一农业经营主体在从事农业生产的同时，在统一地区从事同一农产品加工流通和休闲旅游，进而分享农业增值增效收益的经营方式。广义地说，就是各类经营主体以农业为基本依托，以农产品加工业为引领，以资产为纽带，以创新为动力，通过产业间相互渗透、交叉重组、前后联动、要素聚集、机制完善和跨界配置，将农村一二三产业有机整合、紧密相连、一体推进，形成新技术、新业态、新商业模式，带动资源、要素、技术、市场需求在农村的整合集成和优化重组，最终实现产业链条和价值链条的延伸、产业功能拓展和农民就业增收渠道增加的经营方式（宗锦耀，2017）。农村一二三产业融合发展也可以理解为以农业为基本依托，通过产业联动、产业集聚、技术渗透、体制创新等方式，将资本、技术以及资源要素进行跨界集约化配置，使农业生产、农产品加工和销售、餐饮、休闲以及其他服务业有机地整合在一起，使得农村一二三产业之间紧密相连、协同发展，最终实现了农业产业链延伸、产业范围扩展和农民增加收入（马晓河，2015）。也有学者认为，一二三产融合发展是以农村一二三产业之间的融合渗透和交叉重组为路径，以产业链延伸、产业范围拓展和产业功能转型为表征，以产业发展和发展方式转变为结果，通过形成新技术、新业态、新商业模式，带动资源、要素、技术、市场需求在农村的整合集成和优化重组，甚至农村产业空间布局的优化（姜长云，2015）。农村一二三产融合的发展是多种因素交叉作用的结构，外在因素主要来源于农业政策的驱动和全球经济高速发展的推动，内部因素则来源于农业各产业间的技术创新、服务创新、科技创新、机制创新等方面，三产融合的过程是动态发展的，包括技术的融合、产品的融合、文化的融合、市场的融合、信息的融合等，因而融合的过程会导致所有产业间的资源重新整合利用，因此会导致不断有新业态的出现以及旧业态的淘汰。

有学者针对地方农村产业发展特色，提出农村三产融合发展的四大融合模式：一是组成合作社，同一农产品品种在同一区域内推进农业一产向二三产业自然延伸，主要是通过引导农民以土地、土地经营权等多种形式入股合作社，发展加工流通；二是农产品加工流通企业向前延伸建设基地带动农户，向后延伸发展物流和营销体系，主要是通过企业向农户和新型经营主体注入资金，企业、农户和合作社之间形成长期的订单关系；三是休闲农业乡村旅游将一二三产业在自身内部融为一体，打造农业与文化生态休闲旅游融合发展新业态；四是通过新技术、新业态、新模式向各个环节渗透融合，将产业边界逐步模糊化，主要是通利用大数据、互联网和物联网等新技术实现生产、服务、经营、流通等全方位渗透和升级迭代（付俊红 等，2016）。

（2）国家各部委关于三产融合的定位

2015年，国务院办公厅印发《关于推进农村一二三产业融合发展的指导意见》（国办发〔2015〕93号）指出，要发展多类型农村产业融合方式：着力推进新型城镇化，加快农业结构调整，延伸农业产业链，拓展农业多种功能，大力发展农业新型业态，引导产业集聚发展；培育多元化农村产业融合主体：强化农民合作社和家庭农场基础作用，支持龙头企业发挥引领示范作用，发挥供销社综合服务优势，积极发展行业协会和产业联盟，鼓励社会资本投入；建立多形式利益联结机制：创新发展订单农业，鼓励发展股份合作，强化工商企业社会责任，健全风险防范机制；完善多渠道农村产业融合服务：搭建公共服务平台，创新农村金融服务，强化人才和科技支撑，改善农业农村基础设施条件，支持贫困地区农村产业融合发展。

财政部（2016年）总结出农村一二三产融合发展的多种模式，一是农业内部有机融合模式。以农牧结合、农林结合、循环发展为导向，调整优化农业种植养殖结构，发展高效、绿色农业，以高效益、新品种、新技术、新模式为主要内容的"一高三新"农业蓬勃发展，一些传统资源、农业废弃物被综合利用，农业潜力被激发。二是全产业链发展融合模式。从建设种植基地，到农产品加工制作、仓储智能管理、市场营销体系打造，再到农业休闲、乡村旅游、品牌建设、行业集聚等，形成一条龙发展的"全产业链"。三是农业产业链延伸融合模式。根据产业主体不同可细分为3个类别：第一个是以一产为基础的融合型。以现代种养业为主导，向产前延伸开展良种繁育、农资供销等，向产后拓展加工储藏、物流销售、休闲观光等二三产业，形成三次产业互促并进、互利共赢的发展格局。第二个是以二产为纽带的融合型。以农产品加工业为依托，将产业链向前后两端延伸，由单纯的加工向生产、流通、研发、服务等领域交融发展，实现产加销、贸工农一体化，拉长产业链、提升价值链。第三个是以三产为引领的融合型。依托农产品流通、电子商务、乡村旅游和农业社会化服务等三产，建立农产品原料、加工、销售、物流基地，拓展服务范围，延长产业链条，增加农业附加值。四是农业功能拓展融合模式。在稳定传统农业的基础上，不断拓展农业功能，推进农业与旅游、教育、文化、健康养生等产业深度融合，打造具有历史、地域、民族特点的旅游村镇或乡村旅游示范村，积极开发农业文化遗产，推进农耕文化教育进学校。五是科技渗透发展融合模式。在推动现代农业发展中，大力推广引入互联网技术、物联网技术，引进先进技术生产栽培模式等，实现现代先进科技与农业产业的融合发展。六是产业集聚型发展融合模式。随着农业产业发展规模的逐步提高，特别是一乡（县）一业、一村一品的发展，产业发展呈集聚态势，产业、产品品牌和价值不断壮大，实现产业发展与经济发展的协调推进①。

三产融合发展的最终目的是让农民获益，三产融合的通俗模式就是通过资源共享和置换，实现资源的最大化利用和降低生产和交易成本，不仅可以解决农村生产者常见的人多地少的弊端，还可以满足消费者对美好农业的向往和农产品质量安全的保障。

5.1.2 三产融合发展作用与功能

（1）三产融合发展是科技园区实现内外沟通的桥梁

农业科技园区作为农业科技示范集成展示的平台，能够将三产融合的成果和业绩向外部需求端（企业、消费者等）进行直观展示和体验；同时，农业科技园区也是一个开放的平台，其特有的科技创新创业孵化功能，能够将三产融合的模式和成果与技术与外部需求者融合在一起，推动新一轮的科技创新、技术创新、产品创新和文化创新；三产融合发展需要不断更新和注入新的能量，农业科技园区的本质就是以科技创新为核心，三产融合的创新需求和农业科技园区的创新机制相辅相成，完美实现了1+1>2的结果（图5-1）。

---

① 资料来源：财政部公布2016年农村一二三产业融合发展试点实施情况。

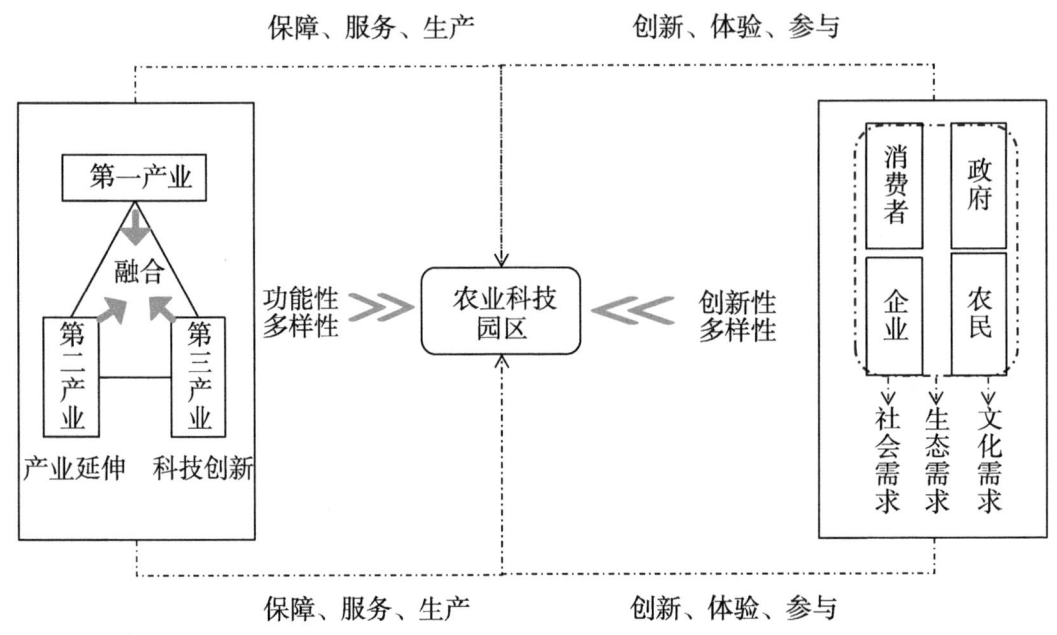

图 5-1 农业科技园区产融结合示意

（2）三产融合发展是科技园区提升价值的必然渠道

农村一二三产业融合发展有利于提升农业科技园区价值链深度，农业科技园区通过实现三产融合发展能够解决农业生产成本"地板"和价格"天花板"双重挤压的困境。一二三产业融合发展通过三次产业资源的交叉利用和融合渗透，使三次产业形成紧密的产业链，能够从横向、纵向 2 个维度延伸产业链条，从横向上拓宽产前生产资料来源、生产和供应能力；拓展农产品生产环节，从纵向上加长产品层次和生产流程；后端应挖掘农产品文化和品牌价值，注重农业文化内容打造和设计，通过市场信息和技术信息的大数据反馈，不断为产业链上的生产者和设计者提供有价值信息，通过市场信息反馈调节机制，控制产业链参与者适度控制生产成本结构，适度开发，避免与市场需求产生冲突。为三大产业重构市场价值元素，从"市场和消费者"两方面入手，打造一个产业形象活泼且有文化、消费者易于接受并参与性强的有价值的农业全产业链。

（3）三产融合发展是实现小农户与现代农业衔接的抓手

一二三产融合发展能够让农业科技园区充分发挥小农户的独特优势，通过三产融合衍生出的各类新兴产业，创造更多的增值环节、就业岗位、就业机会，结合当地地形、气候、文化等特点搞好特色种植养殖业，形成特色鲜明的特色县、特色镇、特色村和特色民居，打造品牌与发展乡村旅游互动，带动小农户发展新产业新业态，拓展小农户增收空间；同时能够借助农业科技园区的科技创新成果，加强小农户科技装备应用，推广应用面向小农户的实用轻简型装备和技术。建立健全农业农村社会化服务体系，实施科技服务小农户行动，支持小农户运用优良品种、先进技术、物质装备等发展智慧农业、设施农业、循环农业等现代农业。通过成果转化和转移方式，改善小农户生产基础设施，提升小农户发展能力；在三产融合发展过程中，充分发挥家庭农场、专业大户、农民专业合作社、龙头企业等新型经营主体的价值深入参与到三产融合过程中，利用农业科技园区平台创新农业合作社组织，以一产为基础，鼓励小农户利用实物、土地经营权、林权等作价出资办社入社，盘活农户资源要素，合作社根据小农户生产发展需要，综合发展二三产业，加强农产品初加工、仓储物流、市场营销等关键环节建设，积极发展农户+合作社、农户+合作社+工厂或公司等模式，提升小农户组织化程度。

（4）三产融合发展是实现科技园区可持续发展的内核

新技术、新产品和新模式的不断发展，尤其是智慧农业的不断发展，使得一二三产业的联系越来越紧密，产业边界随着技术迭代和技术互通变得越来越模糊，产业融合已成为趋势，一二三产融合也成为以科技要素为代表的农业科技园区实现可持续发展的内核和原生动力，一二三产融合发展也成为指导农业科技园区实现科学规划、一体发展、规范管理的前提和核心，在打破原有的单一农业园区的基础上，优化土地配置、劳动力资源、技术创新力量和各方资本要素，建立以科技创新为导向的农业生产—加工—流通—文旅体系，带动农业科技园区向多层次、高层次升级，为原有的农业生产者和农产品带来新的、更大的发展空间和价值空间，不断促使农业科技园区孵化衍生出更多、更成熟、更有价值的种植结构模式、生产模式、产品层次、服务模式、专用技术、专有设备等，围绕一产，打造综合性强、融合性高、层次性亮的标准生产体系，促进农产品精深加工和农村服务业的开展，拓展农业多功能要素和农业附加值，打造农业产业融合的聚光点。

5.2 园区三产融合发展的路径与模式

关联是事物彼此之间存在某种特定的关系。产业关联是指各个产业之间以各种投入和产出要素为连接途径的技术经济联系。这种联系类型常见的包括产品或服务联系、投资联系、产品技术联系、买卖价格联系等。根据产业关联的定义,将本书研究的关联产业界定为具有与物流业之间以各种物流投入要素为连接途径的技术经济联系的产业。

5.2.1 关联产业融合发展

实现关联产业融合发展,要加速产业链上多元组织与农业的有机结合,将农业产业发展形态逐步由"生产型"向"消费型"转变,农业产业发展模式由粗放式的资源开发型向"节能、增值增效"的集约式发展转变,实现产业结构调整。以"一产"农业为根基,利用一产的超叠加效应,把基础农业做好做精,延伸到与一产密切相关联的现代食品精深加工、现代信息农业等第二产业,带动仓储物流、电子商务、旅游康养、农业服务等第三产业,形成一二三产关联度高、黏合性大、协同性强的全新发展架构,打造科技园区产发展的"一产往后延、二产两头连、三产走精端"的发展路径,加快构建协同互补、特色鲜明的高质量发展动力系统。

使原本关联程度较弱的边缘产业从技术上产生融合交叉,又能够根据市场需求及时调整产业发展方向和产品层次结构,提高产业间技术、成果、装备相互影响和渗透的速率,提高产业的竞争力,产业关联发展作为一种全新的发展方向,无论在产业自身提质升级方面,还是从产业增值空间来看,都将成为农业产业高质量发展的必然趋势。产业融合使得传统产业之间的界限模糊化,从原本的平行发展变成交叉立体发展和相互融合促进式发展,这就需要不同产业之间的相互协调产业融合,对于产业发展和产业创新也能够产生深远的影响。

5.2.2　园区功能融合发展

园区功能随着国家战略的调整和时代思潮的发展几经变化，其中，产业聚集和土地开发始终是支撑我国科技园区发展的两大基础功能，创新孵化和社区建设则是园区经营过程中逐渐产生的重要延伸功能。因此，过去单纯强调产业功能的园区规划设计方式已经不能适应高科技产业发展和科技创新者对园区空间的使用要求。园区必须走向功能融合，成为综合化的多功能社区。不仅如此，知识产业自身和科技创新者的工作特点也使科技园区的内部空间组织有条件由功能分区向空间融合转变。

产业融合过程中，按照进程的不同可以分为两类，一类是功能融合，另一类是机构融合。简单地说，功能融合是以消费者为主体，消费者认为不同产业的产品可以相互替代；机构融合是以企业为主体，企业认为不同产业的产品之间存在联系并且能够产生生产和销售。细分来看，可以分为功能和机构的高度融合、高功能和低机构融合、低功能和高机构融合。功能和机构的高度融合是指一种较为单纯的产业融合，从需求方来看，可能包含替代性、互补性或者二者兼备的融合；从供给方来看，每个产业的企业都生产另一个产业的产品，伴随着2个产业功能融合的发生，同时出现机构的融合（吴宗建，2021）。以传统农业生产功能与乡村旅游功能深度融合发展为例，传统农业生产文化因其独特的生产形式、乡村风光和文化积淀等是特色乡村旅游的亮点和核心，但是受制于乡村本身交通、文化、信息等因素的限制总是鲜为人知，乡村旅游功能的崛起和升级能够充分挖掘乡村传统生产和生活中的要素和价值，进行升级改造，创造价值。而传统农业生产功能和乡村旅游功能深度融合的模式有5种：第1种是农业文化旅游创意产业园模式，利用本土的优质资源，聚集本地的能工巧匠与民族艺术家，对农业文化中可利用部分充分挖掘，在不破坏文化传承的基础上，进行包装和宣传；第2种是农业文化遗产园分时度假模式，可以选择在科学研究价值较大，自然环境好，文化遗存完整度较高的地方建设候鸟型专家度假村，进行分时度假，一方面，可以通过民宿的方式为专家学者提供良好的研究环境和服务，另一方面，利用分时度假模式可以在不同时间段进行旅游接待，提高收入；第3种是青少年农业科技科普园模式，利用农村自然环境，依托智慧农业、农业信息化、农业物联网等优质技术和设备，打造具有农业文化遗产学习价值和学习氛围的青少年农业科普园，传承农业文化；第 4 种是生态养生园模式，农业农村具备天然良好的养老优势，同时也为了城市老人寻根溯源的愿望，为老年人提供和打造一个健康的养老环境和生活方式；第 5 种是休闲山水农场模式，以中青年为主要消费群体，依托景观、农事活动、特色饮食和特色住宿为亮点，将传统农业功能与旅游功能深度融合，打造价值层次更高的一二三产融合典型（刘孝蓉，2013）。

5.2.3 产业跨界融合发展

三产融合发展需要实现产业跨界融合发展，需要多方支持：第一要强化规划导向，提升园区生命力。加快优势产业连片集中速度，使主导产业更加明显，极大程度地提高园区效益；第二要强化组织领导，优化园区发展环境。按照"重点基础设施建设向园区倾斜，重点开发项目向园区进入，重点扶持政策向园区集聚"的原则，加大园区建设力度；第三要强化设施投入，提高园区装备水平；重点围绕"生产、示范、观光、加工、物流、服务"六大功能，加快园区基础设施、服务设施建设，着力增强园区的发展承载能力；第四要强化资源整合，推进园区技术升级；充分利用农业科研院校和研究机构的独特技术优势，加速科技成果转变，协同推进"产学研"联合，引导科技力量向园区集中；第五要强化机制创新，培育园区发展活力；更加注重发挥市场机制在资源配置中的基础性作用，更加注重调动工商资本、农民群众的积极性，更加注重运用经济、法律、行政、市场等综合手段促进农业发展。具体体现如下。

（1）加大园区支持力度

要将园区建设纳入国家农业相关科技计划与地方科技发展计划，并作为农业基本建设的主要内容。园区内的高新技术企业，经国家与地方科技主管部门批准后，可享受国家与地方高新技术企业的有关优惠政策。优先支持园区农业技术的引进、消化、吸收和创新，要将园区的技术合作与交流作为国家重点科技合作计划和农业技术引进计划的重点。各级政府要制定符合地方实际的相关配套政策，努力为园区建设与发展营造良好的环境。积极鼓励各类企业，特别是科技型企业，进入园区投资建设。加强引导农户以土地、劳动力、资金等各种生产要素及以承包、入股等形式参与园区建设。通过国际科技合作，吸引国外资金，引进先进适用的技术与生产设施、经营管理方法和经验，加快园区建设。

加大政府对创新产品的支持力度。由于创新产品的市场容量还没有充分开发，单价相对较高，难以形成规模经济的低成本优势，政府需要加大对自主创新产品的政府购买力度。当然，政府应该吸取已有的经验教训，推进支持政策从补贴供方为主向补贴需方为主转变。补贴需求方是为了给创新产品提供市场容量，激发企业创新活力，同时有利于避免形成不公平的市场竞争主体和出现政策性套利及制度性腐败。补贴应发生在技术的导入期而不是成长期和成熟期。因为导入期新技术发展缓慢，面临失败风险。到了技术成长期和成熟期，政府应该退出补贴，因为此时继续补贴会造成不公平的市场竞争，反而抑制企业技术创新。

(2) 强化人才队伍培养

科技创新，关键在人。一是要引进高校、科研机构，建立人才聚集高地，形成完整的人才产业链，以便各类人才实现互补和协作。二是建立人才和企业的对接，让人才研发成果向企业生产及时转化，提高科研的有效性和企业的自主创新能力，实现双赢。三是出台一系列的政策，完善基础设施配套，解决人才的生活问题，如住房补贴、科研经费补贴等，为人才提供良好的生活和工作环境，为高级人才的保险、就医、子女入学、家属安置等提供便利，家庭稳定他们才会安心工作。四是大力开发人才资源，以职业经理人为重点，培养造就一批具有全球战略眼光、管理创新能力和社会责任感的优秀企业家和一支高水平的企业经营管理者队伍，建立企业经营管理人才库，实施企业经营管理人才素质提升。

(3) 营造创新创业氛围

科技创新是产业转型升级的重要支撑。一是要积极探索机制创新。以体制改革和机制创新为根本途径，在农业转方式、调结构、促改革等方面进行积极探索，推进农业转型升级，促进农业高新技术转移转化，提高土地产出率、资源利用率、劳动生产率。二是要提升创新服务能力。引导科技、信息、人才、资金等创新要素向园区高度集聚。吸引汇聚农业科研机构、高等学校等科教资源，在园区发展面向市场的新型农业技术研发、成果转化和产业孵化机构，建设农业科技成果转化中心、科技人员创业平台、高新技术产业孵化基地。三是要培育科技创新主体。打造科技创业苗圃、企业孵化器、星创天地、现代农业产业科技创新中心等"双创"载体，培育一批技术水平强、成长性高的科技型企业，形成农业高新技术企业群。四是要优化创新创业环境。构建以政产学研用结合、科技金融、科技服务为主要内容的创新体系，提高创新效率。

（4）坚持自主创新核心

创新驱动产业转型和升级的关键是掌握核心技术，拥有自主知识产权技术和持续创新能力。在创新驱动产业转型和升级的发展过程中，企业必须高度重视自主创新，提升产业发展质量，增强产业核心竞争力，提高产业经济效益，而不是盲目地扩张。自主创新方式包括原始创新、引进消化吸收和集成创新。大部分企业采用的是原始创新，所以在发展创新驱动产业转型和升级时必须高度重视原始创新。引进消化吸收和集成的创新方式也具有一定的优势，这种方式的优势在于成本低，引进成本通常是原始创新的1/5~1/3，且引进技术风险较小。在某些方面，比如，在技术成熟度较高或可获取性强的创新驱动产业转型和升级领域，采取这种方式也不失为创新的一种捷径。在发展创新驱动产业转型和升级的实践中，企业应根据产业的技术现状，将技术创新的多种方式有机结合，实现优势互补，快速提高创新、开发能力。

5.3 案例分析 陕西大荔现代农业园区产业演变分析

农业园区作为土地、资本、劳动力、科技等现代农业生产要素的集聚平台，通过发挥产业集群的资源集聚效应、资源整合效应、规模效应、在带动区域经济增长、促进区域产业升级、推动三产融合等方面发挥着巨大的作用。农业园区作为区域经济"亚核心",为就地就近城镇产业化培育提供了空间平台,但农业园区的产业融合发展并非一蹴而就,区域产业的演变规律有助于农业园区载体作用的发挥和园区产业的转型。

5.3.1 大荔农业园区主导产业演变

(1) 园区成立前种植业为主

园区成立之前,核心区所在地区域产业结构单一,经济增长过分依赖农业尤其是种植业,第一产业在沙苑区域产业结构中所占比重达到90%以上。但由于沙苑地区可耕地面积小,仅占全地区总面积的30%左右,严重限制了种植业的规模化发展。另外,该地区土壤类型主要是风沙土,肥力较低,土地生产条件不佳,作物单产低,小麦、玉米等粮食生产受到较大约束。

20世纪90年代以来,林场广植防风固沙林、培育苗木、发展养牛业,形成了大荔农业园区的产业基础。党的十五届五中全会确定把畜牧业作为调整农业和农村产业结构的重要内容,渭南市将秦川牛产业开发作为"十五"计划中调整农业产业结构的突破口,并以此申请国家级农业科技园区。

(2) 秦川牛专一化养殖期

2002—2005年,大荔农业园区产业类型以传统农牧业为主。此阶段园区起步建设,核心区的发展规划是建设全产业链的秦川牛产业开发体系,入驻的5家企业中与秦川牛产业相关联的共3家。2002年大荔农业园区秦川牛存栏1.1万头、年出栏0.25万头,到2005年秦川牛存栏达到2万头、年出栏1万头。

受到市场、资金、缺少龙头企业带动等因素的影响,该阶段秦川牛产业发展缓慢。龙头企业内部经营出现问题,导致秦川牛良种繁育中心处于停业状态,秦川牛屠宰与深加工企业迟迟没有落户园区,其他养殖企业和相关企业规模小、效率低,无法支撑整个园区的发展。

(3) 工业企业大量涌入期

2006—2010年,大荔农业园区产业类型以涉农加工业为主。2006年,因秦川牛产业发展缓慢,难以支撑园区发展,园区管委会对总体规划进行了修编,将单一的秦川牛产业拓展为多业并举,并在大荔核心区的基础上建设了大荔科技产业园，开始大量引进制造型企业。2006—2010年，共引进企业30家，企业的行业细分情况如图5-2所示。

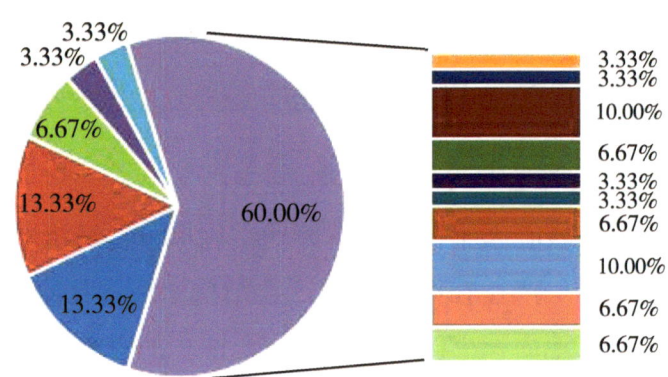

图 5-2　2006—2010 年大荔农业园区入驻企业行业细分情况

在这30家企中，涉农企业占比较大。按企业所属行业对这30家企业进行划分，制造业18家，分属10个细分行业，占入驻企业总数的60.00%；仓储业4家，占总数13.33%；畜牧业企业4家，占企业总数13.33%，燃气供应业以及批发业各1家，占比3.33%。

此阶段，大荔县的经济发展思路为"攻项兴城，强工促农"，实施把工业作为强县富民的基础产业优先发展的"先工战略"，大荔科技产业园也就是在这样的背景下应运而生，园区的产业重心从农业转向工业，形成了畜牧养殖、农产品加工、纸业板材、现代物流四大支柱产业，相对第一阶段，该阶段有了中间产品的生产。

(4) 四大主导产业形成期

2011—2016年，大荔农业园区产业类型以农副产品加工和高新电子科技产业为主。2012年园区通过国家科技部复查验收后，渭南国家农业园区阶段性任务完成，核心区结合大荔农业产业结构调整和未来区域经济发展的需要，再次进行了规划和发展思路的调整，并于 2013 年对规划进行了修编。2012—2016 年，新入驻企业 24 家，其中涉农企业占 87.50%，而一半以上为制造型企业。截至 2016 年底，大荔农业园区共有已投产及在建企业 47 家，其中涉农企业发展到 29 家，占企业总数的 61.70%，其中数量较多的是农副食品加工企业及农资生产企业。该阶段，大荔农业园区展现出以食品工业为龙头，现代畜牧业与种植业、现代农业服务业、电子科技产业为支撑的经济格局，产业现状如图 5-3 所示。

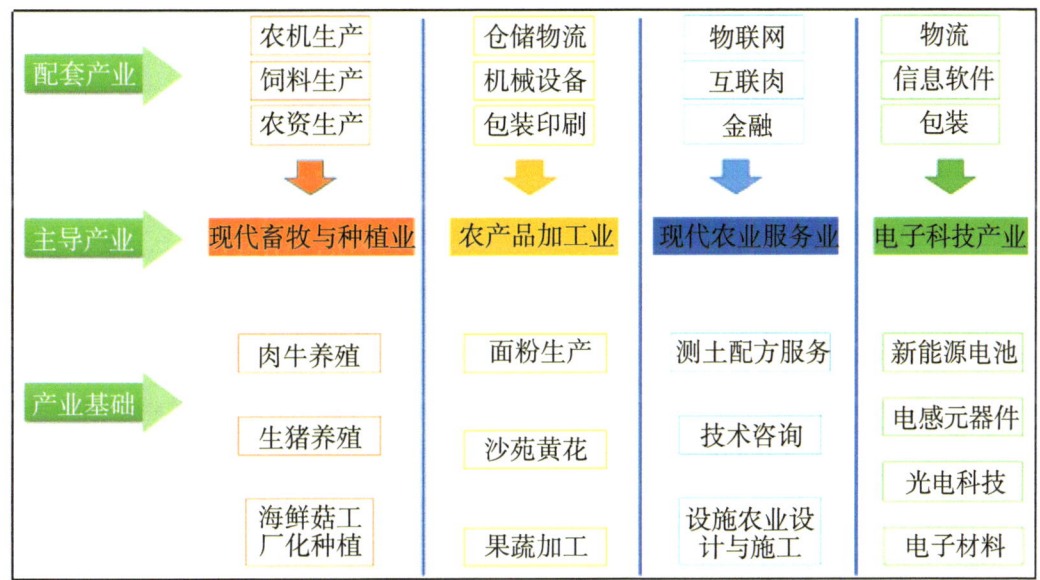

图 5-3　园区产业现状

5.3.2　大荔农业园区产业结构演变

（1）产业结构变动值分析

主导产业演变反映大荔农业园区产业类型的调整过程和结果，但园区三次产业产值结构变化程度有多大，总体变化波动幅度各个时期有什么样的特点，还需要通过结构变化指标来衡量。结构变化是指经济系统中重要组成部分构成比的变化，结构变化程度的大小通常用结构变化值来衡量，表示从基期到报告期结构的变化程度。基期是某一指定的基准时刻，报告期是与基期对应的被考察时刻。经济发展的规律表明：如果报告期、基期的时间间隔短，结构变化值仅表示期间的结构变化程度，而当报告期、基期的时间间隔长，则结构变化值不仅表示期间的结构变化程度，还暗示着结构的演进方向。

Moore 结构模型是测算产业结构调整的一个较为典型的方法，该方法以空间向量测定为基本思想，以向量空间夹角为基础来反映产业内部结构变动程度，有利于反映结构演变中各产业此消彼长的方向变化。Moore 结构变化值是 John·H·Moore 提出的，他将整个国民经济分为 n 个部门，构成一组 n 维向量，把基期和报告期间 2 组向量的夹角作为表征产业结构变化程度的指标。计算公式为：

$$M_t^{t+1} = \cos\theta = \frac{\sum_{t=1}^{2} w_{i,t} \times W_{i,t+1}}{(\sum_{t=1}^{2} W_{i,t}^2)^{1/2} \times (\sum_{t=1}^{2} W_{i,t+1}^2)^{1/2}}$$

式中：M_t^+ 为 Moore 结构变化值；$W_{i,t}$ 为 t 期第 i 产业所占比重；$W_{i,t+1}$ 为 $t+1$ 期第 i 产业所占比重。将不同时期产业比重之间变化的夹角为定义为 θ，则有：

$$\theta_t^{t+1} = \arccos M_t^{t+1}$$

θ 值越大，表明两个时期内产业结构变动越剧烈；反之则产业结构变化的程度越小。多个时期间进行比较时，根据 θ 值变化情况，还可以表明产业结构演变的速率。

（2）大荔农业园区的 Moore 结构变化值

本研究将 Moore 结构变化值引入核心区的产业结构演变研究，依据国家统计局发布的《国民经济行业分类》（GB/T 4754—2017），将园区产业分为 3 次产业，构成一组 3 维向量，某一产业与其他产业的向量夹角随着不同时期该产业产值在园区总产值中所占份额的变化而发生改变，将基期到报告期所有产业产生的向量夹角累计相加，可表征经济系统中报告期内的产业结构变化程度。同样，将园区内企业按涉农程度划分，可分为农业企业、农业配套企业及非农企业 3 类，计算这 3 类企业的 Moore 结构变化值，可以比较各时期农业关联企业结构变化的程度。

以报告期前一年作为基期，测算 2002—2016 年大荔农业园区 15 年的 Moore 结构变化值，变化趋势如图 5-4 所示，因 2002 年只作为基期故该年没有数据；将 Moore 值换算为向量间的夹角度数 θ 值，结果如表 5-1 所示。

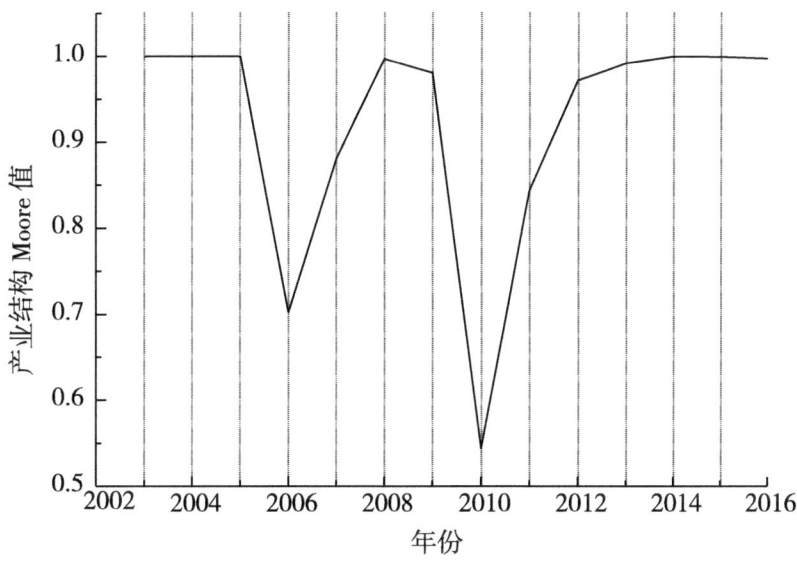

图 5-4 产业结构 Moore 值变化趋势

表 5-1 大荔农业园区产业结构 Moore 值

年度	产业结构 Moore 值	产业结构 θ 值
2003	1.000 0	0.00°
2004	1.000 0	0.00°
2005	1.000 0	0.00°
2006	0.702 0	45.41°
2007	0.880 6	28.29°
2008	0.996 9	4.52°
2009	0.980 4	11.35°
2010	0.544 2	57.03°
2011	0.843 7	32.47°
2012	0.971 9	13.62°
2013	0.991 7	7.40°
2014	0.999 8	1.06°
2015	0.999 6	1.55°
2016	0.997 6	3.94°

资料来源：作者计算

2002—2005 年，Moore 值无变化，向量间夹角 θ 变化量均为 0°，产业结构无调整。2006—2010 年，Moore 值在 0.5~1 上下波动，表明大荔农业园区在该阶段一直处于速率不稳定的结构调整过程中，产业结构变动剧烈。从产业（向量）夹角的变化度 θ 值来看，2006—2008 年三次产业 θ 值由 2006 年夹角变化 45.41°减小至 2008 年的 4.52°，也即表明园区的产业结构转换呈减速趋势。此后，两年园区产业结构又以较大速率剧烈变动，产业（向量）夹角的变化度从 11.35°增加至 57.03°，原因一方面是 2008 年金融危机导致园区内多数企业流动资金不足，部分制造型企业选择歇业停产，另一方面是 2006 年新入驻的一批企业在这个阶段开始投产运营，使园区的产值结构发生了改变。

2011—2016 年，Moore 值不断趋近于 1，θ 值从 32.47°逐渐减小，最小时为 1.06°，也即目前大荔农业园区产业调整速率在逐步趋于 0，产业结构再次处于平稳状态，园区处于稳定发展阶段。

（3）三次产业指标分析

Moore 结构变化值从整体上表明了大荔农业园区产业结构调整的过程，为进一步了解园区产业结构演变，需从园区三次产业结构的具体指标来看大荔农业园区发展过程中伴随着的产业结构成长、演变过程。按照三次产业的划分法，大荔农业园区各产业均表现出显著的经济特征。本书整理了大荔农业园区三次产业的企业数量及产值，分别计算出大荔农业园区三次产业企业数量比重以及产值比重，并据此探讨大荔农业园区三次产业的演变情况。

（4）三次产业企业数量结构演变

企业数量比重的变化能简单表明经济结构调整的方向，将当年投产企业按所属行业划分为三次产业，三次产业企业数量结构如表 5-2 和图 5-5 所示。

表 5-2 大荔农业园区三次产业企业数量结构

年度	一次产业企业数量	一次产业企业数量比重/%	二次产业企业数量	二次产业企业数量比重/%	三次产业企业数量	三次产业企业数量比重/%
2005	1	100.00	0	0.00	0	0.00
2006	4	50.00	3	37.50	1	12.50
2007	4	40.00	5	50.00	1	10.00

(续表)

年度	一次产业企业数量	一次产业企业数量比重/%	二次产业企业数量	二次产业企业数量比重/%	三次产业企业数量	三次产业企业数量比重/%
2008	5	35.71	6	42.86	3	21.43
2009	6	31.58	8	42.11	5	26.32
2010	5	23.81	11	52.38	5	23.81
2011	3	9.09	23	69.70	7	21.21
2012	4	10.26	27	69.23	8	20.51
2013	6	13.04	30	65.22	10	21.74
2014	5	10.42	35	72.92	8	16.67
2015	5	10.00	37	74.00	8	16.00
2016	6	11.54	36	69.23	10	19.23

资料来源：作者整理

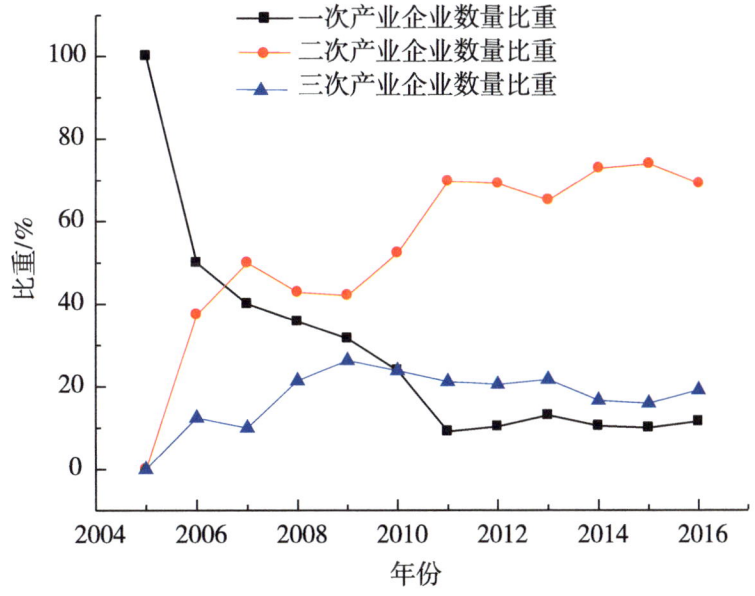

图 5-5 大荔农业园区三次产业企业数量比重变化

从企业数量看，各产业企业数量都在不断增加，但由于增量不同，导致各产业企业所占比重发生极大变化，比重变化表明，2002—2016 年大荔农业园区三次产业结构正逐步趋于优化，二产、三产从无到有，从弱到强。园区投产的第一家企业为一产企业，到 2016 年，经营企业中一产企业只占

11.54%，二产企业后来居上，占园区总企业数三次产业的 69.23%，园区以第二产业为主，第三产业企业数量比重占园区总企业数的 20%左右。

(5) 三次产业产值结构演变

依据《国民经济行业分类》（GB/T 4754—2017），将园区的经济活动按产业类型划分为第一、第二、第三产业，各产业产值变化趋势如图 5-6 所示，结合 Moore 结构变化值测得的产业结构转变阶段划分，从各产业产值比重可以分析大荔农业园区产业结构的变化情况。

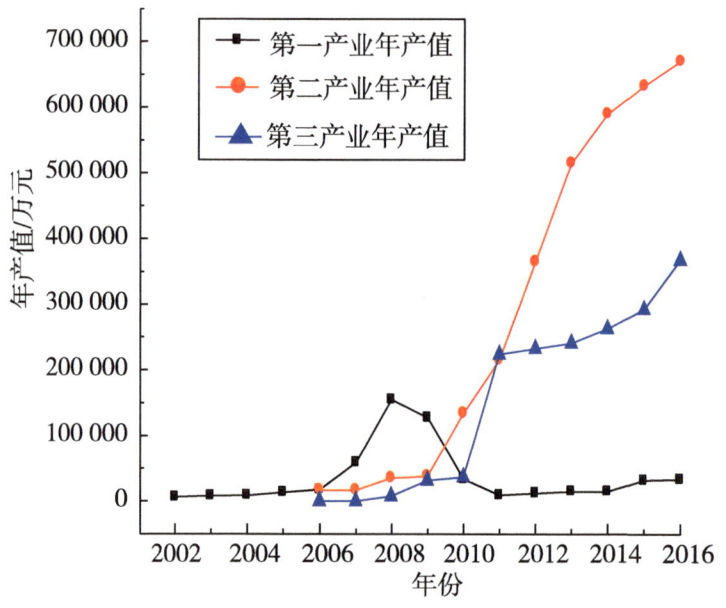

图 5-6 大荔农业园区三次产业年产值变化情况

2002—2005 年大荔农业园区只有第一产业作为支撑，因园区最初的秦川牛产业选择投资期较长，该阶段园区产值规模较小，增长缓慢。2006—2010 年，第一产业虽有短期的增长，但持续时间不长，后劲不足，在 2008 年以后第一产业产值开始持续下滑，与此同时，二产和三产产值开始平稳增长，2010 年二产及三产产值均开始超过一产。2011—2016 年，入驻企业陆续投产后，二产产值出现爆发式增长，成为园区规模最大的产业，产值增速呈先加速后放缓的趋势，至 2016 年二产年产值近 68 亿元，为第一产业年产值的 20 倍左右；三产产值持续增加，目前还未出现放缓趋势；一产产值最低且没有明显增加趋势。

(6) 园区企业农业关联度分析

农业园区区别于其他园区的根本特征是其发展基础是以涉农产业为根本，不能脱离大农业的范畴。以上产业结构演变分析虽然说明了大荔农业园区三次产业的演变路径，但不能说明第二产业与第三产业中农业相关企业所占比例。

为进一步研究大荔农业园区农业及其关联产业的演变特征，本书依据企业所进行的生产活动与农业的关联程度将园区内企业划分为涉农企业、涉林企业及非涉农企业，从各类企业数量变化来识别各阶段大荔农业园区产业类型的变化情况。其中，涉农企业包括为农业生产活动的产前、产中、产后过程提供相关服务的所有企业，在大荔农业园区具体为养殖企业、种植企业、农资生产企业、农副产品加工与利用企业、棉花粮食仓储企业、纺织业及其他农业服务型企业；涉林企业指以林产品作为原材料的制造企业，在大荔农业园区内主要为板材加工及造纸企业；大荔农业园区的非涉农企业主要为机械电子生产企业及其他非农制造业和服务业。按涉农程度划分的大荔农业园区产业演变过程如图5-7所示。

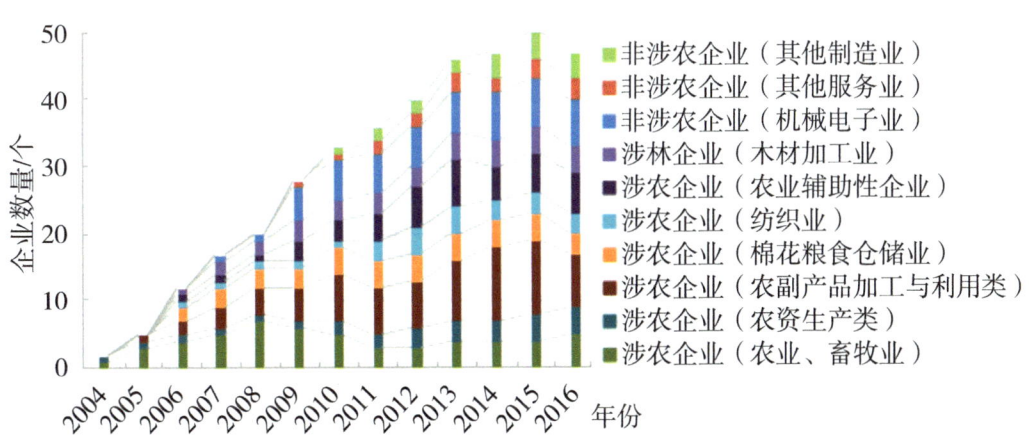

图5-7 2016年大荔农业园区产业类型演变

2004—2016年，涉农企业和非农企业数量均有增加，但涉农企业数量增加幅度远远超过非农企业，大荔农业园区涉农企业数量比重始终保持在60%以上，其中农产品加工企业是园区的支柱产业，纯农业企业的比重在发展过程中逐渐降低。涉农企业产值比重均占园区总产值的70%以上，其中农业企业所占产值比重一直呈下降趋势。

(7) 大荔农业园区主导产业演变特征

大荔农业园区的主导产业突破了就农业论农业的局限性，不断拓宽发展领域。从早期的以秦川牛专业化养殖为主的园区发展为如今有四大主导产业且关联众多配套企业的园区，大荔农业园区的产值在建园初期的基础上实现了数量级的增长。

其主导产业演变是向着产品形态高级化的方向依次转移。园区建园之初的主导产业是生产肉牛初级产品，没有加工等配套产业的建立，导致肉牛产业无法延长产业链，园区被迫转型；2006—2010年，园区涌入大量工业企业，开始了工业化的初始阶段，此时的支柱产业是畜牧养殖、农产品加工、纸业板材、现代物流，相对第1阶段有了中间产品的生产；2011年之后，大荔农业园区的电子科技产业开始进入正轨，且后进入的农资生产企业等，都有了终极产品的生产。

(8) 大荔农业园区产业结构演变特征

可将大荔农业园区产业演变过程划分为单一建设期、多元发展期、转型升级期三阶段，第1阶段到第2阶段是为解决单一产业发展的局限性而采取的被动转型，第2阶段到第3阶段则是为充分发挥园区产业集聚功能而选择的主动提升，各阶段对应特征如表5-3所示。

表5-3 大荔农业园区产业类型演变三阶段

时间	2001—2005年	2006—2010年	2011年至今
产业阶段	单一建设	多元发展	转型升级
主导产业	秦川牛养殖	畜牧养殖、农产品加工、纸业板材、现代物流	食品工业、现代畜牧业与种植业、现代农业服务业、电子科技产业
产业结构变动程度	无变动	剧烈变动	趋于稳定
三次产业发展情况	只有一产	三产并举，二产增长最快	一产平稳发展，二产增速变缓，三产持续增长
涉农企业占比/%	100	63.89	61.70

(续表)

时间	2001—2005 年	2006—2010 年	2011 年至今
产业类型特征	专一养殖业	低附加值、劳动密集型加工业	技术密集型制造业及现代农业服务业
产业发展需求	强大的产业基础，广阔的市场	廉价的土地及劳动力、优惠的税收政策	一定的配套服务和研发能力

资料来源：作者整理

由产业结构演变来看，大荔农业园区的产业结构演变即产业结构升级是沿着产业重点从一产到二产再到三产的次序依次转移。

大荔农业园区的产业结构演变路径为：首先，依据当地的产业基础，优先发展第一产业，聚集土地、劳动力、科技、资金等生产要素，并进行园区基础设施建设，在此基础上吸引第二和第三产业；其次，在第二、第三产业进入后，第一产业不再作为主导产业，一产发展放缓，二产和三产在充足的生产要素条件下获得强劲的发展动力，其中二产的增长规模会快于三产，成为园区的支柱产业；最后，当二产增长到一定程度后会增速会放缓，先于三产达到稳定状态，此时第一产业也处于稳定状态，但三产仍保持高速发展，园区后期的经济增长主要来自第二和第三产业。产业发展形态由"生产导向"向"消费导向"转变，发展模式由"拼资源、拼环境"的粗放式发展向"稳数量、提质量"的集约式发展转变，有力地推动了产业升级和结构调整。

大荔农业园区纯农业比重已萎缩殆尽，取而代之的是涉农加工企业的快速发展。园区进入工业化阶段后，已不将农业生产作为经济增长的动力，是涉农企业贡献着园区大部分的产值和就业，涉农企业中农业企业产值比重在逐渐降低，园区内的就业在向着各农业配套企业转移。

（9）大荔农业园区产业发展趋势

农村一二三产业融合发展是未来农业园区产业的必然形态。在市场经济体制下，为发挥资源的最佳配置效率，园区会形成二三产业引领带动，一产升级为主的现代农业园区经济格局。园区内粮食、蔬菜等农产品加工业不断发展壮大，农产品物流、食品安全、金融、电子商务等现代服务业加快培育，推动农村一二三产业融合发展。大荔农业园区目前的三次产业企业数量之比约为 12∶70∶18，而园区内涉农企业与非农企业之比约为 62∶38，说明在第二与第三产业中有大量涉农企业，这些企业或以农产品为生产原料或以农业为服务对象，从园区 15 年的产业演变轨迹来看，越往后这种融合趋势越明显。

6

农业科技园区的创新集群构建与模式研究

6.1 农业产业集聚的内涵、机制与作用

6.1.1 农业产业集聚的内涵

由于各种原因，相关经济活动往往会自然集聚，例如独特的自然资源、临近贸易市场和降低交易成本。随着信息通信和交通运输的发展，各地区的经济发展联系更加紧密，很多地区形成了专业化分工的商品生产基地，而基于这种专业化，一些地区已经形成了产业集群。Porter 将产业集群定义为"一定区域内相互关联的企业和机构在地理上集中"。集群不仅仅是生产者，它还包括专门的服务提供者、协会、研究机构、教育机构和政府部门等。产业集群是商品和服务生产者在地理上的集中，通过横向、纵向联系以及其他相关机构的支持，形成产业链的价值网络结构。

产业集群的重要特征包括价值链中的经济互动、企业间战略关系、专业化、竞争与合作、技术创新和扩散、共享文化氛围和行动方案。集群具有一定的主题边界（thematic boundary）和空间边界（spatial boundary），只有那些在"一定区域"范围内企业和机构才属于集群，并且技术上具有一定的接近性，在共同领域上或者沿着价值链进行活动，这代表了各种交换过程、协同作用和互补性的基础（Menzel et al., 2007）。

集聚、临近性和集群三者还是存在一定的差别。有学者认为，规范的产业集群概念应该包括 3 个方面的特征：一是行为主体在地理上邻近；二是企业/产业间联系；三是行为主体间互动。"集聚"表示行为主体之间是地理邻近的，"邻近性"也只能说明集聚企业和产业之间在地理空间上相互邻近，但无法表示集聚的行为主体之间是否存在网络联系和互动协作（罗胤晨，2016）。更重要的一点，是集群形成需要主体和经济活动达到一定的临界数量（critical mass）。集群经济活动和企业需要一定的数量规模，才能发挥出集聚效益，并且形成自我强化的机制，吸引更多的企业和机构向该地区集聚。不同集群的经济活动水平和自我实现的途径有所不同，集群的发展途径也不一样（Enright, 2002）。在很多发展中国家，经常缺乏足够的主体和经

济活动来推动形成产业集群（Wares et al.，2008）。

农业不仅可以产生集群，而且比传统形式的农业更有竞争力（叶依广等，2006）。农业产业集群从空间范围上因受本地自然和人文因素影响而更具地域根植性和地理标志性，从产业范围上包括农产品种植养殖业、农产品加工业以及产前产后的各相关服务业，是一二三产业融合发展的空间载体（李二玲，2020）。

6.1.2 产业集群的形成机制

韦伯在《区位原论》中探讨了工业区位决定以及促使工业在一定区域集聚的原因。韦伯把影响工业区位的决定因素分为区域因素和位置因素，区域因素又包括聚集因素和分散因素。在聚集因素中，有特殊聚集因素和一般聚集因素：特殊聚集因素包括便利的交通条件、丰富的资源状况；一般聚集因素包括因企业聚集所产生的外部经济性，如公共服务和基础设施的共享，特别是因上下游企业之间的产品互补所产生的产品相互依赖的间接外部经济效应。通常情况下，工业聚集在交通便利和资源丰富的区域。韦伯认为，若干企业聚集在一起，能为各个企业带来更多的收益或节约更多的成本，这是企业聚集的基本原因。韦伯在《工业区位论》中将产业聚集分为2个阶段：第一阶段是企业自身的规模扩张，引起产业集中化；第二阶段是靠大企业以完善的组织方式集中在某个地方，并引发大量同类企业在此地的出现，这时地方性集聚就能产生显著的规模经济优势。

增长极理论是法国经济学家佩鲁在20世纪50年代提出的。佩鲁认为，经济空间在成长过程中，总是围绕着极核进行，空间发展如同部门发展一样，增长不是同时出现在所有地方，它以不同强度首先出现在一些增长点或增长极上，然后通过不同的渠道向外扩散，并对整个经济产生不同的最终影响。佩鲁认为，现实经济中经济因素的作用是在一种非均衡条件下进行的，由于相互间的不均衡影响而产生一种不对称关系，一些经济单位处于支配地位，而另一些则处于被支配地位。佩鲁把增长极分为2类：一类是厂商或企业，另一类是产业，它们的共同点是创新。在完全竞争的环境中，追求利润最大化是所有经济体的共同目的，但只有创新才是实现利润最大化的根本途径。而现实中并非所有的厂商和产业都具有创新功能，只有"成功的创新"性厂商和"领头产业"在一定的经济空间中对其他厂商和产业才具有支配和推进功能，产生"支配效应"和"扩散效应"。佩鲁认为"领头产业"是指包含创新企业的主导推进产业。佩鲁认为特定企业的支配是经济发展过程中的积极因素，有利于整体的发展，主张对占有支配地位的企业进行投资，这不仅可以增加产出，扩大有效需求，也为发展中国家的产品开辟新的市场。增长极理论既强调推动性产业的作用，也强调政府和企业对推动性产业的巨大影响。

克鲁格曼认为，空间问题之所以没有引起主流经济学家的真正重视，是因为缺少精确模式分析报酬递增的假设。他把空间问题引入经济分析中，是继马歇尔之后第一位把区位问题和规模经济、竞争、均衡等经济学研究的问题结合在一起的主流经济学家。克鲁格曼对产业集群给予了高度的关注，认为经济活动的聚集与规模经济有紧密联系，能够导致收益递增。企业和产业一般倾向于在特定区位空间集中，不同群体和不同的相关活动又倾向于集结在不同的地方，空间差异在某种程度上与专业化有关。这种同时存在的空间产业集聚和区域专业化的现象，是在城市和区域经济分析中被广泛接受的报酬递增原则的基础。当企业和劳动力集聚在一起以获得更高的要素回报时，本地化的规模报酬递增为产业集群的形成提供了理论基础。本地化的报酬递增和空间距离带来交易成本之间的平衡，被用来解释现实中观察到的各种等级化的空间产业格局的发展。克鲁格曼认为，工业活动倾向于空间集聚的一般趋势，并阐明由于所处环境的限制，如贸易保护、地理分割等原因，产业集聚的空间格局可以是多样的，特殊的历史事件将会在产业集聚形成过中产生巨大的影响力。现实中，产业集聚的形成具有路径依赖性，产业空间集聚一旦建立起来，就倾向于自我延续下去。

波特的集群竞争优势理论认为，集群通常发生在特定的地理区域。产业地理集中的发生是由于地理因素，集群由于地理接近，可以使生产率和创新利益提高，交易费用降低。一个国家在国际具有竞争优势的产业，其企业在地理上呈集中趋势，通常聚集在某些城市或地区。集群的规模可以从单一城市到一个州，一个国家，甚至到一些邻国联结成的网络，集群所具有的不同形式要视其纵深程度和复杂性而定。

从企业之间竞争的角度来研究产业集群，认为集群的形成是竞争的结果，竞争是产业集群形成的主要原因。其代表人物是波特和 Chintz。波特认为企业间的合作竞争促进了创新和发展，产业集群具有合作竞争的灵魂。波特采用传统的新古典论观点讨论了竞争产业结构，认为许多公司在同一产业领域竞争，强化了技术提升，降低了成本，促进了创新。

库克认为，从企业角度看，许多企业通过相互分包或加强同大型企业的联系等方式，建立密切的生产网络，并将其作为主要的竞争战略。因此，产业集群理论研究也主要集中在合作与竞争的相互关系上。合作意味着企业有更多的机会去共享资产、营销和技能培训等方面的好处，但企业还得进行竞争，因为在市场中将遇到许多国内外竞争者。对企业而言，合作就是在向竞争者提供有价值的专用信息，而对政策制定者而言，就是在支持合作和激励竞争，促使经济增长之间的权衡问题。

6.1.3 产业集群发展的作用

产业集群具有减少运输成本、降低交易费用、促进知识外溢、共享市场和服务等方面的作用。学者们在发达国家的经济研究中发现，相比地理上孤立、而且地方联系较少的集群外企业，集群中的企业更加具有创新性，支付更高的工资并且实现更高的生产率。当企业和相关机构位于彼此临近的区域时，它们比地理分散的企业拥有更多的互动，而且互动的方式也更加多样（Wares et al., 2008）。地理的临近性有助于企业相互信任、联合行动、面对面接触以及形成劳动力池和知识溢出效应。同一区域聚集的企业通过同行竞争效仿、企业相互合作、共用服务和设施等提高了效率和质量。产业集群的好处被不同地称为"外部集聚经济"，它支持企业之间的合作和竞争关系，并有助于产品的有效开发和制造。

从农业科技园区建设来看，推动农业科技园区产业集群化发展，可以创造竞争优势。通过集群化发展，农业产业内部专业分工日益细化，外部则形成链式开发，能有效地降低交易成本，获得外部规模经济和范围经济效益，增加创新绩效，提高区域产业竞争力。

(1) 园区产业集群化发展有利于技术创新和产业升级

众多的企业、科研单位、农户、中介机构等主体的集聚，能够促进知识溢出，推动各主体相互学习，促进思想创造和科技创新。例如，硅谷建立以地区社会和技术网络化为基础的生产模式，促进了集体性的技术发展。硅谷公司弹性专精、分工细化，拥有众多的优秀供应商群体，生产商、供应商和顾客之间信息反馈迅速。非正式关系促进了技术和市场信息的传播，开发交流、人际关系和文化网络为调整和学习过程创造了有利的条件。

(2) 园区产业集群化发展有利于创造园区增长的"乘数效应"

企业和主体之间的相互学习和模仿使得产业规模不断扩大，而产业规模的扩大，使与相关的上下游企业和支撑性服务产业达到规模经济门槛而建立新厂，促进产业沿产业链的分工和专业化。这种专业的发展极大推动了园区经济的"乘数效应"，促进一二三产融合发展，推动经济规模快速增长。

此外，通过集群化发展，许多中小农业企业、专业农户，由于参与到集群中，有助于抵抗外部风险，确保企业在市场环境中生存下来，提高了经济发展的柔韧性。

(3) 园区产业集群化发展有利于农产品区域品牌化建设

农业产业集群的发展有助于树立地区形象，打造地域品牌。例如，加利福尼亚州葡萄酒集群、寿光蔬菜集群、荷兰花卉集群，这些产业集群同时也是世界著名的农产品地域品牌。这种地域品牌的形成有助于推动人才、技术、资金等要素进一步集群，从而促进产业发展。

6.2 农业科技园区产业创新集群路径

6.2.1 农业创新集群发展的影响因素

(1) 充足的消费市场

集群的发展需要充足的市场作为产业集群支撑。充足的市场能够确保企业开始成长，例如，荷兰花卉集群的发展离不开欧盟对花卉的巨大需求，直接推动了花卉产业快速发展。充足的消费市场外部环境也是制约和影响创新集群聚集发展的关键因素，单一的农业产业创新集群发展容易受到限制和制约，且创新成果不一定满足市场日益变化的需求，因此消费市场的需求反馈机制能够刺激农业创新集群的发展活力和创新动力。

(2) 一定的企业数量和规模

需要一定的企业数量和规模。如果企业数量过少，难以形成规模效益。经济学中的外部性，亦称外部成本、外部效应或溢出效应，是指某个人或者企业的经济活动对其他人或者其他企业造成了影响，但是却没有因此付出代价或获得到利益。许多经济学家认为，园区在发展初期由于正的外部性而趋于集中，在发展后期由于集聚过度而带来土地、租金等成本的增加，导致负的外部性。新企业的入驻为后来的企业提供了良好的外部性，例如良好的市场、专业劳动力资源、行业协会等。此外，后来的企业还可以模仿前者，可以通过雇用从大企业流动出来的专业人才。园区发展得越好，创新创业的能力越强，其他企业就能够获取更多的收益。由于前期企业的入驻，很多中小企业会围绕大企业形成了相互的合作关系。

(3) 区域制度文化

良好的地区特色产业能够促进产业集群的形成。良好的生态环境，历史文化具有吸引企业的作用。世界许多著名的产业集群是自发形成的，集群的产生具有一定的偶然性。制度和文化对一个园区的科技创新至关重要。安纳利·萨克森宁出版的《地区优势：硅谷和128公路地区的文化与竞争》一书对比了硅谷和128公路的产业发展模式（表6-1）。

表6-1 硅谷和128公路的产业发展模式对比

类别	硅谷	128公路
产业体系	以网络为主的工业体系	以大企业为主的工业体系
高校情况	斯坦福大学与政府合作较少，与地方工业进行合作，推动新科技企业的形成	麻省理工学院与政府联系密切，与成熟的电子生产厂商进行合作，获取政府财政支持
市场组织	企业分工细化、反应迅速、有众多优秀供应商群体	企业大而全、垂直一体化、注重商业机密

(续表)

类别	硅谷	128公路
企业组织	企业距离近、组织松散、团结协作	企业距离远、等级制度、缺乏依存
工作环境	职工年轻化、工作流动性大,社会团体和商业协会众多,社交活动丰富	职工公司忠诚度较高,缺乏商业协会和社会团体、社交活动较少、缺乏横向学习环境
创业态度	鼓励创业、接受离职、宽容失败	谨慎创业,排斥离职,拒绝失败
风险投资	风险投资者多位企业家,具有冒险精神,参与企业管理	风险投资者多为银行家,投资较为谨慎
教育机构	高校向企业开放课堂,社区大学对商业需求反应灵敏,与当地公司订立合同,为企业雇员专门授课	高校较少向商业开放,社区大学规模小、课程不全面、社会地位不高;企业给予员工的培训投入较少

资料来源:作者根据安纳利·萨克森宁《地区优势:硅谷和128公路地区的文化与竞争》整理

(4) 地区特色产业或优势条件

成本节约和获取优势要素资源是企业集聚的重要原因。一方面,通过临近原料资源市场,可以更便于获取原材料,节约原材料成本,这对需要较多原料进行加工的企业来说尤为重要。另一方面,企业将地址选取于某地,可能是因为那里拥有某种稀缺的经济要素。如果农业科技园区拥有较多的劳动力、人才、技术资源,能够较好地吸引企业入驻。例如,企业喜欢将位置选择在大学和科研机构的附近,以此来获取大学和科研机构的技术和人才资源。园区或所在地区拥有独特的自然资源与环境。企业进入园区是由于该地拥有较多的原料资源,将企业选址离原料基地较近的地方,可以减少运费。同时,农业具有地域性和季节性特点,部分农产品不适合长途运输,使得企业为了获取更多独特的原材料资源而进入园区。

(5) 良好的技术水平

产业集群的产业需要丰富的市场需求,良好的交通条件、发达海外贸易市场具有很好的促进作用。还需要拥有先进的科技水平,这个提升集群的竞争力具有非常关键的作用。良好的基础设施条件。社会技术沉淀积累很关键,即使遭遇集群危机、战争、疫病等重大冲击,在一段时间内也能够重新恢复。产业发展需要具有完善的部门体系，如果产业体系不完整，可通过引进外国技术或者外来投资，以对产业进行补充。例如，寿光蔬菜集群种业发展不足，但通过引进外来蔬菜种业企业，促进了当地蔬菜产业的发展。发展中国家的农业集群一般发展得较晚，产业部门体系不完善，在科技方面存在欠缺，劳动力的受教育程度不足，产品面临发达国家市场限制和来自其他发展中国家的市场竞争。

(6) 地方政府的政策

我国的农业科技园区基本上都是政府建立起来的，政府的政策和制度是园区形成和发展的重要动力来源。农业科技园区作为一项政策和制度，由政府在一定的区域划定一定范围，留出一定的土地面积或者空间，在招商引资时将园区介绍给企业，或者对进入园区的企业给予一定的优惠政策。通过将企业集中在一起，有利于政府统一规划与管理，为企业提供良好的基础设施和公共服务，甚至提供人才、资金、技术和项目支持。农业科技园区是政府和市场两只手共同运作的结果，在园区不同的发展阶段，政府和市场的比例存在差异。

一般来说，在园区建立初期，政府的干预较多，政府给予企业许多优惠政策，部分地方政府还进行直接的生产投资；而到了成熟阶段，政府需要将行政职能转变为服务职能，更多依靠营造良好的营商环境来吸引企业。但是，不管园区发展到哪个阶段，政府的政策和制度始终是影响园区发展的重要因素，影响园区要素集聚以及不同主体之间的相互作用，进而影响园区经济产出和创新效果。

6.2.2 农业创新集群发展的主要模式

(1) 几种常见的集聚发展模式

基于许多研究成果，学者 Markusen 提出了 3 种集群方案。

1) 中小型企业（small and medium sized firms），又称意大利马歇尔集群。首先，存在像意大利工业区这样的集群，高度集中的小型企业相互竞争和大公司进行业务合作（包括参与国际出口）。它们起源于工业时代，结构不完善，仅用于改进创新。这是由于依赖于非正式的关系和罕见的本地资源。

2）中心辐射型（hub-and-spoke）。中心辐射集群，即一个区域结构围绕一个或多个相关专业部门的大公司。卫星产业平台，低税率的公共补贴机构组成。一些产业集群围绕"锚中心"而形成的网络边缘，这个中心可能是一个大型企业，大学或科学实验室（包括日本札幌硅谷、韩国、德国和法国的许多集群）。它们积极与国际市场进行高度正式化内部沟通，但缺乏协作机制，只是线性地进行创新和生产。每家公司都被"垂直"绑定到一个创新中心。为此，为了鼓励创新中心与小企业的合作，政府给予创新中心众多支持（金钱或利益）。这种网络可能会向外扩展，从而带动众多的初创企业。然而，由于这些企业的水平交叉接触密度低，它们不能得到可持续发展的效果，很多依赖于政府的援助。

3）以政府为中心。以政府为中心的集群是一个更折中的类别，政府公共部门主要负责区域经济（首都、重要的军事或研究机构、公共公司）。主要由跨国公司的分支机构组成。

（2）常见的集聚失败模式

有几个因素常被用来解释农业科技园区产业及集群发展的失败。例如，目标定位偏差、地点选择偏差、基础设施投资不足、执行能力不足等。除了这些障碍外，由于缺乏技术、资金和劳动技能，使得园区缺乏"集聚效应"，也是集群失败的重要原因。

根据园区建设情况，园区建设的失败案例可分为以下几种情况：一是园区没有建成；二是园区已经建成，但企业对地理位置和园区投资需求不大；三是园区建成并产生需求，但几乎没有"集群效应"；四是园区建成但对园区外的投资环境产生中性或负面的副作用（"负溢出效应"和"挤出效应"）。

第一类和第二类主要是结果的差异；第三类和第四类主要是效果的差异。影响园区建设的主要原因有投资吸引力、集聚外部性、政府公共建设等。

6.3 案例分析 陕西杨凌、山东寿光与湖北武汉

农业科技园区形成了大型企业辐射型、中小型企业集聚型、科教融合型

3 种模式,下面利用 3 个园区案例对其进行实证分析。

6.3.1 科教融合引领型:陕西杨凌国家农业科技园区

杨凌农高区位于陕西省关中平原中部,成立于 1997 年,是我国最早建立的国家农业示范区。经过 20 多年的创新探索,积累了许多成功的经验和模式。经过 20 多年的发展,杨凌由一个下辖人口不足 10 万,建成区面积不到 4 平方千米的传统农业乡镇,成为海内外知名的"农科城"。2018 年,杨凌农高区实现生产总值 150.5 亿元,比上年增长 9.1%;研发经费投入占 GDP 比重 3.91%,高新技术企业达到 25 家;农村居民收入达到 12 392 元,增速在陕西省居首位。以科教融合促进农高区创新发展,利用科教优势打造协同创新网络。与高校院所构建协同创新机制,以科教融合促进农高区创新发展。

杨凌示范区聚集了西北农林科技大学、杨凌职业技术学院 2 所大学,2 所学院拥有 70 多个学科 7 000 多名科教人员。杨凌的发展与 2 所高校息息相关、休戚与共。正如在与西北农林科技大学领导座谈时,杨凌示范区党工委书记李婧表示:"杨凌示范区的发展要发挥农林科大的核心支撑作用,这是基本经验,也是基本路径。"西北农林科技大学拥有卓越的科研成果,而成果的推广需要通过杨凌辐射到全国各地,尤其是干旱半干旱地区。

杨凌农高区的发展,离不开区内西北农林科技大学和杨凌职业技术学院,2 所高校为杨凌农高区提供了丰富的创新成果和人才资源。科研人员、大学生在农高区进行创新创业,促进了科技成果的产生与转化。杨凌农高区立足农业科教资源优势,与驻区 2 所高校紧密合作,建立了区校融合的创新机制;与全国各大高校和农业科技园区合作,建立了区内外协同创新机制,形成了全国的农业科技创新网络,有效促进了农高区的科技创新和成果转化。

杨凌与驻区 2 所高校紧密合作,建立了领导班子联席会议制度和区校共建工作制度,联合西北农林科技大学共同成立了西部发展研究院和陕西省农业科技协同创新联盟,形成了校区融合发展机制。主动融入全国农业科技创新网络,分别与全国 246 家国家农业科技园区和 39 所高校的新农村发展研究院建立协同创新联盟,同武汉大学、中国农业大学等高校组建了协同创新机构，打造开放共享的协同创新平台，形成了区内外协同创新机制。

杨凌农高区围绕农业特色产品和主导产业，建设一系列的科技创新服务平台，培育了一批农业科技创新企业，促进了农业高新技术产业的发展。杨凌农高区建立了众多的科研平台，截至2017年引入建设省部级以上科研平台62个，其中国家级9个。杨凌农高区建立了众创空间、创业工场、创业大街等创业孵化载体平台，鼓励社会力量建设科技企业孵化载体，支持大学生进行创新创业。杨凌农高区还注重科技创新成果转移转化平台建设，建立了国家（杨凌）农业技术转移中心、国家（杨凌）旱区植物品种权交易中心，将科研院所和企业结合起来，促进创新成果向现实生产力的转变。

高校成为统合各类培训资源，搭建"杨凌农科"培训平台。启动了"杨凌农科培训工程"，制定了《杨凌示范区农民培训规划纲要》《杨凌示范区面向旱区职业农民培训规划（2013—2017）》等一系列规范性文件。筹建了杨凌示范区农民技术技能培训学校，组建了一支100余人专兼职相结合的培训师资队伍，搭建起了以陕西为主面向旱区的农业科技培训平台；依托西北农林科技大学信息学院和杨陵职业技术学院建成"杨凌农科"培训综合信息服务平台，将课堂教学与网络自学相结合，满足不能到培训现场学习的农民进行自主学习和自主测试需要。

在强大的科技和研发能力的基础上，杨凌示范区拥有完善的基础设施，并建立了良好的全球信誉和形象，企业在吸引客户、资本和合作伙伴方面具有优势。杨凌示范区食品工业体系完善，农业产业部门齐全，拥有众多的行业协会和中介机构，企业和代理商在地理上临近促进了生产效率，而且各类行业协会很好地保护和促进食品行业的发展。

6.3.2　中小企业集聚型：山东寿光国家农业科技园区

设施蔬菜产业是寿光国家农业科技园区的主导产业，寿光园区代表着中国设施蔬菜的最高发展水平。山东寿光国家农业科技园区是寿光蔬菜高新技术引进开发、科技人才引进培训、提升蔬菜产业上档升级的桥头堡和最前沿，发挥科研、产业、会展、市场载体功能，强力推动寿光及周边地区蔬菜产业的大发展。

许多专家认为寿光蔬菜产业呈现集群的特点（刘中会 等，2008；黄海平 等，2010）。寿光蔬菜产业集群内各部门的形成是垂直专业化分工的结果，包括产前的种子育苗公司和农药化肥等生产资料企业，产中的以农户为主体的蔬菜生产基地和蔬菜加工龙头企业，产后的批发市场和流通企业，侧面的科研机构、农业协会、中介服务组织、技术培训机构等相关服务部门以及政府机构等4个部分组成（黄海平 等，2010）。

2018年，寿光园区经济效益和辐射带动效益突出，总产值达到47.45亿元，主营业务收入51.92亿元，年利润5.07亿元。园区通过发展品牌农业，采用"公司+基地+合作社"的模式，直接带动了20 000多户农民增收，园区农民人均可支配收入达到24 350元，比寿光周边农民的可支配收入高出18%，通过园区的示范带动作用，农民的综合素质不断提高，促进了寿光蔬菜产业的可持续发展。

农业科技园区产业发展可以利用当地政府的优惠政策，借鉴"寿光模式"的成功经验。寿光蔬菜产业集群主要有以下几个方面因素。

（1）产业基础

寿光蔬菜种植历史悠久，北魏农学家贾思勰在其农学巨著《齐民要术》中对蔬菜栽培作了科学而详细的论述，在明清时期的早春韭菜便是朝廷贡品（李二玲，2020）。寿光市蔬菜产业集群起源于20世纪80年代，经过90年代数量与规模的扩张和产品结构的优化升级，到21世纪初已经基本发展成熟（刘中会，2009）。

（2）政府政策

为了全面支持蔬菜种业发展，寿光市对蔬菜种子企业在土地、资金、税收以及人才引进等方面给予优惠和扶持。山东省寿光市蔬菜产业集团有限公司、寿光市三木种苗有限公司等分别在示范区建立起自己的示范基地。由于企业群集，彼此竞争的企业相互支援性也高，对外界的回应也快，企业之间互相学习的效率高，加速了彼此能力的成长。截至2018年，园区连续举办了十九届中国（寿光）国际蔬菜科技博览会和八届中国（寿光）设施蔬菜品种展，不仅架起了农民与农业高新技术、农产品与市场对接的桥梁，实现了国内外现代农业高新技术的汇集、转化和交流，还辐射带动了多类展会的繁荣发展，促进了旅游、食宿、交通、服务等三产行业的繁荣发展。

（3）技术支撑

园区科技成果转化、引进与推广，一是依靠农业龙头企业与中国农科院、中国农业大学、山东农业大学等十多家省级以上科研单位和院校建立合作关系，通过项目实施，加快科技创新与科技成果转化与推广；二是通过举办中国（寿光）国际蔬菜科技博览会、中国（寿光）设施蔬菜品种展等搭建示范、推广平台，促进科技成果的转化、引进与推广应用；三是举办中国寿光国际设施园艺高层学术论坛，交流当前本领域的新进展、新理念、新技术、新材料和新成果，出版由国内外专家汇集的论文专集《设施园艺创新技术进展》，收集40余篇中外学者的研究论文，促进了科技成果的交流与转化。2018年，园区共转化科技成果38项，引进新品种、新技术、新设施638项，推广新品种、新技术、新设施117项。

寿光园区建设中存在的主要问题。园区蔬菜产业链条提升存在制约因素，主要表现在：标准化生产水平有待于进一步提高；出口型企业总体偏少；中小型企业自主创新能力不够强。针对这些问题园区还需要充分利用各种资源对企业不断进行引导。园区设施蔬菜发展水平与荷兰、以色列等农业发达国家还存在一定的差距，蔬菜生产机械化、智能化水平还有待于进一步提高，还需进一步加强国际合作，促进我国蔬菜产业与世界接轨。

6.3.3 大型企业辐射型：湖北武汉国家农业科技园区

湖北武汉国家农业科技园区（简称武汉园区），是2001年9月国家科技部批准建设的首批国家级农业科技园区之一，是截至2017年全国246个国家级农业园区中唯一一个地处都市城区的农业园。湖北省及武汉市把园区列为东湖高新区的"园中园"，包括核心区、示范区、辐射区。核心区总体规划37.54平方千米，涵盖华中农业大学、湖北省农科院、湖北省农业厅南湖地区二级单位、武汉市农科院及高农生物园、武湖生态园等，并在武汉市周边及湖北相关市区、县建立了15个特色示范基地。2018年，武汉园区产值规模达到4 012.54万元，其中主导产业产值3 679.50万元。2018年园区入驻企业为584家，其中高新技术企业为73家、涉农高新技术企业为72家、上市企业为16家。在2019年国家农业科技园区综合评估中，湖北武汉国家农业科技园区获评优秀园区。

武汉国家农业科技园区由武汉东湖高新区统一领导、统一规划、统一政策，将园区纳入东湖高新区统一管理，作为"区中园"规划建设，享有高新区优惠政策，按照"省市共建、业主开发、市场运作、滚动发展"的运作模式进行发展。为了建立适应市场化的发展机制，2003年东湖高新区管委会注入资本8亿元，组建了武汉高科农业集团，与园区管理办公室试行"两块牌子、一套班子"，作为独立法人全权代表高新区管委会对园区行使管理运作职权。这种管理模式将"政府主导"变为"政府引导、企业管理"，将园区建设按照市场化进行发展。武汉园区采取企业管理模式具有以下好处（耕夫，2005）：一是通过以商招商的形式，比政府招商引资的效果更好；二是投资吸引力更强，社会化和多元化更明显；三是对企业服务更快捷高效，以业主的形式，按市场化运作，加大企业孵化的力度。截至2018年年底，高农集团资产总额83亿元，企业人数180余人，2018年实现利润总额3 109万元，上缴利税4 600万元，上缴国有资本经营收入1 200万元[①]。

武汉园区的重要特点是重视企业服务、科技创新和企业发展，这与其企业主导型的管理模式有很大关系。高农企业作为园区大型国有企业，在发挥投资合作、协同创新、企业服务等方面起到很强的主导作用。武汉高农集团实力雄厚，截至2018年先后全资控股企业6家，参股企业12家，这为园区招商引资、企业服务提供很好的便利。为了更好地为园区企业服务，2011年成立了湖北武汉国家农业科技园区管理有限公司，由高农集团控股，负责园区的管理和服务。2012年高农集团发起成立武汉市高农小额贷款有限责任公司，为企业提供小额贷款业务。高农集团发起设立了1.2亿元高农生物创投基金、2亿元高农中小企业贷款公司，形成了多元化投融资平台，助力中小企业发展。建设示范推广平台，在武汉市及周边市区县合作共建15个示范基地，广泛开展新品种、新技术、新设施推广应用。组织搭建信息交流平

---

① 资料来源：武汉高农集团网站，http://www.whgnjt.com/index.php/index-show-tid-8.html.

台，通过建设园区网站、成果展示厅，组织园区企业参加国内外会展，广泛开展国际国内交流与合作。通过征集企业技术需求，推动院（校）企技术需求对接，促进大专院校、科研院所和企业的战略合作，共建产业技术创新战略联盟5个，有16家企业参与校企院企共建省级研发中心，促进产业关键技术攻关，加速成果转化及产业化。

武汉园区在研发平台和创新孵化方面体现了企业主导的特点。为培育农业高新技术企业和企业家，促进农业科技成果转化，2003年，园区建成集孵化、咨询、培训、信息、技术平台、投融资、会议、商务、成果展示于一体的湖北武汉国家农业科技园创业中心。湖北武汉国家农业科技园创业中心由武汉南湖农业科技创业有限公司经营，是高农集团参股的一家创业服务公司。2006年，农业园创业中心被科技部认定为国家级科技企业孵化器。通过企业孵化，创业中心培育了中博生物、新华扬、惠民种业、神丹、合缘、易生、明天（老鬼鱼饵）、鑫太阳、天惠生物等一批省内乃至全国的龙头企业。武汉园区以企业为主体打造成果研发平台，提高了园区的创新能力。一批企业建设了自己的研发机构，截至2018年，依托企业建设省级工程技术研究中心15家、省级企业技术中心10家。武汉园区构建苗圃—孵化器—加速器科技创业一体化服务孵化链条，孵化器建设总规模达到50多万平方米，成为中国高科技农业和生物农业领域规模最大的孵化、加速基地，孵化培育了一批省内乃至全国的龙头企业。

高农集团资本雄厚，在项目开发和招商引资中具有很大优势。2009年，为打造农业科技成果转化和生物农业产业化发展平台，高农集团在武汉国家生物产业基地争取2 000亩产业用地规划建设高农生物园，建立了武汉高农生物农业开发有限公司。高农生物园一期规划产业用地2 000亩，重点发展生物育种、生物制品、农产品深加工、生物农药等产业，总投资100亿元，总建筑面积120万平方米。目前，已引入146家企业（项目），其中院士项目5个，3家世界500强（杜邦先锋、瑞士先正达、德国拜耳）、2家央企（中种集团、中农发集团）以及3家国家级创新中心落户，16家企业产业项目已建成投产。为促进种业发展，园区倾力打造"中国种都"全产业生态链，全方位满足种业企业研发、生产加工、储藏、物流运输等需求。武汉高农集团的控股和参股企业

(部分) 见表6-2。

表6-2 武汉高农集团的控股和参股企业（部分）

企业类型	企业名称	经营业务
控股企业	湖北武汉国家农业科技园区管理有限公司	2011年成立，经营范围包括园区建设、开发及管理；农业科技开发、农业产业投资；企业孵化服务；科技咨询与服务；房地产开发；物业管理服务
控股企业	武汉高农生物农业开发有限公司	2009年成立，高农生物园位于武汉国家生物产业基地内，是以生物农业为主题的产业园区，主导产业包括生物育种、动物疫苗和生物饲料添加剂三大农业高端业态
控股企业	湖北高农置业有限公司	2005年成立，主要经营范围为房地产开发、商品房销售、土地复垦、建筑材料销售、机械租赁
控股企业	武汉市高农小额贷款有限责任公司	2012年成立，系武汉高科农业集团公司发起、武汉市农业投资公司、湖北中进建设工程有限责任公司及众多投资人共同参与投资组建，经营范围包括小额贷款业务
参股企业	武汉市农业投资有限公司	2002年成立，是根据武汉市政府政策进行重组的国有政策性农业投资实体，资产总额15亿元，形成以市农投公司为主体，融资担保、小额贷款、资产管理、私募股权投资基金、招投标中心等为支撑的农业金融服务体系
参股企业	武汉高农生物创业投资有限公司	2010年成立，主要经营对生物、农业项目的投资，创业企业进行投资，为创业企业提供创业管理服务
参股企业	武汉南湖农业科技创业有限公司	2001年成立，经营国家农业科技园创业中心，是湖北第一家以民营资本为主投资建设的农业专业孵化器，集孵化服务、咨询服务、培训服务、融资服务、信息中心、会议中心、商务中心、成果展示、休闲于一体
参股企业	武汉生物农业与健康安全研究院有限公司	2014年成立，由武汉市农业科学技术研究院与高农集团共同组建，主要从事食品安全快速检测、生物育种、动物疫苗与药物、生物农药与肥料、生态修复与生物环保等领域的技术创新和产业孵化

注：企业未完全列出。资料来源：武汉高农集团网站，http://www.whgnjt.com/。

武汉园区由高农集团进行管理,充分发挥了企业的主导性作用,在招商引资、项目建设、企业服务等具有很大的优势。同时,以高农集团发起建立许多服务性机构,例如组建创新联盟、建立小额贷款公司,更好地为园区企业服务。

产业用地问题:随着农业科技企业的发展壮大,对产业用地的需求急剧增加,严重制约农业高科技产业发展。为应对这一问题,通过与东湖高新区管委会等多方多次沟通争取到首期2 000亩土地,缓解了多家企业的产业发展问题。但随着培育成长的企业增加,用地需求依然紧缺。

企业融资难问题:企业发展过程中出现的资金短缺、融资难等问题成了企业发展的瓶颈。园区通过与各大银行及投融资服务机构签订合作协议,针对性地开展银企对接。同时,通过整合园区企业及社会资本,发起设立创投基金、组建小贷公司,在一定程度上缓解了创新企业融资难问题。

7

农业科技园区的园城镇村融合发展

7.1 园区建设与城镇化发展

城乡关系是我国最基本的经济社会关系，我国在长期发展过程中形成了典型的城乡二元经济结构，城乡之间发展不平衡不充分问题突出。为了解决城乡关系和城乡差距问题，党的十六大以来先后提出了城乡统筹、城乡一体化、城乡融合3种城乡关系（孔祥智 等，2018）。

2002年召开的中共十六大提出了"统筹城乡经济社会发展"的方针，把解决"三农"问题摆在各项工作的"重中之重"的位置；2007年党的十七大报告首次提出了"打破城乡二元体制机制""形成城乡经济社会一体化发展格局"的历史任务（尹俊，2011）。2012年党的十八大提出，要"加快完善城乡发展一体化体制机制，着力在城乡规划、基础设施、公共服务等方面推进一体化"，标志着我国进入全面深化改革实现发展一体化的城乡融合阶段（蒋永穆 等，2018）。2013年，中央经济工作会议提出了注重城镇化质量，要推进以人为核心的新型城镇化。新型城镇化注重解决城乡关系，《国家新型城镇化规划（2014—2020）》提出了"推动城乡发展一体化"的方针，强调要实现城乡规划、基础设施和公共服务一体化的要求及一系列重要的政策和措施（陆大道 等，2015）。

党的十八大以来，我国居民收入增速快于经济增速，城乡居民收入差距不断缩小。然而，由于我国农村发展欠账较多，城乡差距依然巨大，农业基础不牢固，乡村社会问题突出（陈昕昕，2018），主要体现在城乡间的产业发展水平、市场发育程度、社会收入以及公共产品供给等方面（郑丽果，2018）。当前，社会主要矛盾已经转化为人民日益增长的美好生活需要和不平衡不充分的发展之间的矛盾。为了促进城乡关系的健康发展，从根本上解决我国城乡不平衡不充分的问题，2017年党的十九大提出实施乡村振兴战略，城乡融合发展之路。中央强调，乡村振兴要重塑城乡关系，建立健全城乡融合发展体制机制和政策体系。走只有高度融合意义上的城乡关系，才能实现城乡发展要素的双向流动，才能为农户规模农业提供空间（朱启臻，2018）。

城乡融合发展已成为解决"三农"问题的重要途径，促进城乡融合成为国家下一阶段以及乡村振兴的工作重点。关于城乡融合发展，许多专家认为需要加快推进农村一二三产业融合发展（姜长云，2016；王乐君 等，2017），加强乡村基础设施建设，促进城乡资源要素流动，深化土地"三权分置"改革和户籍机制体制改革（严金明 等，2019）。推进城乡一体协同发展规划设计，建立健全城乡利益平等交换机制，完善并实施好承包地"三权"分置制度，强化城镇对农村的支持与带动（范恒山，2019）。

这些观点从主要宏观的角度进行探讨，但需要具体怎么做还需要进一步研究。各类农业园区在乡村振兴中具有重要作用，需要将现代农业产业园、农村产业融合发展示范园、农业科技园区、电商产业园、返乡创业园、田园综合体等作为推进乡村振兴的重要载体（阮晓东，2017）。乡村振兴需要加强各种载体和平台建设，引导其成为推进乡村产业兴旺甚至乡村振兴的重要结点。推进农业园区、农业新型经营主体，以及各类服务平台（中心）建设，有利于实现农业农村产业的连片性、集群化、产业链一体化开发，实现乡村经济高质量发展和城乡融合发展（黄祖辉，2018）。《国家乡村振兴战略规划（2018—2022年）》提出要"适应农村现代产业发展需要，科学划分乡村经济发展片区，统筹推进农业产业园、科技园、创业园等各类园区建设"。截至2018年年底，我国拥有278个国家农业科技园区，审批创建了64个国家现代农业产业园、100个国家农村产业融合发展示范园、10个国家田园综合体建设试点以及若干各级别各类型农业园区，成为推动城乡融合个乡村振兴的重要平台和载体。

7.1.1 我国城镇化发展存在的问题

一是城镇布局体系仍有待完善。城镇规划的不合理引发地域空间的无序排列，使得城镇内外部的结构布局混乱，从而导致地区出现交通拥堵、占地失衡、环境污染及城市群内部之间分工协作不够、集群效率不高等问题（王小鲁，2010；夏骥，2011）。目前我国城镇体系的宏观布局较不合理，大中小城市比例不协调，国际性城市少，区域性城市群布局尚不能适应城镇化发展的需要，城市群中大中小城市布局缺乏长远性、协调性和战略性。同时，我国一部分特大城市的城区人口压力大,与当地自然资源环境承载力之间的矛盾和冲突不断加剧,而中小城市潜力却有待开发,产业集聚和人口不足,小城镇则数量众多、规模较小,并且服务功能偏弱。

二是产业布局及产业融合度低。产业支撑是城镇化战略的立足点。城镇化战略的目标是通过增强城镇经济力量,完善城镇功能,吸纳农村富余劳动力,改善农村经济社会结构,带动农村经济社会发展和向现代化转型(钟顺昌 等,2014)。从城镇化建设与产业发展融合角度看,部分城市地区依赖房地产开发推动新区发展,忽视产业环境的建设和产业基地的培育,使得产业发展不充分而落后于城市建设,或者过于强调产业集聚而忽视城镇建设,园区对城市经济发展的支撑作用减弱,出现有产无城的问题(肖万春,2005;温铁军,2000)。

三是城镇化发展要素匮乏。城镇发展的资金缺乏、投资主体单一。首先,在新型城镇化进程中,地区居民住宅和配套设施建设、农民搬迁补助、房屋拆迁、土地复垦和完善城镇配套基础设施等都需要大批的资金支持,仅依靠政府支持无法满足城镇化基础设施建设快速发展的需求,需要多渠道融资、多方主体共同参与。其次,一些地区居民的文化素养和观念行为还不能适应城镇的发展要求,同时,区域文化记忆不强、人文环境差,会致使群众缺乏归属感。最后,城镇的管理滞后,缺乏长效管理机制。城镇发展跟不上形势的发展,城镇环境卫生"脏、乱、差"的现象尤为严重,且受管理方式影响,一些城镇的环境始终处于时好时坏的状态中,影响了城镇形象,也影响了城镇的集聚力。

7.1.2 我国新型城镇化与城乡融合

(1)新型城镇化的主要内涵

2013年中央经济工作会议强调,中国要走集约、智能、绿色、低碳的新型城镇化道路,着力提高城镇化质量,城市格局要与区域经济发展和产业布局紧密衔接,与资源环境承载能力相适应,新型城镇化是我国现代化建设的重大历史任务,也是扩大内需的有效手段。而后国务院公布的《国家新型城镇化规划(2014—2020年)》,提出将产城融合作为推进新型城镇化建设的重要战略，统筹规划各种城市功能区建设，推动城市单一生产功能向综合功能转型，将城市作为整体发展平台，集聚产业、提供岗位、承载人口，从而实现经济又好又快发展。2017年，党的十九大会议对这一战略思想的内容进行了更加深刻的阐述和丰富，明确指出要从政府角度建立城乡融合的管理体系和机制。而在2018年中央1号文件中提到，城乡之间资源要素缺乏合理流动的机制，确定了加快实施新型城镇化的必要性，同时，向着全面小康的方向，我国发展社会主义现代化的目标也要积极实现，在这样的时代要求下，乡村振兴战略被适时提出，同时在2019年一号文件中又提出要良性衔接脱贫攻坚与乡村振兴，给我国当下很多城乡发展问题提供了有效的解决方法和实施途径（李扬，2018）。

从具体概念来看，新型城镇化是指以城乡统筹、城乡一体、产城互动、节约集约、生态宜居、和谐发展为基本特征的城镇化，是大中小城市、小城镇以及新型农村社区协调发展、互促互进的城镇化。其特点可以概括为以下几个方面。

第一，新型城镇化是"以人为核心"的城镇化；人口、经济、资源和环境相协调，突出统筹均衡发展。实现人的全面发展，建设包容性、和谐式城镇，体现农业转移人口有序市民化和公共服务协调发展。科学发展观的核心是"以人为本"，落实科学发展观要求必须在推进城镇化的进程中坚持"以人为本"。提高人民群众生活质量，使人们共同享有城镇化带来的物质成果和精神成果。2020年4月3日国家发展改革委关于印发《2020年新型城镇化建设和城乡融合发展重点任务》的通知（发改规划〔2020〕532号）明确指出要严格落实新型城镇化战略，推进农业人口的城镇化，进一步推动户籍制度改革，完善城镇公共服务，逐步消除劳动力合理转移的限制条件，优化配置人力资源，充分发挥人力资源效能。

第二，优化布局，建立合理的城镇体系结构；构建与区域经济发展和产业布局紧密衔接的城市格局，以城市群为主体形态、大、中、小城市与小城镇协调发展，提高城市承载能力，展现中国文化、文明自信的城镇化。2011年3月17日我国国民经济和社会发展十二五规划纲要提出要进一步优化城市布局，提高城镇化水平，使镇化质量迈上一个新台阶（中国共产党第十八届中央委员会第三次全体会议文件汇编，2013）。党的十八大报告指出："统筹规划城市群布局和规模，推动中小城市以及城镇化产业发展，提高公共服务水平，发挥城镇的人口集聚和就业功能"。城市群内各城市要形成良好的产业布局，明确合理的功能定位，实现城市群内基础设施一体化。

第三，新型城镇化是体现生态文明理念的城镇化。党的十八大报告要求要进一步贯彻落实科学发展观，打造五位一体城市布局，实现经济建设、文化建设、政治建设、生态文明建设和社会建设的协调化，优化生产关系，促进生产力的发展。通过人口、经济、资源和环境相协调，倡导集约、智能、绿色、低碳的发展方式，建设生态文明的美丽中国，把生态文明理念和原则全面融入城镇化全过程，实现人与自然和谐共处，实现中华民族永续发展，突出代际公平和发展的可持续性。

第四，协同推进，实现新的"四化"合一。2013年12月的中央城镇化工作会议上，习近平同志提出："城镇化与工业化共同为现代化的实现提供重要动力。要坚持走中国特色的新型城镇化之路，以人为本为核心，重点提升城镇化质量，推进信息化、农业现代化和工业化的协调发展。"通过产业发展和科技进步推动产城融合，实现城镇带动的统筹城乡发展和农村文明延续的城镇化。

（2）城乡融合的主要内涵

在我国，现阶段城乡融合还没有形成一个标准的概念，但围绕城乡融合的现代内涵已经在学术界展开了广泛的研究和讨论。何红（2018）的定义为："将城市和乡村放在同等重要的地位，改变城市发展为主、外延扩张城镇化的战略，逐步走向城市和乡村共同发展、统一发展的策略"。也有学者指出"城乡融合是指社会生产力发展到一定高度之后，城市和乡村之间的对立逐渐消失，城乡关系走向融合，城乡成为'把城市和农村生活方式的优点结合起来，避免二者的片面性与缺点'的系统的社会综合体"（李红玉，2018）。魏清泉（1998）在研究东莞城乡融合发展的动态过程中，总结了类似于东莞的城乡融合区的主要特征，包括城市和乡村功能互补，两者景色兼容，城市和乡村的社会经济差别缩小，思想和生活方式趋同，城乡融合区兼具城市和乡村两者的特征。其他相关观点认为，我国现阶段的城乡融合主要是指城市与乡村之间缩小甚至消除了如经济产业、生活方式、公共服务、基础设施、环境等方面的差异，最终达到城乡之间实现资源要素的自由双向流动、空间结构的重组、经济社会协调发展的局面。新时代的城乡融合，是根据我国现阶段国情提出的具有中国特色的城乡关系演化目标，是城乡的深度融合。

城乡的深度融合主要包括以下几个方面：城乡的协调发展，主要是指缩小城乡之间的经济差距，改变城乡消费和生活方式的差异化，以及达到城乡之间人口、自然资源、生态环境、经济产业等的统筹发展；城乡的互动发展，是指打通城乡之间阻碍要素流动的壁垒，疏通流通渠道，以城市的经济、产业、区位等优势为乡村发展提供机会，以乡村的环境、生态、土地等优势为城市的发展找到新的方向，互为资源、互相依托、共同发展（任保平，2011）；城乡经济结构优化发展，主要是以城乡产业融合的方式改变农村传统农业的发展，提供新的渠道方式，不断以现代化提高农村产业的多样化发展；城乡高质量发展，主要是指城市和乡村不仅要在经济产业上实现提升，同时也对城乡之间的生态环境、人居环境、农村基础服务设施和公共服务资源等方面的全面发展。

7.2 农业科技园区对城镇化的作用机理

7.2.1 产业互动关联

园区是高新技术产业集聚的区域，英国经济学家阿尔弗雷德·马歇尔最早关注产业聚集这一现象，他认为外部经济和规模经济是产业聚集的重要经济动因。德国人文社会学家韦伯在《工业区位论》中分析了聚集因子的重要性，提出聚集所带来的成本降低是园区选址的重要依据。产业聚集推动城镇化，城镇化又能为产业和园区吸引各种生产要素，如人口、配套设施以及信息资源等，从而形成产业集聚区或城市片区，如美国的硅谷和五大湖沿岸、德国的鲁尔工业区以及我国的长江三角洲和珠江三角洲等。

(1) 通过产业发展带动农民就业增收

我国城乡差距主要是产业和收入差距,三农问题的关键是提高农民收入。我国大部分农村,农业依然比较落后,缺乏产业和企业带动,农村就业机会少,生活条件差,这是迫使农民走向城市的重要因素,并非农业劳动生产率提高的结果。人口迁移不仅为了更高的工资收入,也为了更好的生活条件。乡村发展现代农产品加工业,加快农业产业化经营,提高农村现代化水平,发展农村非农产业,加快农村科技进步。城乡产业合作要在市场和政府的推动下,让三大产业协调发展,优势互补,实现一体化发展。

(2) 通过乡村产业化提高农业生产效率

农业科技园区促进了农业技术的应用,提高了乡村的生产效率。城市现代工业部门和传统农业部门的生产效率差异是导致二元经济结构的主要原因,两者的不同收入水平让农村劳动力不断流向城市。只有提高农业生产效率才能促进传统农业部门转向现代工业,也只有非农产业足够发达才能支撑城镇吸纳更多的剩余劳动力。

(3) 通过城乡产业协作促进产业融合

主要是以城乡产业融合的方式改变农村传统农业的发展,提供新的渠道方式,不断以现代化提高农村产业的多样化、发展城乡工业合作模式。典型的城乡工业合作模式包括总部经济模式、城乡产业转移模式等。其中,总部经济模式是能够实现企业与其总部所在城市、生产加工基地所在地区三方共赢的经济发展模式,有助于克服城乡产业同构问题,实现城乡产业协同发展。我国城乡服务业合作涉及传统零售业、乡村旅游业和现代服务业等领域。

园区、企业、合作社和农户之间的相互关系,形成利益联结机制。园区通过发展食品加工业,与农民联系起来。产业融合也带来了产业的集群化,产业集群能够大幅度提升园区空间利用率,在提升企业相互合作效率、增加创业机会的同时,实现居民生产生活等设施的共享融合,在空间布局中进行协调和补充。产业融合后形成的空间形态和空间活动,能够提升园区整体的活力和竞争力,融合的功能和空间可以间接强化相关企业之间竞争,从而刺激空间实体不断更新发展、衍生出新业态,促使园区空间布局不断呈现新的特征和形态从而满足时代的需求。

7.2.2 基础服务完善

基础设施建设是片区发展的基础，园区在进行基础设施建设时应充分考虑园区内部与周边城区的共同需求。园区建设初期，规模、资金等条件受限，优先考虑建设园区基本运行的必要基础设施，部分配套设施往往需要依托主城区。当园区经济与规模达到一定程度时，自身基础设施和公共服务设施体系逐渐完善，对周边地区甚至主城区进行反哺。因此，园区在建设过程中，配套设施布局应时刻满足园区不同阶段的发展需求，实现动态补充逐渐完善，并与城区相互补充联动发展。

7.2.3 产业结构巩固

从产业发展层面看，尽管乡村产业的核心主要是农业，但并非自成一体只发展种养业，而是要构建现代农业产业体系、生产体系、经营体系，加强农业结构调整，拓展农业网状产业链、价值链，发展农业+互联网产业，壮大为农业服务的新产业和新业态（蔡秀玲 等，2018）。特别是乡村旅游业，促进乡村产业结构调整，为乡村创造了大量的就业机会和岗位并充分利用农村劳动力，增加农民经济收入，缩小城乡发展差距具有重要作用（冯健，2012）。这样既充分展示了当地城镇化的独特性，又提升了周围旅游产业的竞争力，形成规模经济效益，走可持续发展的经济增长道路。

7.2.4 资源要素流通

囿于西方经济学说和发达国家的经济实践，许多发展中国家将城市化作为经济发展以及破解城乡二元结构的唯一方式，认为只要将农业剩余劳动力转移到现代工业部门，农业劳动生产率和农民的收入就会得到相应提高。然而，大量农村剩余劳动力和资本等随着要素单向流动的城镇化而不断向城镇转移，使农村发展失去生产要素的有力支撑，乡村衰落已成为中国现代化进程中面临的重大挑战（蔡秀玲 等，2018）。在城乡要素流动方面，必须要外部力量的刺激，实施乡村振兴战略应将乡村与城市确立为并行发展的2个主体，实现乡村与城市有差异化的发展，使城乡要素在市场主导和政府引导下双向流动、优化配置；在劳动力素质提升方面，农村劳动力的培训，提高劳动者的文化素质，让农民掌握科学技术，让他们适应现代社会，促进人口市民化的进程；在资源要素互驱增效方面，农业园区通过集聚效益吸引要素资源进入农业农村，需要加快要推动农业产业化，促进城市生产要素流向农村。

城乡差距是产业差距和收入差距，三农问题解决的关键是提高农民收入。中国的大部分农村，农业仍极其落后，乡镇企业也不发达，要推动农业工业化，促进城市生产要素流向农村，推动农业产业化，提高农村教育、医疗、卫生等公共事业。城乡产业要以产品、服务、要素等加强技术、经济、空间依赖，达到互利共赢。

7.3 农业科技园区建设的园城镇村融合

7.3.1 产业交叉融合

我国在转型背景下提出的产城融合新战略，它要求产业发展与城市功能提升相互协调，实现"以产促城、以城兴产"。园区为园内企业提供各项科研支撑，弥补园区硬件设施的同时为企业提供技术支持和咨询服务。科研空间也是创新空间形态的重要组成部分，主要表现形式有科研机构、研发中心、信息中心、数据中心、创新空间、创意中心等，如荷兰埃因霍温科技园、中国台湾地区新竹高科技园与高校联合构建的研发中心，以及武汉光谷生物城园区内的武汉国家生物样本库和成都华为科技园旁的万国数据中心等。它们大多在园区内占比不大，通常占生产研发建筑面积的3%~5%，但是对于产城融合的深化和发展必不可少，往往承担着整个园区的技术服务功能。园区中的科研支撑根据园区产业类型和定位来组织，宜与其他生产研发空间邻近布局，在园区内部以及园区与城镇之间形成创新协同体系（Hospers，2003）。

7.3.2 要素集聚融合

随着人均收入水平不断提高，工业化的进程促进了三次产业结构的演变，同时带动劳动力、资本等生产要素由农村向城市转移，推动了城市的形成和发展（钱纳里 等，1988）。产业集聚所带来的规模经济效应会促进生产要素的聚集，从而推动城市的扩张。产业兴起带动了城镇建立，城镇化进程增加了人口的集聚，这不仅为产业发展提供了劳动力要素投入，而且形成巨大的消费群体，促进了现代服务业的发展，第三产业的快速发展反过来又推动了城镇的繁荣，引发人才的再一次集聚。

首先，产业结构的转型升级会带动生产要素在不同产业之间转移，改变城镇地区的就业结构和资本投向，实现资源的优化配置，而产业的集聚又带动了生产要素的整合和配套设施的建设，进而推动各级城镇系统的建立和经济发展水平的提高，最终实现城乡均衡发展。其次，随着产业不断向高级化方向演进，产业发展对高科技人才产生了很大的需求，因此吸引众多高素质劳动力向城镇集聚，从而推动城镇化向更高层次发展。另外，产业结构转型升级的过程也使人们意识到人力资本的重要性，一些农村转移人口为了能更好地融入城市生活，从自身业务能力的角度出发，也会不断充实自己，从而提升城镇居民的整体素质，为城镇化发展提供持续的动力。

从供给角度看，城镇是各种生产要素的聚集地，不断累积的生产要素为产业的转型升级提供了物质基础。在城镇化发展的不同阶段，所提供的生产要素也是不同的：城镇建立初期，主要是大量转移的农村剩余劳动力，促进了劳动密集型产业的发展；随着资本的不断积累，为资本密集型产业的发展创造了条件，资本的逐利性还会进一步推动高附加值产业的发展；到城镇化发展后期，人力资本、信息技术等先进生产要素也会在城镇集聚，这又推动了产业结构向更高级方向发展。此外，随着城市的服务功能日趋完善，分工的细化使企业之间的联系越来越紧密，同时也创造出更多新的行业，资源的不断分配与整合也为产业的转型升级创造了条件。

7.3.3 功能互补融合

农业科技园区通过农业产业化推进城乡融合，实现"特色城镇化"

发展。城镇化是农高区的一个重要功能，随着园区产业不断发展，在园区就业、创业、生活的人口不断增加，生活性基础设施不断完善，促进了乡村城镇化发展。然而，乡村城镇化不是要消灭农业、农村、农民，而是要注重"三农"问题的解决，增强农村文明的传承能力（胡振民，2005）。党的"十九大"提出，要重塑城乡关系，走城乡融合发展之路。与大多数高新区形成的现代新城不同，农高区城镇化不是将园区发展为大都市，而是通过农业科技、生态文明和乡村文化，打造生态优美、宜居宜业的美丽社区和特色小镇，构建人与自然和谐共存的发展新模式。农高区城镇化需要以农业产业和乡村建设为基础，围绕生产、生活、生态的"三生"理念，形成科技产业、人居环境、生态文明的协同发展。通过发展科技社区、打造特色小镇、发展休闲农业，以产业新城为平台，深度发掘利用特色资源，发展体验、观光、休闲、生态多种形式的都市农业和休闲度假旅游业。

7.4 案例分析　陕西大荔现代农业园区园城融合发展分析

大荔农业科技园区对空间结构的解释采用狭义的区域空间结构定义，即园区空间结构是以与园区及其附近资源、人类活动场所为载体，产业活动为核心问题的空间分层组织关系。区域空间结构不是静止的，它将随着社会经济的发展而不断演化。本节基于点轴系统理论对大荔农业园区15年来社会经济和社会空间组织形成过程进行分析，分为2个层次进行讨论。第一层次为园区内部空间结构，将大荔农业园区作为独立的子系统，其内部企业间也形成了简单的系统结构，研究园区内部经济客体的空间组织过程是探究农业园区发展过程的有效途径；第二层次为园区外部空间结构，将大荔农业园区及其外部各社会经济客体视为一个系统，研究大荔农业园区与各社会经济客体的空间组织形成过程，重点关注园区与主城区之间的空间关系变化。

7.4.1 大荔农业园区空间分析指标说明

(1) 空间增长指数

不同时段园区空间规模扩张演变的强弱和快慢，可通过园区横向空间平面扩张情况来分析。本节主要运用 GIS 空间可视化分析，结合园区历年入驻企业的占地面积数对农业园区斑块空间规模演变与规模变化区域展开分析。

在研究园区空间规模变化的过程中，空间扩张程度和速度是重要的反映指标。根据不同时期园区内斑块面积变化情况，本研究结合城市土地利用空间扩张相关研究引入了空间增长指数作为衡量园区内企业扩张程度和速度的指标（刘盛和 等，2000），相关公式为：

$$K = \frac{U_b - U_a}{U_a} \times \frac{1}{T} \times 100\%$$

$$S = \frac{U_b - U_a}{T}$$

式中：K 和 S 分别为园区空间扩张程度和扩张速度；U_a 和 U_b 分别为研究基期和报告期的园区土地利用面积；T 为研究时段长度。

(2) 园城距离

因研究区尺度较小，本研究衡量大荔农业园区与周边其他社会经济客体的空间关系变化，简单地以距离远近作为观测依据。依据遥感影像的判读、地图数据的整理，掌握园区斑块的空间关系变动情况。本研究将园区内最北端的建筑实体到大荔县城最南端的距离作为园区与城市空间关系变化的测量依据，简称为园城距离。

7.4.2 大荔农业园区内部空间结构演变

(1) 园区内部空间组织过程

分析不同时段园区空间规模扩张演变的强弱和快慢，可通过园区横向空间平面扩张情况来分析。由于本研究区尺度较小，对遥感影像资料的分辨率要求较高，本研究利用高分二号卫星遥感数据，采用人工解译的方式对园区内企业建筑物斑块进行矢量化提取，结合实地调研中以 Google Earth 高清影像为辅助手段对企业的位置进行标记，梳理园区资料中所有企业的入驻时间，得出大荔农业园区斑块大小随时间的变化系列图，即图 7-1 所示的园区内部规模扩张图。

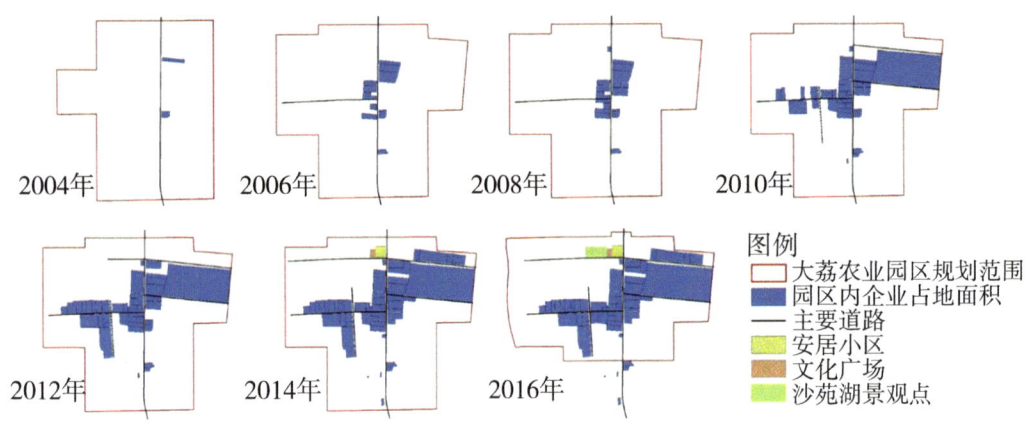

图 7-1　大荔农业园区内部规模扩张图

2002—2005 年，大荔农业园区处于酝酿发展点和发展轴阶段。在该地区成为国家农业科技园区的核心区后，促进生产要素的集中的潜在聚集效应开始发挥，园区内开始有 2 家企业，省道 202 园区路段作为发展条件较有利的线状基础设施，成为具有开发潜力的地带。

2006—2010 年，对应的是园区的工业化初期，空间结构特征发生明显变化，企业点增多，省道 202 园区路段作为发展主轴带动区域快速发展，发展轴线上出现晨光路、蔡伦路等多条次级发展轴。

2011—2016 年，园区生产力沿主次轴线布局，点轴系统基本形成等级体系。省道 202 园区路段沿线已基本得到充分发展，直接吸引范围保持在平均 500 米左右，附近资源得到有效开发；随着经济实力的不断增强，经济开发的注意力转向较低级别的发展轴和发展中心，并使发展轴逐步向距离发展轴线较远的地区延伸，促进次级轴线和线上的区域发展，区域进入全面有组织状态；安居小区、文化广场、沙苑湖这样的"生活点"，使该点轴系统的功能趋于完善。

（2）园区内部空间组织绩效分析

本研究对空间增长指数采用环比增长率来说明园区空间规模逐期增长变化的程度，即以报告期前一年为基期，研究长度以 1 年计，以 2004 年第 1 家企业入驻园区作为园区土地出让正式开始的标志,得到各年园区内部空间的扩张程度和扩张速度,大荔农业园区的空间增长指数如表 7-1 所示,变化趋势如图 7-2 所示。

表 7-1 大荔农业园区空间增长指数

年份	园区企业累计占地面积/千米^2	扩张程度/%	扩张速度/(千米^2/年)
2004	0.15	0.00	0.00
2005	0.25	63.97	0.10
2006	0.89	260.47	0.64
2007	1.13	26.26	0.23
2008	1.25	11.32	0.13
2009	3.86	208.37	2.61
2010	4.39	13.67	0.53
2011	4.75	8.04	0.35
2012	5.24	10.39	0.49
2013	5.96	13.66	0.72
2014	6.29	5.70	0.34
2015	6.39	1.47	0.09
2016	6.50	1.83	0.12

资料来源:作者整理

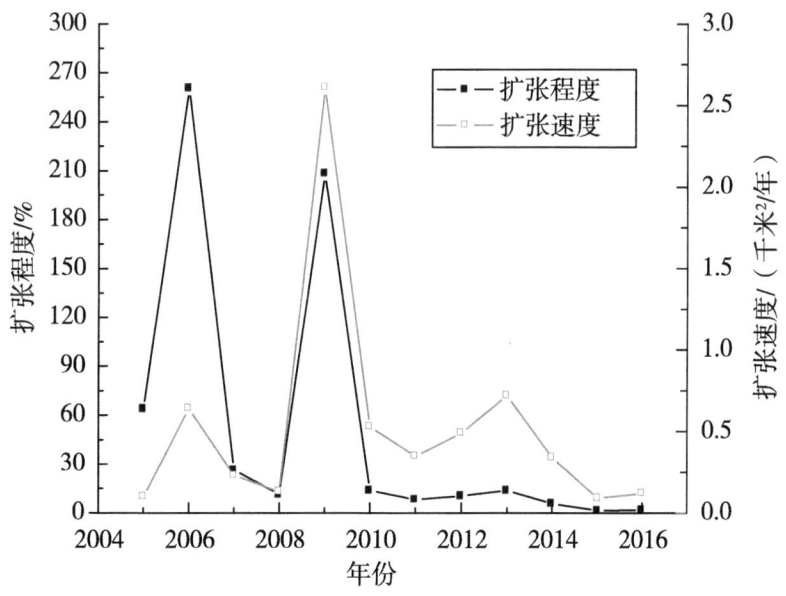

图 7-2 大荔农业园区内部空间规模变化趋势

2002—2016 年，大荔农业园区空间规模总体上呈扩张的趋势，各时间段空间扩张程度有所差异。园区空间增长过程受政策影响较大，在政策调整节点易出现爆发式增长。2004 年园区内企业占地面积 0.15 平方千米，至 2016 年时大荔农业园区内斑块面积达到 6.5 平方千米，这期间扩张速度最快的年份为 2006 年及 2009 年。2006 年大荔科技产业园建立，引入了一批中小企业，园区内土地利用面积扩张了 4 倍以上；2009 年在国家农业科技园区验收工作的激励及入园企业良好的示范作用下，大荔农业园区在招商引资上重点发力，使得该年园区内部土地利用面积增长了 2 倍以上。

园区扩张速度呈现先增加后放缓的特征，2009 年达到扩张最大值后扩张速度开始减慢，进入平稳阶段。原国有林场的沙荒地资源为大荔农业园区的早期扩张提供了广阔的空间，但农业园区核心区在政策要求上必须是一个"有界无墙"的区域，所以随着可利用空间的挤压，在有限的园区空间内土地必将成为稀缺资源，越到发展后期越不会出现大规模的空间扩张。土地的稀缺性要求企业提高土地产出率及劳动生产率，所以农业园区核心区的发展只能依靠第二、第三产业，第一产业布局在核心区外是资源优化配置的结果。

7.4.3 大荔农业园区与城镇空间关系演变

(1) 园区外部空间组织过程

在成立园区之前，园区核心区所在地官池镇拥有数万亩存量的国有沙荒地资源，黄沙连片，植被覆盖率低，处于未开发的匀质状态。

大荔农业园区在建设过程中，规划范围不断向近城端调整，同时，大荔主城区也在不断扩张，园区与城市空间关系明显拉近。大荔县城位于大荔农业园区正北部，也即园区北边为近城端，经历 3 次规划范围调整后，近城端面积明显增加，远城端范围被削减，园区总体范围在向城区缓慢迁移。建园之初，大荔农业园区以大荔县官池镇为中心，沿大华公路两侧进行规划布局，包括 4 个乡镇，含建设用地 20 平方千米；2006 年，在渭南国家农业科技园区核心区的基础上建设了大荔科技产业园区，新建设的大荔科技产业园区位于近城端，将大荔农业园区规划范围拓宽 3.3 平方千米；2016 年，大荔科技产业园区为升级省级经济技术开发区做准备,园区规划范围进一步向近城端拓展,将交通优势明显的地区纳入其中。

具有共享性的基础设施将城乡空间联结。2002年遥感影像显示园区附近主要有石槽乡和官池镇2处居民点,省道202线作为城区与园区、2处居民点之间的基础设施轴纵贯南北,城区、园区、居民点与交通轴的空间组合构成了简单的空间结构,城乡之间交通路网不发达。交通网络轴线在很大程度上决定着区域经济联系和区域协作方向,2002—2016年建设期间,大荔农业园区投入大量资金进行基础设施建设,交通路网及工厂建设迅速扩张,带动城乡系统基础设施建设提质增速,这在客观上为大荔城区拓宽了自己的腹地范围,加强了城市与园区的密切联系,园区与城区间的交通轴更加强健。

与城区联系的发展轴上发展点多元化,景区与园区同时纳入大荔城市发展规划。2013年开始开发的同州湖景区地理区位介于大荔农业园区和大荔城区之间,同州湖景区作为生态新区承接城市的各项服务业,进一步将园区与城区衔接在一起。乡镇街道开始向园区内部延伸,居民点生活范围开始扩大,沿街商贸门店由园区南北两端向中间发展,园村镇一体化趋势明显。

(2) 园区外部空间组织绩效分析

- 园城距离

为进一步衡量大荔农业园区与城区的空间关系变化,以Google Earth作为测量软件,对园区与城区间距离进行点对点测量,大荔核心区与城区距离变化情况如图7-3所示。

2002—2017年,大荔农业园区与主城区间的互动紧密,在空间上向着相互融合的方向发展。城区与园区间沿主要发展轴,由于外延发展,不断发展城市公共建筑、生产企业和居住点,由这些又带动大量第三产业到发展轴上来。其结果是,两个社会经济客体逐步形成一个相互联结的统一整体,核心区与主城区的距离从7.1千米缩短为3.7千米。它们不仅在地理上开始联结,基础设施建设和功能也相互融合。

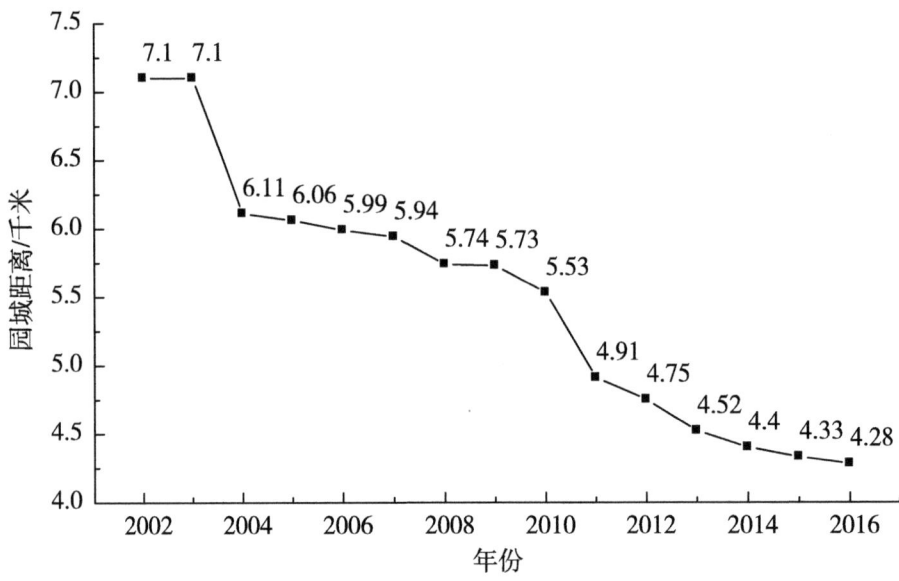

图 7-3 大荔核心区与城区距离变化情况

- 就业带动范围

渭南园区在实现自身快速发展的同时,吸纳了大量农村剩余劳动力就业,在农业园区就地工作可以兼顾家庭与生产,当地劳动力经过理性选择,会主动减少外出务工活动,园区的工作机会也会吸引临近县区的闲置劳动力,这在一定程度上改善了我国农村劳动力严重流失的局面。目前园区核心区总职工人数达到 3 000 人,本次抽样调查了 7 个企业,共 796 名职工。从职工来源地来看,大荔县本地人为 723 人,达到抽样总职工数 90%以上,其他县、市、区共有 73 人,最远来源地为广东省罗定市。

为进一步细化抽样企业职工的来源地,以园区核心区内沙苑路和晨光路交叉点作为中心点,利用 ARCGIS 中缓冲区分析半径分别为 5 千米、10 千米、15 千米、20 千米、30 千米的就业圈。通过对就业圈内职工数进行统计分析,得到渭南园区职工的就业半径,如表 7-2 所示。

表 7-2 大荔农业园区职工就业圈

就业半径/千米	人数/人	占比/%
5 及以内	320	43.01
(5,10]	220	29.57

(续表)

就业半径/千米	人数/人	占比/%
(10,15]	104	13.98
(15,20]	33	4.44
(20,30]	44	5.91
市内30及以外	23	3.09

资料来源：作者整理

抽样企业中职工家庭地址位于渭南市的共有744人，其中43.01%的职工位于5千米就业圈内，29.57%的职工位于5~10千米就业圈内；13.98%的职工位于10~15千米就业圈内；10%左右的职工位于15~30千米就业圈内。

通过从产业和空间对大力农业园区演变过程进行研究，得出以下2个方面的结论。

首先，从大荔农业园区的产业演变来看，其产业由最初的单一畜牧养殖到集聚畜牧养殖、农产品加工、纸业板材、现代物流、休闲观光等产业，由一产逐步向二三产转变，产业结构不断升级，呈现一二三产融合发展的形势。

其次，从大荔农业园区的产业演变来看，大荔农业园区内部空间组织过程是从无组织化的匀质状态演变为多等级点轴系统的组织状态，规模扩张速度呈先高速再放缓的状态。外部空间组织过程中规划范围不断向近城端靠近，乡镇街道开始向园区内部延伸，呈现园、城、镇、村融合发展的趋势。

8
农业科技园区的规划与建设实践

8.1 以园区管理体制机制为特征

8.1.1 河北威县国家农业科技园区

(1) 园区与产业发展概况

● 园区发展概况

威县位于河北省东南部,是冀鲁豫交汇地区高速公路枢纽县,境内有大广、青银、邢临3条高速、5个出入口,1条国道、3条省道。境内棉花资源丰富,常年植棉面积80万亩左右,棉花面积及总产连续30年位居河北省第一,是中国棉花之乡、全国十大优质专用棉基地县,素有"冀南棉海"之美誉。园区核心区位于邢台市威县固献乡、梨园屯镇界内,距离邢台威县城区13千米。固献乡、梨园屯镇党委、政府重视现代农业发展,农业产业结构调整已有一定基础;该区域农民对农业结构调整积极性高;区位优势明显。两面临路,一面临河,距大广高速出口仅4千米,距邢临高速出口2千米;该规划区域为农业开发项目、土地整理项目的实施区,可整合使用农口项目资金,改造建设基础设施。规划区南以省道大王线路边为界,东以农发大道为界,西以金沙河为界,北临科技大道,总面积为18 154亩。现已完成投资11.4亿元,流转土地15 000亩,入驻企业25家,合作社46家。

● 产业发展概况

粮棉种植基础良好。保证基本农田种粮的前提下,积极探索棉—麦、棉—豆以及棉花同其他杂粮作物的间作套种模式,在提高单产、增进效益的基础上,扩大粮食种植面积。截至2014年,全县粮食播种面积30 113公顷,总产量175 771吨,棉花生产较平稳,播种面积52 060公顷,总产量68 402吨。丰富的棉花资源,为下游相关产业提供了丰富的原料。

蔬果产业发展迅速。截至2014年,蔬菜播种面积7 082公顷,总产量369 216吨。威县建设以高公庄乡为中心的蔬菜种植基地,形成了沿106国道的百里设施蔬菜长廊,成为冀南地区较大的无公害蔬菜生产基地,其中威旺蔬菜是园区内 1 家大型的蔬菜生产企业，成为园区产业龙头。近年来以中沃农业为首的杏鲍菇生产企业蓬勃兴起，食用菌的发展再上新台阶。依托园区内大型林果企业，发展苹果、梨、葡萄等林果产业，其中梨产业带的优质梨成为反法西斯 70 周年阅兵特供梨，并成功申请"阅兵梨"注册商标；晟熙农业是园区内葡萄生产的领军企业。

畜牧产业不断升级。截至 2014 年底，畜牧业生产保持平稳，肉类、禽蛋产量分别达到 28 388 吨、56 242 吨。威县现有农业部标准化生猪示范场 1 家、省级标准化生猪示范场 2 家、省级标准化蛋鸡示范场 1 家、省级标准化肉羊示范场 2 家、市级标准化肉鸡示范场 3 家；无公害畜产品认证和产地认定企业 25 家；邢台市种畜禽场 8 家。其中，中国最大的蛋品品牌德青源正式入驻园区；宏博牧业为园区内 1 家大型的集饲料生产、禽类饲养、屠宰加工、包装运输、销售为一体的大型上市企业，是园区畜牧业发展的龙头。

科技服务体不断加强。园区具有完善的科技服务体系，建立了"农业科技 110"服务平台"1235"体系。"1"，即一个中心——威县农业科技"110"服务中心。"2"，即 2 支队伍——专家技术人员队伍，采录、编辑、播音等工作人员队伍。"3"，即三级服务组织体系——在 17 个乡镇（区）便民服务中心，设立"农业科技 110"服务窗口；在部分规模种植村、养殖村和龙头企业、专业合作社，设立"农业科技 110"示范服务点；在全县 522 个村，开通"大喇叭"农业科技普及广播节目。"5"，即"五个平台"——网络服务平台；电话服务平台；电视栏目服务平台；《威县科技报》服务平台；广播服务平台："大喇叭"播音。

科技支撑体系日益健全。园区对入驻项目认真开展产业政策、投资实力、科技含量、产品水平、市场前景、社会效益"六项评估"，成立了院士专家服务中心、科技专家企业工作站，并聘请全省乃至全国顶级专家作为产业责任师、技术师严格项目把关。与中国农业科学院、中国农业大学、河北省林业科学研究院等 7 家国内科研机构，加拿大太平洋遗传育种中心、荷兰瑞克旺（中国）种子公司、以色列海泽拉（中国）种子公司等 5 家国外科研机构或单位，陕西杨凌等 3 家农业高新技术产业示范区，建立合作关系，为园区建设提供强大的技术支撑和科技成果。

- 园区发展 SWOT 分析

  ➢ 优势（Strengths）分析

  地理区位优势明显。园区位于晋冀鲁三省中，环渤海经济圈和中原经济圈交叉地带，京广铁路、京九铁路、京广高铁、京港澳高速、大广高速以及106、107国道纵贯南北，邯黄铁路、青银高速、邢临高速、邢衡高速、邢汾高速横贯东西。距首都北京396千米，乘坐高铁可在2小时内抵达；4小时半径圈内有济南、郑州、石家庄、太原四大机场。构成了"东出西连、南承北接"的交通枢纽。园区核心区距大广高速出口仅4千米，距邢临高速出口2千米，东临武馆线、南靠大王线，交通十分便利。

  建园基础良好。园区是在河北威县省级农业科技园区的基础上申请建设的，园区基础设施基本完善，特优产业发展势头良好，农业企业、农村合作社和新农合组织等经营主体不断壮大。农业科技服务体系和支撑体系日益完善都为国家农业科技园区的建设和发展打下了坚实的基础。

  土地资源丰富。园区地处华北平原，土壤质地多为壤土和沙土，土地平坦，交通便利，气候适宜，农业基础好，劳动力丰富，适合大宗作物种植和进行机械化操作。

  具有水资源相对优势。邢台市位于水资源十分缺乏的地区，人均水资源量仅220立方米，为全国人均水平的1/10、全省人均水平的70%左右，远低于国际公认的人均500立方米的"极度缺水标准"。但园区结合水利部门实施了"引黄入威"工程，每年引水至金沙河3 000万立方米，同时开展金沙河整治工程，完成金沙河清淤，建成明渠4千米、扬水点10座、蓄水湖1座、节制闸桥2座。水利配套设施同步建设，基本满足园区对水资源的需求，与周边地区比较，具有一定的优势。

  ➢ 劣势（Weakness）分析

  产业结构不合理。2013年，核心区所在地威县产业结构比为45.19：28.56：25.25，第一产业发展基础良好，第二产业发展不足，第三产业相对滞后。农副产品加工业经济规模小、质量和效益不高，产业竞争力不强，带动能力弱；现代服务业整体素质不高，旅游业发展缓慢。

  主导产业优势不明显。园区地处华北平原黑龙港流域，土地平整，气候适宜，适合粮食、棉花、小麦等大宗作物生长，与周边地区比较，粮油、蔬菜、畜牧等主导优势不明显，园区亟须调整种植结构，选好地区性特优产品，树立自身品牌，实现地区性"突围"，实现现代农业的快速发展。

产业链接程度不高。园区种养产业发展基础良好，但是农产品加工落后，名优特产品知名度不高、市场竞争力不强，农业规模经营比重低、农民组织化程度低等方面。因此需要引进补链企业，加强各产业链间的衔接能力，树立自主品牌，最终形成多产品、多链条的高效高附加值的现代农业，保障园区各产业相互促进，协同发展。

农业企业科技自主创新能力较弱。目前园区加强了农业企业、农业高等院校和农业科研机构之间的协作，但是农业企业自主创新能力仍然比较薄弱，自主创新资金得不到保证，农业科技创新人才流失严重，农业科技自主创新体系运行机制还不完善，科技创新与当地发展有些脱节，农业科技要素在农业发展中的支撑作用体现不足。

➢ 机会（Opportunity）分析

国家对建设农业园区的政策倾斜力度大。自2001年国家科技部、农业部等六部委联合正式启动国家农业科技园区试点建设工作以来，到2014年12月，全国分5批先后共建立了118个国家农业科技园区，逐步形成了覆盖全国、特色鲜明、模式典型、科技示范效果显著的国家农业科技园区发展格局。在《十二五农业与农村科技发展规划》中，提出要进一步推进国家农业科技园区建设，形成基本覆盖我国主要农业生态类型区的国家现代农业科技示范园区体系，充分发挥园区对区域现代农业发展的带动作用。

京津冀协同发展赋予了新的发展机遇。2014年2月，习近平总书记就推进京津冀协同发展提出7点要求：调整优化城市布局和空间结构、加快推进产业对接协作、加大协同发展的推动、加强顶层设计、构建现代化交通网络系统、加快推进市场一体化进程、扩大环境容量生态空间。2015年3月，京津冀签署《推进现代农业协同发展框架协议》：适应三省市"菜篮子""米袋子""果盘子"需求，加强农产品生产加工基地和市场流通体系建设，推进农批对接、农超对接、农社对接，促进农产品品牌建设，保障农产品质量安全。

领导对园区发展的高度重视。2014年11月14日，河北省委副书记赵勇专程到园区指导工作，给予园区高度评价，并在2014年12月17日召开的全省经济工作会议上向全省推广威县省级农业科技园区的经验做法。2015年3月11日，副省长沈小平指出，威县现代农业科技园区要通过自身的发展，成为全省现代农业发展的引领者和示范者。要以推进农业现代化为目标，高起点、高标准地制定农业现代化发展规划。邢台市市委市政府针对园区发展，陆续出台《邢台市加快园区建设的指导意见》《邢台市园区科学发展规划》《邢台市园区管理办法》《邢台市园区考核奖惩办法》等相关园区发展政策性指导文件促进邢台市园区的发展。

> 威胁（Threats）分析

同类农业示范园区竞争激烈。邢台周边已有邯郸和石家庄2个国家农业科技园区，由于同类农业园区所处的区域大环境、大格局相同，必然导致产业结构的趋同性，进而引起内部发展软环境、政策层面和重大项目、科技创新与成果转化、目标市场的竞争、产品质量安全以及旅游客源等同质化竞争。

农村劳动力流失严重。近年，随着城市化进程的加快，农村青壮年劳动力大量外涌，由此导致的"空心村"问题逐渐成为科技园区和新农村建设的障碍。在园区建设过程中，应以农村劳动力流失为切入点，重新审视由此导致的问题，找出这些问题产生的原因，并据此提出相应的解决措施，借以发挥乡村劳动力在园区建设中的主力军作用，推动园区和城乡一体化发展。

通过SWOT分析，园区区位优势明显、园区基础良好、建园经验丰富，但也存在产业结构不合理、农民科技水平、产业链条不完整等问题，从当下众多的发展机遇来看，园区必须抓住国家农业科技园区大发展、京津冀协同发展等机遇，扬长避短、错位发展，统筹整合资源，大力培育优势特色主导产业，强化基础配套建设，健全产业支撑保障体系，实施品种品质品牌"三品"提升战略，形成生产标准化、产业集群化、布局区域化，引领冀南现代农业的发展。

（2）总体思路与产业联动机制

- 总体思路

根据国家对京津冀地区协同发展的战略部署，以及科技部打造国家农业科技园区"一城六区百园"的战略格局,以科技为抓手,以产业为基础,建设一条"良种繁育—标准生产—加工物流—市场营销—文化创意"产业链,同时依托"资金、政策、技术与信息、人才、基础建设和组织"六大保障体系,实现四大功能:农业科技创新创业引擎、农副产品加工物流中心、高效特色农业生产基地、对外开放合作交流平台;提升五大能力:科技支撑能力、规模生产能力、示范带动能力、物流服务能力、品牌影响能力,为建成黑龙港流域农牧结合生态循环样板奠定基础(图8-1)。

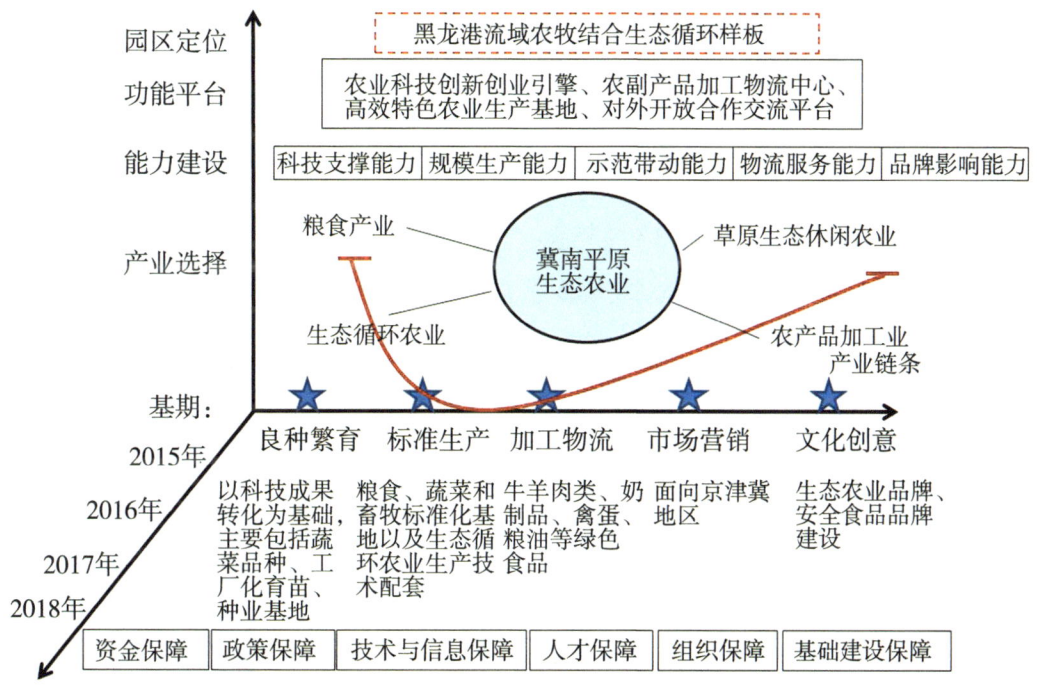

图8-1 园区建设总体思路

- 产业联动机制

循环产业链条搭建。构建以饲草种植和畜禽养殖为基础产业的园区内部循环产业架构,形成以科技服务体系发展农业循环经济模式。秸秆饲料加工、养殖业、生物有机肥、种植业四者之间形成有机的产业循环链,实现农业增效、农民增收、农村繁荣。打造黑龙港流域"节水设施促进粮食种植,秸秆牧草养殖还田养地,养殖基地产奶出粪,粪便加工沼气/渣出肥,肥、气/渣服务农民土地"的区域可持续循环链条(图8-2)。

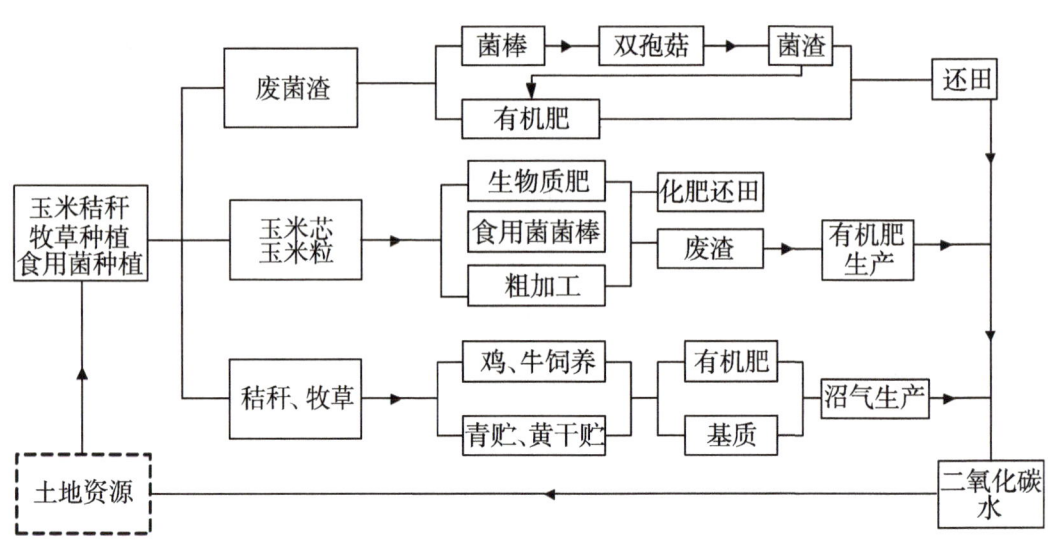

图 8-2 园区循环模式搭建

产业融合模式（图 8-3）搭建：打造"服务体系+龙头企业+特色基地+农业品牌"产业融合体系，形成以科技服务体系发展农业循环经济

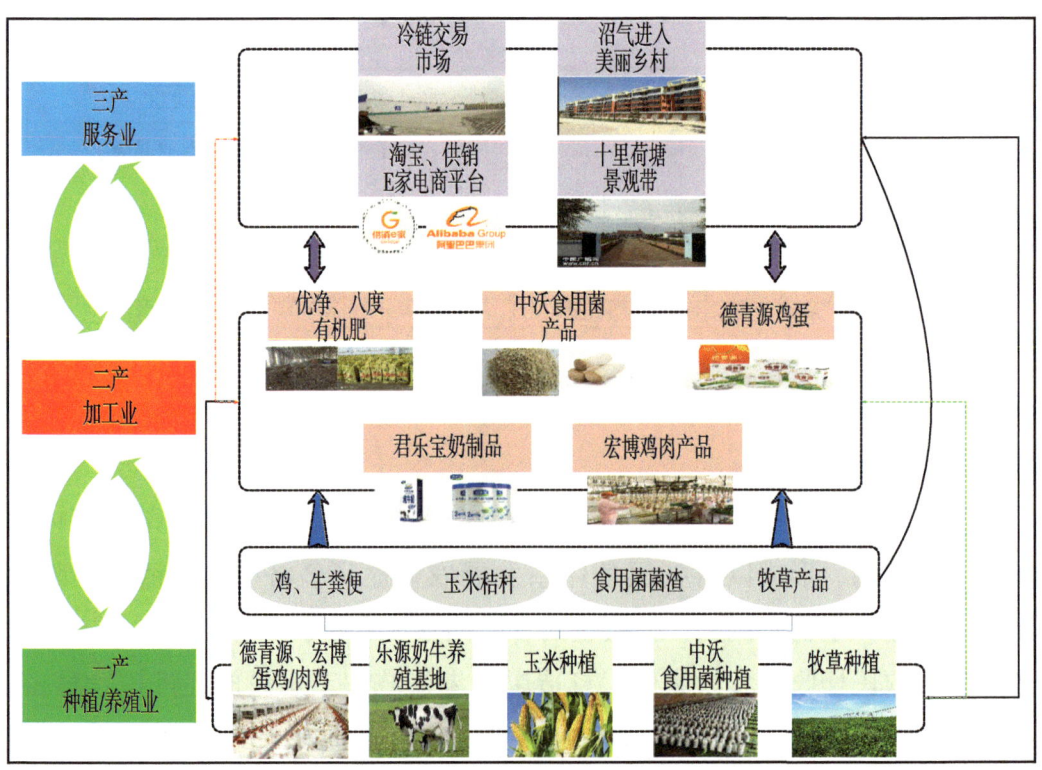

图 8-3 园区产业融合模式搭建

模式，秸秆饲料加工、养殖业、生物有机肥、种植业四者之间形成有机的产业循环链，实现农业增效、农民增收、农村繁荣，形成威县内"节水设施促进粮食种植，秸秆牧草养殖还田养地，养殖基地产奶出粪，粪便加工沼气/渣出肥，肥、气/渣服务农民土地"的区域可持续循环链条。实现产业小循环：为支撑循环产业持续、稳定、健康的发展，园区企业内部不断加大研发实力，引进新技术，实现了区域内部小循环的良性发展。

(3) 园区整体布局与功能规划

- 总体布局规划

园区按照"核心区、示范区和辐射区"三区联动的方式总体布局，核心区位于邢台市威县固献乡固献一村，形成"三中心五分区多基地"的空间布局；示范区包括威县固献乡、第什营乡、枣元乡、梨园屯镇、常屯乡和方营镇6个乡镇；辐射区包括除核心区和示范区之外的整个黑龙港流域。

- 产业布局规划

依托地区自然资源禀赋和产业现状，在实地查勘和资料分析的基础上，根据河北省以及邢台市农业发展部署，确定园区主导产业为精品蔬菜、粮饲、畜牧和加工物流。

主导产业创新升级。粮食产业：在保障粮食安全的前提下，从提高单产着手，大力推进机械化种植，机械化采收，精准化管理，地域品种更优化，减少化学性农资产品投入，努力提高单位效益；果蔬产业：合理配置设施农业和传统种植业比值，加大安全生产力度，树立安全蔬菜品牌，注重销售环节控制，探索邢台—北京新发地直供模式；畜牧养殖：推广订单生产模式，降低养殖业风险，推进生态养殖业大力发展，注重养殖业与生态环境平衡；加工物流业：改变原来农产品粗加工的格局，推动精深加工发展，提高农产品附加值，配合现代物流、智慧物流建设，形成加工物流无缝衔接。

- 核心区布局规划

结合园区发展定位，围绕永定河源生态农业产业园集聚的科技、文化、产业、资源等要素，以构建园区综合性服务平台为目标，打造以下核心区。

园区综合管理服务中心。主要功能为行政办公、金融服务、品牌服务、信息发布、农业信息化服务、技术研发、技术推广、科技人员培训、创新创业等。

农业科技创新创业中心。集成园区的科技要素，以高新技术和先进实用技术为主体，以科研仪器设备为支撑，以现代农业组织形式服务于农业的集约化生产和企业化管理，通过农业公共技术平台，实现企业与科研单位、供给与需求的"两个对接"。

农业科技成果转化孵化区。负责集成资金、技术、管理，找市场，农民出土地、出劳力，参与入股、经营，将成果转化为可使用、可推广、可复制的产品。

高标准果蔬生产样板区。以高标准设施果蔬生产为主，包括日光温室、暖棚和现代高标准玻璃温室，以及一部分露天种植基地。

特色种养殖生产样板区。重点发展生态循环农业，以安全生产为目标，根据自身条件调整产业结构，转变生产方式，探索莲藕—水产立体混合种养模式，加强沼气配套工程建设。

金沙河美丽乡村社区。按照美丽乡村标准建设冀南特色民居，利用村周边的优质耕地，开展冀南特色农家乐经营。

农产品加工物流中心。打造成为集农副产品交易、储运、质量检测、信息服务为一体，高效率管理的农产品商贸物流中心。

优质粮棉标准化生产样板区。为当地持续提供环境适应性强、满足种植结构优化需求、特色鲜明和生产效益高的优良品种，为标准化生产、规模化应用奠定良好的品种基础。

- 示范区布局规划

示范区包括核心区周边6个乡镇，固献乡、枣元乡、梨园屯镇、常屯乡、方营镇和第什营乡。示范区建设内容为：在核心区技术集成、研发、示范、推广的基础上，通过核心区的总部经济效应，在示范区形成"点、片"结合的标准化生产示范基地。

- 辐射区布局规划

辐射区包括除核心区和示范区之外的整个黑龙港流域。通过龙头企业把基地和市场延伸到辐射区以及辐射区以外的区域，龙头带动基地发展，辐射区可以按照示范区的生产模式和理念进行生产和管理，示范区对辐射区进行技术扩散、产业延伸和市场对接，带动辐射区的发展。辐射区是示范区技术普及推广的对象，为核心区提供优质安全的农产品和原材料。

（4）园区发展建设主要特点

- 园区发展模式特点

通过打造国家农业科技园区大平台，助力威县打造农业高质量发展新方向，打造农业科技园区发展"威县模式"（图8-4）。

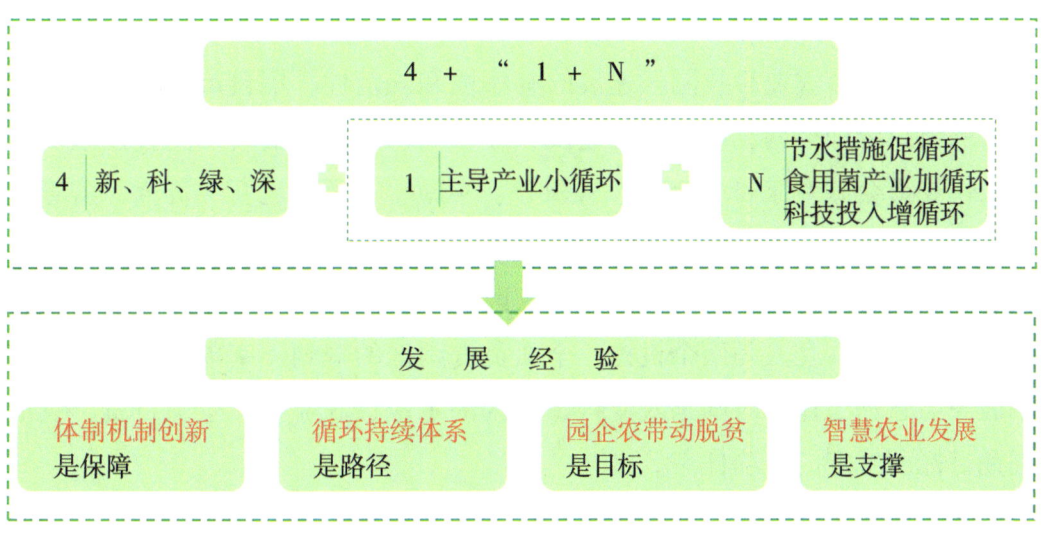

图8-4 园区发展威县模式搭建

一是循环优，构建区域产业循环体系。通过县政府、科研院所、龙头企业、农发行、保险公司"五方握手"联盟行动，形成以奶牛饲养、沼气发酵、生产天然气、沼液还田、饲草种植为主要环节的4万亩循环示范区。

二是建设新，打造重大高效科创平台。科学规划、合理实施，现有企业、产业均是自园区建设之后按照"每个主导产业建设一批重大科技创新平台"的发展思路分批次、分层次建设实现园区从无到有、从有到优的转变。

三是标准高，奠定高端产品发展方向。积极打造品牌，开拓市场，着力打造梨、葡萄、蔬菜、肉鸡等农产品品牌，坚持"一个标准，两个市场"的原则，健全多元的市场体系健全强化考核机制，把"三品一标"基地认定和产品认证作为农企晋档升级的重要参考，千方百计调动农企创建高标准、高品质的农业品牌。

四是链条全，围绕产业链条引才引智。围绕循环农业的发展需求，引进重点企业龙头企业，并与国内外知名产业研发院校机构建立长期战略合作机制，为形成链条全、链条优、层次高、差异化的全产业链提供智力和资金支持。

五是农民富，提升脱贫攻坚成果成效。建立政府、银行、企业、合作社、农户"五位一体"联结机制。

- 管理体制机制特点

为保证国家农业科技园区建设的有序性和规范性，邢台市人民政府建设完善的组织管理架构，包括园区建设领导小组、园区管委会、威县投融资管理工作委员会和专家委员会等，从领导、实施、管理、运营、资金、监管等方面专设机构，明确责任，奖罚到位，落实到人，有效保证园区建设目标的实现，提高建设进度和效益。为保证园区管理高效运行，成立河北威州投融资公司，实行一套人马两个机构，全面负责园区的规划、基础设施建设和配套服务与管理工作，对国家农业科技园区的示范、农业生产全面负责，完成任期目标所规定的各项任务。

- 运行机制特点

通过搭建园区建设领导小组等职能架构，搭建"园区管理—项目招商—土地流转—资源整合—智力引进—产业发展"六位一体管理运行模式布局了现代农业、农产品加工物流、农业科技展示"三大板块"，对引进项目，从捕捉信息、对接洽谈到落地投产，管委会全程派员参与，统一收益模式，围绕农民利益最大化，流转一份土地，实现多份收益，同时成立河北威州现代农业投资公司，对取得政策性扶持资金的企业，以扶持资金担保，给予自筹资金支持，始终坚持"科技支撑、创新驱动"理念，依靠科技不断创新，提升园区发展层次。按照"园区+龙头企业+金融机构+农户"模式，扶持重点企业、带动主导产业，致力于解决跨区域管理难、涉农力量整合难、项目摆放规范难、发展质量保证难等"四难"问题（图8-5）。

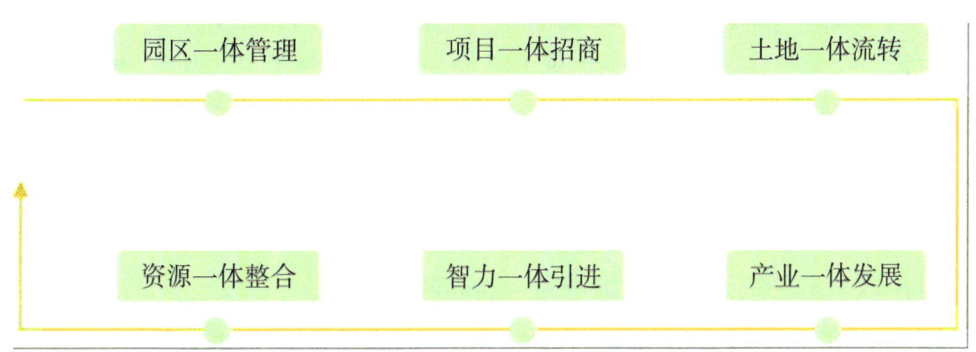

图 8-5　园区六位一体管理模式搭建

8.1.2　河北丰宁国家农业科技园区

(1) 园区与产业发展概况

● 丰宁总体概况

丰宁满族自治县是河北省 6 个坝上县之一，32 个环京津县之一，22 个扩权县之一，13 个环首都经济圈县之一，环首都现代农业科技示范带 14 个县之一，地理区位优越。地形地貌：坝下、接坝、坝上，由东南向西北阶梯状增高，坝下群山绵亘，河谷纵横，海拔 2 047 米的云雾山是燕山山脉第二主峰；接坝峰高谷深，林木茂盛；坝上天高地阔；气候条件：气候冷凉，昼夜温差大，丰宁属中温带、半湿润、半干旱、大陆性季风型、高原山地气候，气候冷凉，昼夜温差大，雨热同季，春季风多干旱，夏季温和降雨，秋季天高气爽，冬季寒冷干燥；水文条件：京津水塔，发源于丰宁境内的有滦河、潮河、牤牛河、汤河、天河五大河流，是京津的重要水源地。旅游资源条件：丰宁满族自治县是中国民间艺术之乡和中国剪纸艺术之乡。

● 产业发展概况

丰宁具有独特的坝下、接坝、坝上地形地貌特征，形成了生态养殖业、绿色种植业和生态林果业三大独具特色的优势产业，并被认定为全国重要的特色产业基地。

生态养殖业发展基础深厚。丰宁地处世界黄金奶牛带，形成以奶牛产业为支柱产业，生猪、肉牛、肉羊和肉鸡为优势的生态养殖业。其中，奶牛产业历史悠久，产业链条初具：丰宁满族自治县奶业发展有 30 年的历史，是 6

个国家级奶牛标准化示范县之一，2011年被评为国家级奶牛标准化示范县，中兴农牧、三缘、三塔、银河生态4家公司奶源通过有机认证。建成标准化奶站39个，全部奶牛实现了机械挤奶；生猪产业品种好，规模大：主要品系是"杜、长、大"。全县存栏100头以上的规模养猪场达到115个；肉羊产业，养殖发展迅速：2014年，丰宁满族自治县肉羊养殖存栏数共有45万只；出栏数达到26万只，羊肉产量4 000吨。

绿色种植业发展势头良好。丰宁依托独特的地形地貌特征和蔬菜、杂粮、中草药、食用菌等种植基础，以"绿色、有机"为特色，形成了以"冷凉时差蔬菜产业"为特色的绿色种植产业体系。其中，冷凉时差蔬菜产业，丰宁大力发展蔬菜产业，被列为河北省蔬菜产业示范县和全国蔬菜重点县，是环首都绿色经济圈有机蔬菜生产示范县；精品杂粮产业，谷子是丰宁满族自治县主要的小杂粮之一，目前市场供不应求，到目前为止已注册的商标有"黄旗皇""潮河源""佳耕""月子米"；中草药产业，丰宁分布野生植物药材资源有100多种，热河黄芩是地道的野生知名药材品种；食用菌产业，采用以大户及合作社种植为主的"四统一分"管理模式（统一原料、统一技术、统一品牌、统一销售、分户管理）。

生态林果业发展潜力巨大。根据县委县政府出台的《关于进一步加快林果产业发展的意见》，丰宁现已形成以杏扁、苹果梨、原料林、苗木花卉等为主的生态林果产业，现已建成林果示范园20个。其中，杏扁产业内龙头企业拥有自主创新的专利技术，现有杏扁林110万亩，其中山杏100万亩、大扁10万亩，2015年已经开展杏扁的有机认证和产地注册工作；苹果梨产业，自2013年开始大规模发展，现已发展种植基地4.5万亩；苗木花卉产业形成以凤山镇为核心发展区，辐射大阁、黑山镇、土城、大滩4个重点发展区，大小苗圃350处，年产苗木2亿株。

休闲旅游业规模迅速扩张。丰宁满族自治县休闲旅游业发展迅速。近年来，丰宁满族自治县以对接京津旅游客源市场需求为重点，把良好的生态旅游资源和深厚的文化底蕴相融合，着力打造环首都休闲旅游产业带上的旅游目的地。依托坝上、接坝、坝下的独特地形地貌特征和坝上草原、特色民俗、峡谷林果、有机杂粮等农业资源，丰宁大力发展乡村旅游。实行"四个优先"政策,让乡村游在辖区内"遍地开花"。截至 2014 年底,丰宁乡村旅游已经发展辐射覆盖到全县 10 个乡镇、20 个村,旅游经营户达 500 多户,直接从业人员近 4 000 人,乡村旅游接待人数达到年 25 万人次左右,年乡村旅游纯收入达到 5 000 余万元。

(2) 总体思路与产业联动机制

- 总体思路

契合国家农业科技园区"现代农业科技示范基地、农业科技成果转化基地、农村科技创新创业基地和农村人才培养基地"的四大目标,以《环首都现代农业科技示范带实施方案》为行动纲要,紧紧围绕丰宁打造"国家有机产品认证示范县和全国有机农业示范基地"的发展目标,以"政府+企业+科研机构"为发展模式,以奶业、蔬菜和休闲旅游为主导产业,整合优化丰宁农业产业发展资源,突出地域特色,形成以"一个主题、两大任务、三大产业、四个支撑"为主体的国家农业科技园区。

一个主题。以"绿色"为主题,遵循创新、绿色、开放、协调、共享的发展理念,用绿色的理念发展有机生态农业和现代农业。

两大任务。丰宁作为国家级贫困县、京津的生态屏障和重要水源地,是滦河和潮河的发源地,"生态建设和脱贫攻坚"始终是丰宁经济社会发展的两大任务。国家农业科技园区建设将以此为主要任务,突出强调科技创新的引领带动作用,探寻现代农业的可持续健康发展路径。

三大产业。"坝下、接坝、坝上"的独特地形地貌特征赋予丰宁独特的区域农业产业标识性。未来丰宁农业产业的发展将聚焦"坝上草原风光、冷凉时差蔬菜种植和生态养殖,接坝杏扁、苹果梨、花卉苗木、山林峡谷温泉等产业资源,坝下精品杂粮、设施蔬菜等产业基础",聚焦"以有机奶业为特色的生态养殖业、以冷凉时差为特色的绿色种植业、以有机生态农业和现代农业为基础的休闲旅游业"三大主导产业,遵循"三产联动"的发展原则,以"坝上风情、接坝风光、坝下风彩"为主基调,一三联动、接二连三,优化组合农业资源要素,挖掘农业产业附加值,实现全产业链条增值,驱动丰宁农业产业转型升级,提质增效。

四个支撑。现代农业发展是一个系统工程,需要各方面的支撑与保障。

国家农业科技园区建设将整合现有农业发展基础,通过"科技引领、基地示范、企业运作、政策扶持"四位一体的体系建设,搭建国家农业科技园区建设的支撑保障系统,确保国家农业科技园区建设的顺利开展和示范带动作用,实现丰宁农业产业的跨越发展。

- 产业联动机制

循环产业链条搭建。坚持"主导产业内外循环"的发展路径,依托京津冀水源涵养功能核心区的建设,建以玉米秸秆、食用菌和牧草种植为基础产业,以生态养殖和绿色种植为核心的全域典型循环模式,形成资源高效利用、循环利用、多级利用的农业循环经济模式。秸秆饲料加工、养殖业、生物有机肥、种植业四者之间形成有机的产业循环链,实现农业增效、农民增收、农村繁荣。打造环京津地区形成了集饲草饲料种植加工、奶牛养殖、鲜奶加工、粪便无害化资源化利用的有机循环产业链(图8-6)。

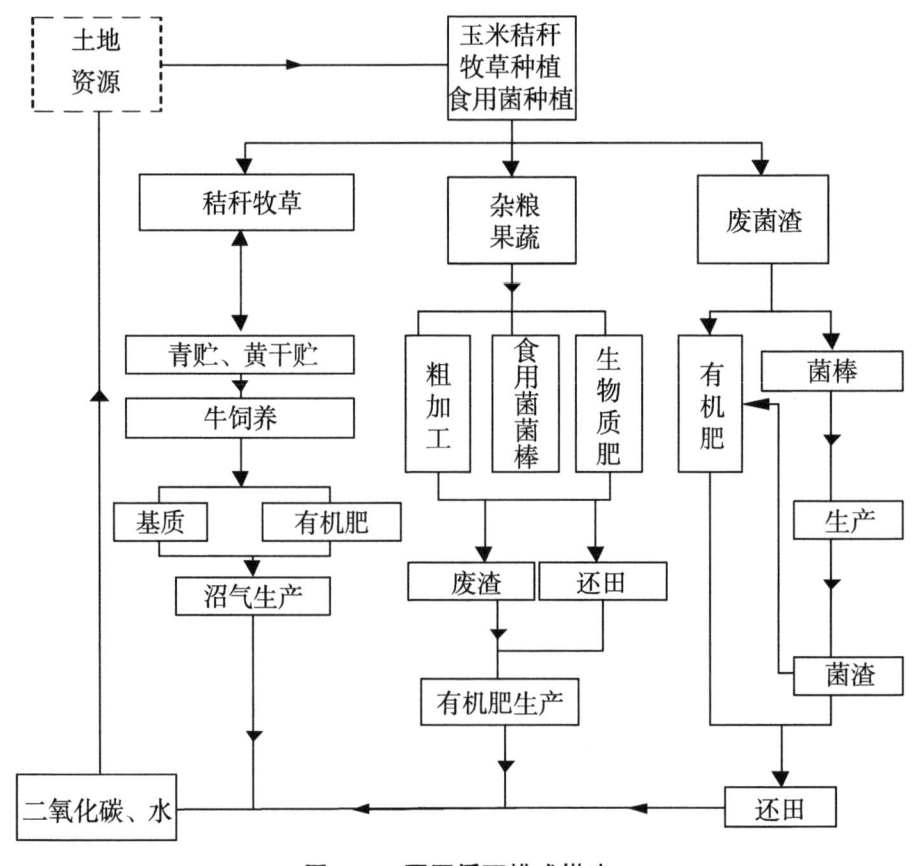

图8-6 园区循环模式搭建

8 农业科技园区的规划与建设实践

- 产业融合模式搭建

园区遵循循环农业的发展理念，以现代服务业和"第六产业"理念发展现代农牧业，坚持"一三互动、接二连三"的发展路径，依托京津冀水源涵养功能核心区的建设和特色农业、民俗文化、生态环境和名胜景区等资源优势，结合现代园区内农业生产的设施化、生态化和科技化景观的草原、休闲农业为主的生态旅游业发展迅速，逐步打造集乡村旅游、观光采摘、休闲度假、农事体验、健康养生于一体的现代农业休闲旅游养生产业（图8-7）。

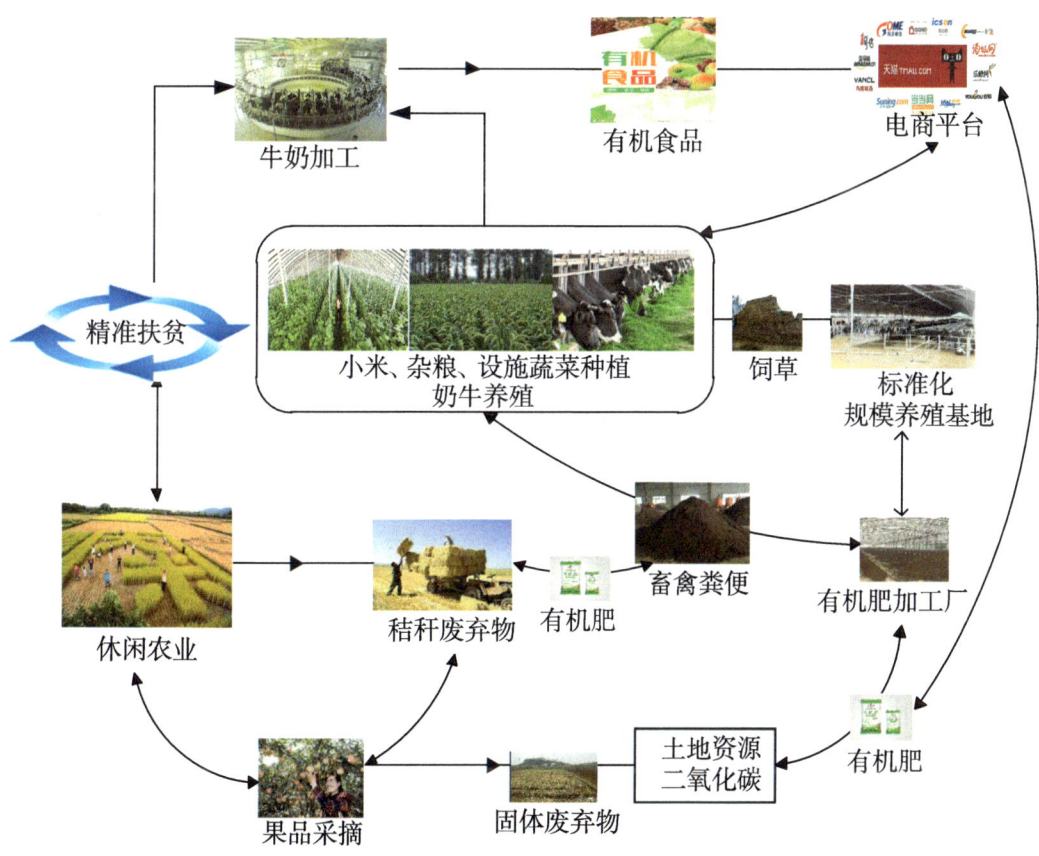

图8-7 园区产业融合模式搭建

(3) 园区整体布局与功能规划

- 总体布局规划

从产业类型上看，丰宁现已形成"奶牛产业、蔬菜产业、生态林果、精品杂粮产业"四大产业基础。从空间上看，丰宁整体可以划分为"两带三区"。"两带"即"滦河流域蔬菜种植带和潮河流域蔬菜种植带"，"三区"即"坝上冷凉时差蔬菜种植区、奶牛养殖区、精品杂粮种植区"。基于园区"核心区—示范区—辐射区"的三大空间布局层次和园区农业产业发展现状和布局规划，形成"一核四区"的空间格局，引领园区点线面全域发展。

三大主导产业引领的核心区。围绕"农业科技创新能力、农业科技创业能力、农业科技服务能力和农业科技转化能力"四大能力，秉承"全产业链条增值"的发展理念，以"以有机奶业为特色的生态养殖业、以有机生态农业和现代农业为基础的休闲旅游业和以冷凉时差为特色的绿色种植业"三大主导产业为核心，依托"技术研发平台、技术转化平台和农产品检测平台"，强化园区的"农业科技研发产业、农业现代服务业、农产品加工物流产业"，形成园区持续健康发展的动力引擎，构筑园区发展的核心竞争力。

三大特色产业支撑的示范区。依托核心区的农业科技成果和农业科技资源，围绕丰宁"以有机奶业为特色的生态养殖业、以有机生态农业和现代农业为基础的休闲旅游业和以冷凉时差为特色的绿色种植业"三大主导产业和"精品杂粮、生态林果、生态养殖"三大特色产业，重点试验示范农业科技成果，提高农业生产效率，带动农民生产积极性，为大面积推广应用奠定良好的基础。

全域农业科技应用推广的辐射区。将园区形成的成熟农业科技成果和发展模式由示范区辐射到县域内全部适宜区域，辐射赤城、沽源、围场、隆化、滦平乃至辽蒙等京北区域，强化园区的品牌知名度和市场影响力，助力园区实现"京津冀有机生态农业协同创新发展试验区、环首都农业科技脱贫攻坚工程先行区、环首都现代农业休闲旅游发展示范区"的发展目标。

- 核心区布局规划

遵循"两区融合、产城教一体化"的发展思路，秉承"全产业链条增值"的发展理念，对接国家农业科技园区建设要求，以"农业科技研发、创业孵化、教育培训、加工物流"等为主要功能,打造园区的发展核心。

以新区"一区四园"(科技创新产业园、有机农产品加工产业园、智能装备制造产业园、综合服务配套园)的战略布局为架构,围绕国家农业科技园区四大能力建设要求,依托现有农业科技创新和创业基础,借助丰宁经济开发区的发展基础,以"科技研发、创业孵化、加工物流"为核心功能,构建园区科研平台、转化平台和检测平台,形成由"一大总部,三大功能区"组成的核心区功能分区,引领园区农业科技创新、科技创业、科技转化和科技服务,带动丰宁农业产业转型升级、跨越发展。

- 示范区布局规划

依托园区核心区的农业科技创新集成能力,对接丰宁主导产业和特色优势农业的基础上,以"科技、生态、环保"类技术为支撑,打造以"有机奶业、冷凉时差蔬菜、生态林果、精品杂粮"为主的"有机奶业生产加工示范区、冷凉时差蔬菜种植示范区、生态林果休闲农业示范区、精品杂粮生态农业示范区"四大示范区。充分利用核心区科技创新成果和孵化带动机制,引导示范区标准化规范化建设。

(4) 园区发展建设主要特点

- 园区发展模式特点

协同创新引领园区可持续发展,园区发展过程中通过科技合作、协同创新,建立了以北京科研院所为支撑的园区建设发展长效机制。突出生态有机支撑水源涵养,园区建设突出有机主题,建立了有机种植、生态养殖、农产品加工、有机肥生产的生态有机循环农牧业产业链;同时园区结合自身发展特点、借鉴发达地区的成功经验,制定出台了《丰宁满族自治县委丰宁满族自治县人民政府关于深化科技体制改革加快建设创新型丰宁的实施方案》等系列政策,支撑了园区发展和科技创新。特别是科技创新券政策的实行,将北京科研院所专家团队与丰宁企业紧紧联系在一起,即"政府出资、院校研发、丰宁转化"机制,支撑了园区协同创新发展,极大地调动了京津冀科技资源与丰宁生态有机农业发展的优化配置和深度融合,也为今后丰宁国家农业科技园区的后续建设和可持续发展提供了可靠保障(图8-8)。

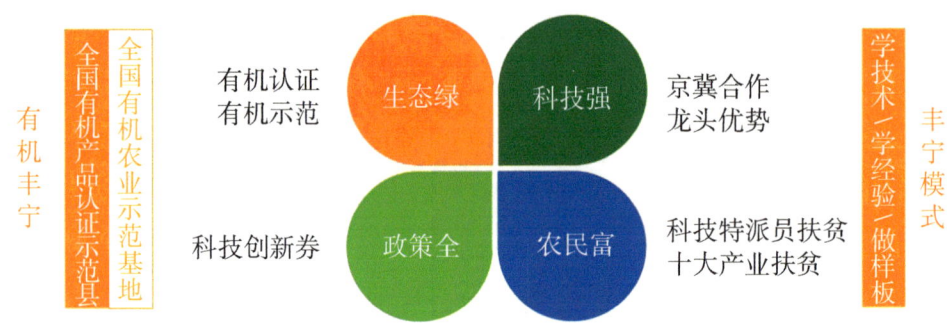

图 8-8　园区发展模式特点

● 园区产业创新特点

园区以科技创新创业为核，为营造良好的"双创"氛围，进一步调动"双创"人才创新创业积极性，园区不断加强基础设施建设，发挥科技企业孵化和科技成果转化平台作用，完善创新创业平台载体和创业孵化基地建设，出台了《鼓励创业促进就业的实施办法》，明确职责、协调配合、实现整体联动，创建了大学生创业园和园区企业孵化器，为创业者提供经营所需的场地、相关政策和免费的创业服务平台。园区加强与金融机构的合作，推动高新技术企业发展和科技企业孵化器建设，建立有机种植园区、有机养殖园区、有机产品加工园区三大板块，实现产业高度聚集发展和联动发展（图8-9）。

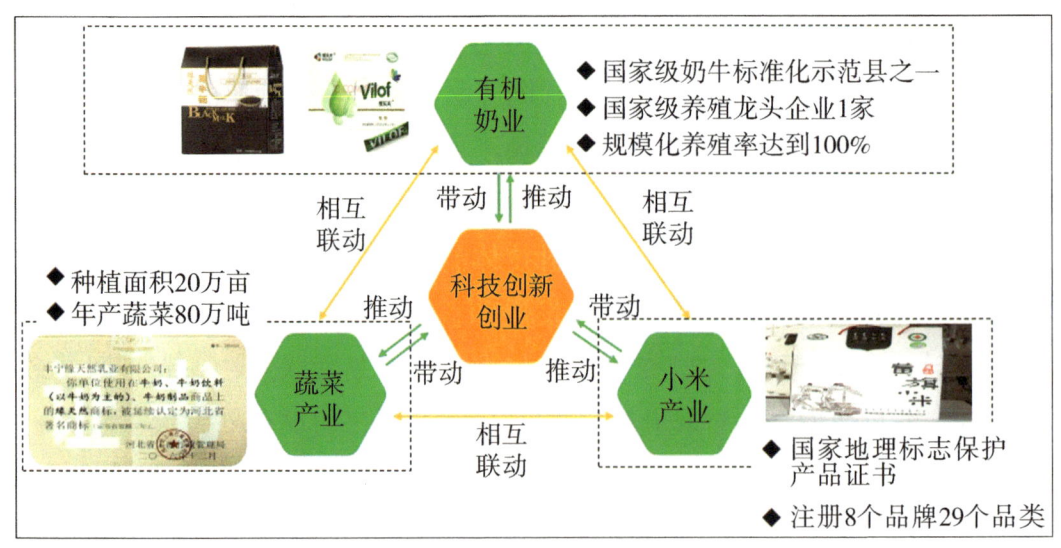

图 8-9　园区产业创新特点

- 园区资金管理特点

为保证园区产业健康快速发展，建立多渠道、多层次、多元化的投融资机制。在不断争取中央和地方财政投入的同时，吸引社会各方面力量参与，大力鼓励科技型企业进入园区投资建设，引导农户以土地、劳动力、资金等各种生产要素及以承包、入股等形式参与园区建设。由投资委员会牵头成立了富旺农业发展投资有限公司，下设2个中心（支农基金管理中心、政策性农业金融担保中心）、3个公司（投资咨询服务有限公司、特色农产品电商销售公司、农产品流通有限公司），县财政每年投资5 000万元支持现代农业发展，财政注资1.3亿元，通过市场化运作方式，把全县农业的政策扶持体系、金融支持体系、市场开拓体系、技术服务体系有机融合在一起，实行大力度、精准化、无缝隙、全产业链对接，并落实专人负责组织服务企业和农户。为了更好地发挥这些机构和组织的作用，相关乡镇成立由党委书记或乡镇长负责的相应的机构，并落实专人负责组织服务实施企业和农户。县委督考办将各乡镇国家农业科技园区建设任务纳入目标管理，与年终考核挂钩。

8.2 一二三产融合发展规划

8.2.1 以一产推动二三产发展类型

案例一——贵州乌当国家农业科技园区

(1) 园区与产业发展概况

- 园区发展概况

项目规划区位于乌当区羊昌、新场、百宜、新堡等北部乡镇，其核心区主要布局在羊昌、新场、百宜。地处贵阳市东北部，是"十二五"期间贵阳市现代高效农业产业发展规划布局的重点发展区域。距贵阳市行政中心38千米，到贵阳市中心仅有26.5千米，经东北高速绕城环线南行28千米至龙洞堡机场；距贵阳火车站南站32千米，都拉营铁路货运站25千米。园区属亚热带季风湿润气候，具有明显的高原性气候的特点。地形、地貌类型多样，形成多种小气候，宜于农业生产，大部分地区可满足农作物一年两熟，蔬菜一年三至四熟的需要。

- 产业发展现状

乌当区由于受到地理环境的限制，连片、平整土地不多，且海拔落差较大，不宜发展大规模的种养殖业，所以一直以来都是以山地农业为主，依托区位优势和资源优势，以发展现代高效农业为目标，以无公害农产品基础建设为依托，以农产品加工龙头企业辐射带动为突破口，经过多年的建设，基本形成"蔬、果、畜、花、药、茶、乡村旅游"七大特色产业。

六大特色蔬菜基地。羊百线1.7万亩辣椒种植基地、1.2万亩折耳根种植基地；新场1 500亩晚番茄、300亩水生莲期满藕、1 200亩小米基地；偏坡、下坝1 080亩菜玉米基地；偏坡1 200亩棒豆基地；水田定扒1 300亩密本南瓜种植基地；下坝1 100亩次早熟和延晚熟蔬菜种植基地，已获省农业厅认定的无公害蔬菜基地有44个，认证的无公害农产有10个。

四大特色水果基地。一是阿栗村7 000亩科技杨梅基地；二是贵开路海岸线10 000亩黄金梨基地；三是下坝乡5 000亩"黑珍珠"樱桃基地；四是挂果面积39 628亩，果品总产量为2 468 478吨，水果和坚果产值达到16 673万元。

三线养殖小区。一是贵开线养殖小区，二是马百线养殖小区，三是头偏线养殖小区。2005—2008年，实现了良繁体系建设、"六位一体"富民生态工程、生态优质肉鸡基地建设、有机鸡、有机蛋鸡农产品建设、标准化奶牛小区建设等项目。

两大花卉基地。一是东风花卉基地；二是水田花卉基地。全区花卉种植面积已达到1 230多亩，建设花卉大棚累计3 275个，面积达到55万平方米，建成花卉市场2个，其中产地批发市场1个、花卉交易市场1个，花卉冷库3个，共计3 000立方米，带动种花农户481户。花卉品种主要有非洲菊、康乃馨、石蒜、洋桔梗、出口菊花及多种草花。

四大药材基地。百宜3 000亩金花石蒜，5 000亩鱼腥草基地；新场2 200亩白术、知母、丹参、芍药基地；新场、羊昌、百宜1 000亩厚朴、500亩杜仲基地；偏坡、水田500亩梨刺，170亩山茱萸基地。

千亩茶园基地。新场3 000亩绿茶基地，在实施老旧品种改良的同时，不断引进市场上适销对路的新品种，逐步实现规模化和规范化种植。

乡村旅游基地。一是温泉旅游基地。保利温泉和御温泉，分别获得国家旅游局4A和3A级旅游景区认证。二是打造了集民族旅游、生态旅游、农业旅游为一体的"泉城五韵"等观光农业基地。

- 发展制约因素

农业产业结构不合理，产业化经营水平不高。项目规划区大部分区域仍以常规农业为主，花木、蔬菜、药材、渔业等发展相对落后，属典型的农牧结构。而且农产品品种单一，品质低、品位差、常规农业始终占主导地位，低质农产品过剩，不能满足市场优质化、多元化的需求，产业化经营差，无品牌效应，导致农民增产不增收。

社会服务体系不健全，龙头示范带动力不强。目前，区域农业生产仍停留在较原始的自产自销阶段，缺乏综合性或专业性生产服务公司，制约了农业产业快速发展。龙头企业与农户的链接机制不完善，无法充分调动农民生产积极性，且龙头企业在科技示范带动方面工作不完善，无法形成产业发展向心力。

基础设施建设不完备，农业生产行动力不足。建设资金不足，国家支持力度小且使用分散。规划区大部分水利设施都建于二十世纪六七十年代，抵御自然灾害的能力比较差，达不到现代高效农业的设计要求。园区建设所在地公路质量差，这也制约着高效农业产业的发展。

（2）园区指导思想与产业联动机制

- 建设指导思想

坚持以科学发展观为指导，围绕"稳中求进、提速转型"主基调和"工业化、城镇化、农业现代化"三化同步的发展战略，认真贯彻落实贵阳市委第九次党代会精神，按照"一先二超一提升"的奋斗目标，将蔬、果、花、畜禽水产等产业作为建设生态农业、发展绿色经济、调整农业结构、促进助农增收的支柱产业大力推进，加快发展，着力扩大产业规模和提升产业质量，提高土地产出率，增加农民收入，将"贵州现代高效农业示范园区·乌当羊昌山区现代高效农业示范区"建成全市乃至全省农业的示范中心和辐射源，为构建绿色的经济生态、友好的自然生态和宜居的城镇生态做出积极贡献。

- 产业联动机制

循环产业链条搭建（图8-10）。构建以花卉种植和畜禽养殖为基础产业的园区循环产业发展架构，形成以科技服务体系发展农业循环经济模式。农业生产废弃物、养殖业、生物有机肥、种植业四者之间形成有机的产业循环链，实现农业增效、农民增收、农村繁荣。

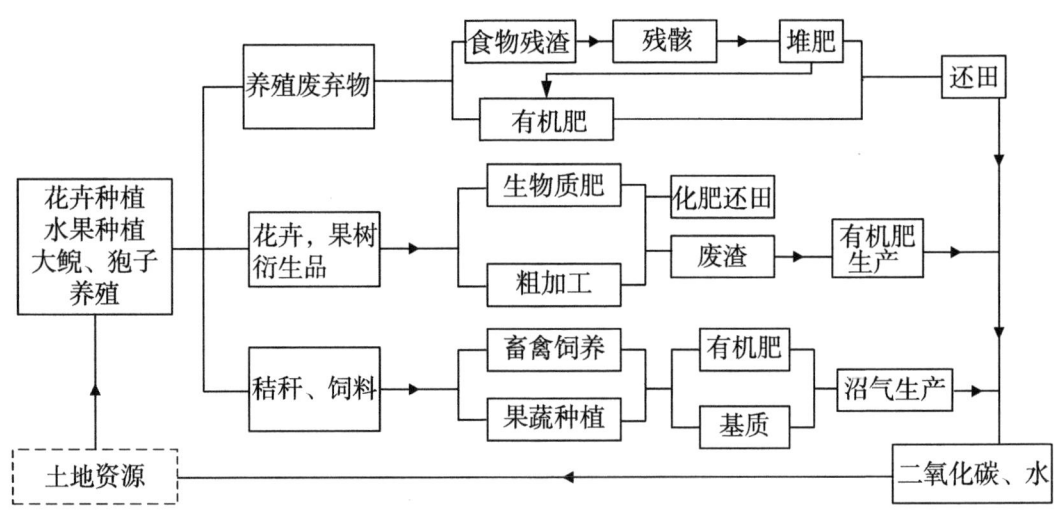

图8-10 园区产业循环路径搭建

产业融合模式搭建（图8-11）。园区遵循循环农业的发展理念，以现代服务业和"第六产业"理念发展现代农牧业，坚持"主导产业内外循环，一三互动、接二连三"的发展路径，依托乌当核心区的建设和特色农业、民俗文化、生态环境和名胜景区等资源优势，结合现代园区内农业生产的设施化、生态化和科技化景观、休闲农业为主的生态旅游业发展迅速，逐步打造集乡村旅游、观光采摘、休闲度假、农事体验、健康养生于一体的现代农业休闲旅游养生产业，已成为带动一二产业发展的新型发动机。

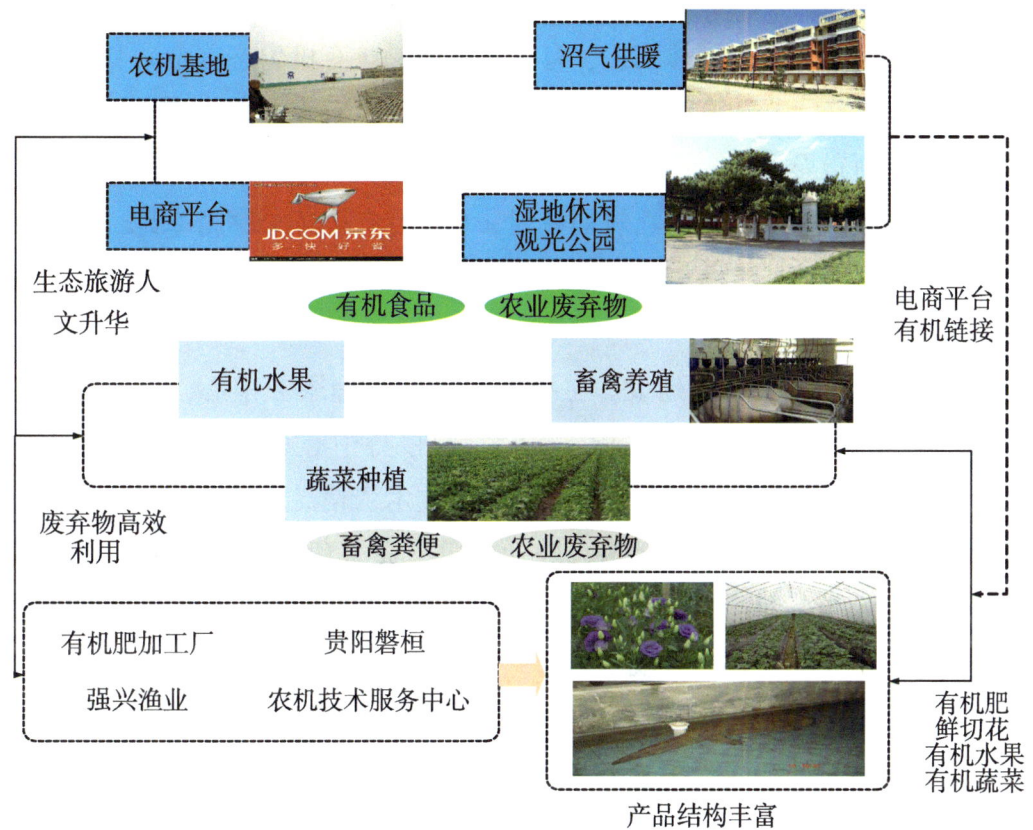

图 8-11 园区产业融合模式搭建

(3) 园区选址与布局

- 园区选址

结合乌当区资源和产业发展现状，突出区域优势，根据《乌当区山区现代高效农业示范区产业发展总体发展（2013—2020 年）》的总体要求，以羊昌、新场、百宜等乡镇 10 000 亩为核心区主要规划建设服务管理区、特色产业（有机蔬菜、园林园艺、有机精品水果、有机生态养殖）科技示范区、培训及科普示范区、休闲农业示范区，羊昌镇黄连大鲵养殖示范基地、狍子养殖示范基地，园区地处北纬 26°48′~26°54′、东经 106°51′~106°58′，核心区规划建设 10 000 亩，拓展 5 万亩，辐射带动 10 万亩。

- 园区布局

核心区规划布局。核心区 1 万亩主要规划布局在羊昌镇、新场乡、百宜乡。其中，在羊昌镇羊昌村规划建设面积 3 500 余亩，以有机蔬菜、园林园艺、中药材、有机精品水果等为主要规划建设内容，主要包括服务管理区、特色产业（有机蔬菜、园林园艺、有机精品水果、有机生态养殖）科技示范区、培训及科普示范区等项目建设。在新场乡和百宜乡，选择相对集中连片的田土，规划布局4 000亩有机水果种植基地、2 500亩有机蔬菜种植基地，其中，新场乡以王坝村为中心规划建设1 000亩有机蔬菜种植基地，百宜乡以洛坝村为中心规划建设4 000亩有机水果种植基地、1 500亩有机蔬菜种植基地。

加强核心区基础设施建设。主要建设园区管理服务中心，用于行政办公、农产品展示、电子商务中心、旅游参观接待中心和农用地流转服务中心；农业信息服务平台，提供农业生产加工技术资信、农产品供需信息的交流和发布，农业标准化监测预警、农业气象、灾害预警、农产品检测监控、专家咨询、标准查询、溯源查询等信息化管理；农田基础设施，满足生产、营销及示范等方面需要；以及引进智能温室和出口花卉选花机等相关农业机械。

重视核心区基地建设。建设现代高效农业种养殖基地，主要建设，快繁育苗工厂。为项目区域提供安全可靠、质量稳定的优质农业种苗；花卉生产基地。主要种植鲜切花和盆栽花品种，以及花卉采后加工处理车间；有机精品水果、有机蔬菜栽培示范基地。提高精品果蔬的生产能力；特色水产养殖基地。提高大鲵、狍子等特色品种的养殖标准和养殖环境；农业机械化科技示范基地。建设标准化农机科技服务体系，提高农业科技技术服务水平。

提高核心区市场主体培育。建立以"政府资金引导，社会资金为主"的乌当区现代高效农业资金扶持政策。加大资金扶持力度，整合各方资源并积极争取上级部门的支持，力争区财政每年安排1 000万元以上资金，专项用于现代高效农业产业发展。财政资金重点用于贷款贴息、新建基地补助、产业体系建设。培育打造3个省市级龙头企业；扶持组建5个现代高效农业专业合作社；以提供现代高效农业贷款担保的方式，支持发展50家种植规模达到20亩以上的现代高效农业生产大户。

加强核心区品牌农业建设。引导企业、协会、基地等争创省、市驰名商标1~2个，积极开展产品认证，尽快把资源优势转化为产业优势和竞争优势。制定园区品牌建设的奖励政策，加大品牌对外宣传推介的力度，提高品牌的知名度和市场竞争力，充分挖掘品牌经济效益。

完善核心区服务体系建设。完成园区基础通信网络体系建设、园区信息应用网络平台建设、园区信息化展示系统建设、园区对外门户网站建设，能够提供农业生产加工技术资信、农产品供需信息的交流和发布，农业标准化监测预警、农业气象、灾害预警、农产品检测监控、专家咨询、标准查询、溯源查询等信息化管理。

拓展区规划布局。拓展区5万亩，其中，分别拓展10 000亩有机水果种植基地、20 000亩有机蔬菜种植基地、5 000亩优质养殖基地、15 000花卉苗木基地。主要规划布局在羊昌、水田、新场、新堡、百宜等北部乡镇乡镇境内，交通方便、水源丰富、适宜种养殖的田土上。

辐射带动区规划布局。辐射带动面积10万亩，其中，分别辐射带动30 000亩优质水果种植基地、30 000亩优质蔬菜种植基地、10 000亩优质养殖基地、30 000花卉苗木基地。主要规划布局全区8个乡（镇）境内，交通方便、水源丰富、适宜种养殖的田土上。

（4）园区发展建设主要特点

- 园区发展模式特点

搭建科技创新服务体系，服务区域农业发展。园区建设国家现代生态农业科技创新中心，聚焦乌当农业绿色发展技术体系及发展模式，集聚国际国内农业科技创新资源，构建新品种、新技术、新装备、新业态、新模式的现代农业科技展示应用示范平台。包括种质资源培育、产品研发和新品试验的功能，作为种质资源、种苗的孵化基地，科技研发区作为园区空间和技术上可持续发展的战略储备区、农业高新技术展示、示范、孵化区。具体功能如下。

一是农业高科技成果研发、转化、示范、推广中心和农业高科技人才培训功能。

二是形成具有资源综合利用率高、商品率高和效益显著的生态农业科技示范功能。

三是形成农业高新技术转化为生产力的"孵化器"和农业高新技术产业化的龙头企业集聚功能。

乌当国家农业科技园未来要以加大科技成果转化力度，加快新技术、新品种、新材料、新工艺、新产品等研发应用，营养健康、功能性作物、循环农业为发展方向，提高园区科技成果转化率。推进农业种养殖优良品种、丰产栽培、节水灌溉、测土施肥等进行大面积应用，提高农业技术水平，通过科技创新、技术引领驱动生产力的发展和辐射推广范围的扩大。

- 运行管理机制特点

园区建设期间，项目建设期实行项目法人责任制，对项目的策划、资金筹措、建设实施、生产经营、债务偿还和资产的保值增值，实行全过程负责；及时协调处理项目建设过程出现的问题，按有关政策规定，监督财政资金专款专用；根据项目各阶段的不同要求，及时组建并明确各部门人员、职能和权限，严格按组织机构分工合作，建立健全各项管理规章制度，实行岗位责任制。财务管理方面，建立项目资金管理制度和实行成本控制管理制度，对项目资金实行专款专用，保证项目资金投放和按期回收；按规定及时编制和上报财务年度执行情况和财务报表；自觉接受并配合审计部门的检查和财务审计。营销管理方面，设立专门销售部门，聘用专业营销人员，销售部门要制订年度销售目标计划，做好市场调查和市场细分，根据市场需求制定营销系统策划，根据年度销售目标测算确定营销责利挂钩比例，充分调动营销人员的积极性。

- 管理机制特点

为了保证园区建设正常、可持续、高效运转，保持科技创新能力和科技孵化水平，保证园区高水平建设、高起点发展、高科技支撑，乌当区政府高度重视园区管理和建设工作，明确了1名副书记、1名助理调研员、1名副区长主抓乌当农业科技园区建设工作，区属有关各部门为园区工作配备了专员支持，并向全省公开招聘大学毕业生用于园区管理，同时园区各项工作内容列入区委区政府的日常工作，做到了"年初有计划、年中有监督、年终有考核"的高效园区管理模式。

案例二——河北滦平国家农业科技园区

(1) 园区与产业发展概况

- 滦平总体概况

滦平县位于河北省东北部,承德市西南部,地处京津城市延伸地区,向南距首都北京市区165千米,是河北省环首都的14个县和环京津的35个市县之一,是距离北京较近、生态环境较好的县之一,是京津地区重要的生态保护屏;也是京、津、辽、蒙的省市(区)"金三角"交汇点,沟通京津辽蒙的交通要冲。滦平县处于燕山山脉东段燕中地区,地貌呈中山、低山、丘陵、河谷平地相间分布态势。四周高、中间低,地势由西北向东南倾斜,县中部自西北向东南沿偏岭梁、拉海梁、正岔山、观星台一线为隆起带,将滦平大地分属于两大水系,(潮白河和海河水系),四大河流(东部的滦河、伊逊河、中部的兴洲河、西部的潮河),五大块山地,构成"八山一水一分田"的地貌格局。全县属中温带向暖温带过渡、半干旱间半湿润大陆性季风型燕山山地气候,四季分明、冬长夏短。全年空气质量Ⅱ级以上天数达到350天,素有环首都"绿肺城"之称。旅游资源丰厚,省级以上重点文物保护单位10处,各类遗址、遗迹及古建筑360余处;市级非物质文化遗产代表作项目13个,省级非物质文化遗产代表作项目5个。森林覆盖率59.7%,是北京的天然生态屏障和京北避暑度假首选;县内旅游资源独特,金山岭长城是世界文化遗产、国家4A级旅游景区、国家级重点风景名胜区,白草洼国家森林公园(省级自然保护区)是华北地区自然植物群落保存最好的景区之一。

- 产业发展概况

滦平县是京郊型畜禽养殖和蔬菜种植大县,2009年被农业部确定为"全国农产品加工创业基地"、2010年被省政府确定为"河北省蔬菜产业示范县",2011年被北京市确定为"首都菜篮子体系供应示范县",2013年被农业部、国家旅游局确定为全国休闲农业示范县;2015年被国家林业局确定为国家林下经济示范基地。位于大屯乡的承德尚亚葡萄产业示范园被农业部和国家旅游局认定为全国休闲农业与乡村旅游示范点。

畜禽产业化进程不断加快。滦平县是首都菜篮子供应体系示范县、北京新发地市场供应基地、全国生猪调出大县。全县畜禽养殖场总数127个，规模以上养殖场数量达到71个，占总数比例56%。全力实施了"8142"工程，即8个现代循环农业园区、新建或者改建10个现代化规模肉鸡养殖场、扩建400栋万只半自动化大鸡舍和改建200座牵头养猪场，在全省乃至全国都是"无抗猪"产业的领军者。

果蔬产业全产业链不断完善。滦平县果蔬产业生产技术成熟人才储备充足，产业规模明显，并且通过近几年的"公司+基地+农户"的运营方式的实际操作，形成了完整、完善的产业链条。全县蔬菜全部达到无公害蔬菜标准，其中全县绿色有机蔬菜种植面积已发展到3.8万亩，占蔬菜总面积的23.6%。蔬菜产业化进程不断加快。全县已认证无公害蔬菜产品23个品种，绿色蔬菜产品6个品种，有机蔬菜产品4个品种。市级龙头企业3家，全县蔬菜农超对接成效显著。水果产业方面，以服务为宗旨，狠抓名特优新果树科技示范园区和苹果、红果、仁用杏等大宗果品综合管理示范园区的建设，走出了一条靠科技示范带动林果业结构调整的路子。

中药材产业基础渐成规模。滦平县是典型的燕山山区农业县，宜药土地资源丰富，民间素有采挖野生中药材和种植中药材的习惯，曾经作为皇家药庄，向皇家供应中药材。野生中药材分布广且蕴藏量大，据调查境内有160余种药用动植物资源分布，其中药用植物资源120余种，药用动物资源40余种（蜈蚣、全蝎、土元等）；可用于人工栽培的药用植物20余种，可人工养殖的药用动物10余种，药用动植物资源丰富，特别是黄芩、穿山龙、黄芪、猪苓、柴胡、山楂、山杏、山桃等道地药材，在滦平种植具有得天独厚的条件。

（2）总体思路与产业联动机制

- **总体思路**

秉承市场引领、科技支撑、模式创新、三产融合的理念，以构建京冀协同创新共同体为主线，立足园区农业产业基础和特色优势产业，重点培育和发展生态养殖、绿色果蔬、道地药材等优势产业，以体制机制创新为动力，以农业农村科技创新创业为切入点，着力实现园区创新孵化、服务引领、产业培育和先导示范四大功能，推动传统农业向"环境生态、产品安全、健康休闲"的方向转变，打造京津冀生态营养健康养生农业产业高地，为我国现

8 农业科技园区的规划与建设实践

代农业发展提供综合示范。

- 产业联动机制

园区循环产业链条搭建（图8-12）。园区一直把生产发展、生活富裕、生态良好作为发展的根本导向，着力实现区域资源配置最优化和整体功能最大化，坚持走安全高效绿色农业发展道路，大力发展循环农业、节水农业、节地农业、清洁农业、草食牧业，全面推行标准化生产，加强畜禽粪污、秸秆、农膜等资源化利用和农业面源污染治理，针对农业污染面防治、畜禽养殖废物治理，使养殖废弃物及食用菌下脚料经有机处理，变成优质有机肥，还原于设施菜生产及果药种植，使物质多级利用、变废为宝、资源再生、优势互补，实现农业生产的良性循环。

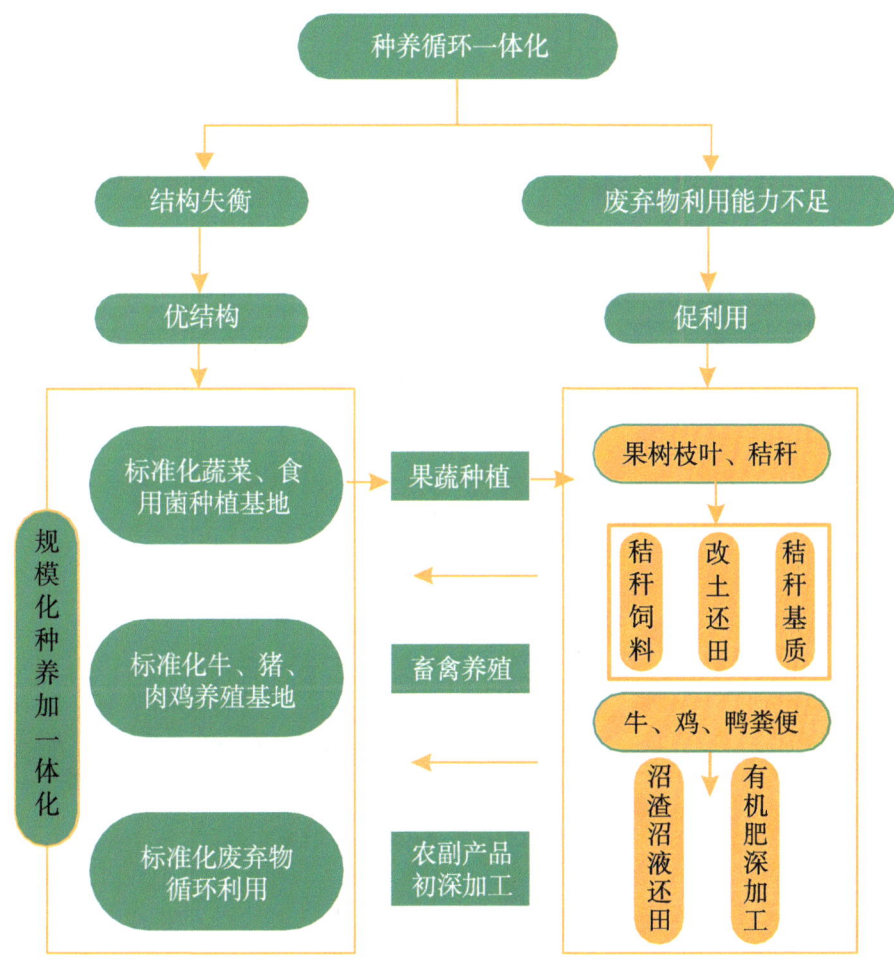

图8-12 园区循环模式搭建

园区产业融合模式搭建（图8-13）。园区以互联网、云计算、大数据等新兴信息技术为依托，推动一二三产融合发展的"互联网+农业"创新工程，同时逐渐调整加第二、第三产业的比重，增加农业休闲观光等服务产业，大幅度提高农业的产出和经济效益。园区重点打造集科技研发、良种繁育、产品展示、药业养生、休闲观光于一体的中国·滦平"热河中药花海小镇"；以现代农业为主导，以文化旅游产业、度假养老产业为支撑的"兴洲皇庄"现代农业特色小镇；园区致力于塑造成产城结合、文旅结合、业居结合、现代农业一、二、三产业深度融合的典范。

图8-13　园区产业融合模式搭建

（3）园区整体布局与功能规划

- 园区规划构思

遵循竞争优势与比较优势的统一，突出优势资源优先发展；以集聚—扩散理论为指导，来构建园区发展步伐，实现由点到面、由局部到整体依次递进的核心构建—示范推广—辐射带动的发展思路。

着力营造"极化效应"，形成产业集群，在张百湾高新技术产业开发区农业相关区域布局核心区，构建园区的"增长极核"。通过这种区域集聚形成有效的市场竞争，通过技术创新在核心区域进行畜禽育种繁殖加工技术研发、种植技术提升、作物品种改良、产业链拓展、农业增产增收的集群式研发和利用，构建出农业专业化生产要素优化集聚洼地，使农业企业和组织共享区域公共设施、市场环境和外部经济，降低信息交流和物流成本，形成区域集聚效应、规模效应、外部效应和区域竞争力。

将核心区技术成果施用于示范区，带动示范区发展和稳定巩固，农业产业链进一步完善，农业园能级进一步提升，形成园区核心区为引领，其他重点产业园区为辅的农业多极增长格局；并且反哺核心区，促进其技术创新进一步集群。

将核心区和示范区所获经验辐射推广至全县、廊坊，全面形成"扩散效应"，推进以造设施菜、果药、畜禽产业为主的农业产业规模化发展。辐射区的发展进一步促成农地规模扩大、外部规模经济效应显现，最终园区将实现农业规模经济扩大、农业产业链发达、产业集群效应覆盖廊坊的良好现代农业产业格局。

- 核心区空间布局

遵循《"十二五"国家农业科技园区管理办法》中国家农业科技园区分为由核心区、示范区、辐射区3个部分组成的要求，结合滦平县现状产业的分布情况，形成农业高科技产业集聚核心区（滦平镇域、张百湾镇、大屯镇三乡镇的部分区域）、农业高科技应用示范区（滦平县重点农业产业示范园区）和大面积的科技引领的农业产业辐射区（农业产业特色突出的乡镇范围），形成园区"一核五区"的空间结构。

核心区充分考虑根据园区现有的企业集群、未来城市规划规划等因素，体现园区功能结构的整体性和合理性，强化各产业功能区与生态环境的融合、协调。在规划手法上采取各产业功能内部与各产业功能区之间以绿化、道路、山体相分割，既相对独立，又彼此联系，为适应园区建设需要，关联性强的产业功能区用地相对集中，服务设施采用集中或分区集中布置，且便捷地与各产业功能区相连通，使各产业功能区可以经济合理地共享公用工程设施。核心区规划为"一大基地四大片区"的空间布局，一大基地奠定农业科技基础，四大片区验证科技成果、实现科技成果的农业生产力。一大基地，即科研总部基地；四大片区，即精深加工区、设施农业生产区、中药材科技试验区、商贸物流区。

- 示范区空间布局

以滦平镇发展良好的现代农业科技园区为依托，以示范区的示范带动作用为原则，联合长山峪镇设施有机蔬菜生产基地、虎什哈生猪省级农业科技园区、虎什哈现代循环生态农业示范园、巴克什营休闲农业示范园、两间房乡、安纯沟门乡燕山中药材示范种植基地、西沟乡"滦熙梨"生产基地等园区或基地，打造由"设施有机蔬菜示范区、畜禽循环农业示范区、养生中药材示范区、循环经济林示范区、现代休闲农业示范区"5个部分组成的滦平国家农业科技园区的示范区。示范区将以转化核心区技术成果为目标，推广应用核心区研发孵化的农业新品种、新技术、新模式等，展示最新的农业科技成果、最先进的农业管理手段、最具活力的农业经营方式，实现农业的产业化发展，成为农业新品种、新技术应用的样板，充分发挥示范带动性。

（4）园区发展建设主要特点

- 园区扶贫模式特点

发挥园区示范作用，探索助力脱贫攻坚新模式（图 8-14）。园区初步形成"公司+基地+农户""公司+协会+基地"等以企业龙头、联动农户和基地的产业化发展模式和机制。承德兴春和农业股份有限公司通过租用农户2 000余亩土地建立一二三产融合的现代农业园区，探索出"一地生四金"的助农户脱贫新模式，即租用土地得租金、农户入股得股金、承包经营挣现金、农民打工得薪金。

- 园区科创模式特点

立足园区职能，不断强化科技创新。依靠科技创新走绿色高质量发展新路。主动承接京津科技成果转化。以"双创双服"活动为载体，立足园区主

8 农业科技园区的规划与建设实践

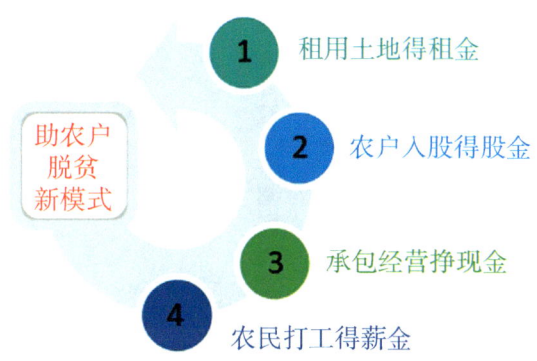

图 8-14 园区一地生四金扶贫模式

导产业，有针对性地引进一批科技成果转化项目。加强与高等院校和科研院所合作，引进一批先进技术，建设技术创新中心和重点实验室，面向产业需求开展中试与产业化研发，促进科技成果在园区转化落地。

生产、加工、销售项目落地模式（图 8-15）。依托绿色果蔬、道地药材和特色养殖的种养殖基础，对其农产品加工仓储、销售，树品牌、旺市场。在企业、村集体和村民之间，强化合作，通过农民参与，形成规模化、集约化生产模式；严格把控生产加工和销售环节；通过有机产品认证标准和产品统一溯源，形成产业基础高标准、严要求，加工仓储高质量、细节化，博览交易品牌化、效益化的体系；结合几大产业，形成项目落地，例如，特色农产品精深产品加工、创新创业基地建设、农产品展销平台等。

- 园区智慧农业特点

应用互联网、物联网、大数据等技术，建设集仓储、转运、配送、展示等功能于一体的，京东北生鲜农副产品物流集散地（图 8-16）。通过搭建物联网技术，实现对日光温室监控数据的采集、传输、接收及平台预警、温室环境的自动化控制。依托智慧农业平台，建立蔬菜生产可追溯体系。积极推广水肥一体化灌溉系统，在兴春和、尚亚、绿康园等园区建立了水肥自动化控制系统，实现了对节省施肥劳力、提高肥料的利用率、促进养分吸收、改善土壤环境状况、提高作物抵御风险能力等方面起到了积极的促进作用。

图 8-15 生产、加工、销售项目落地示意

8 农业科技园区的规划与建设实践

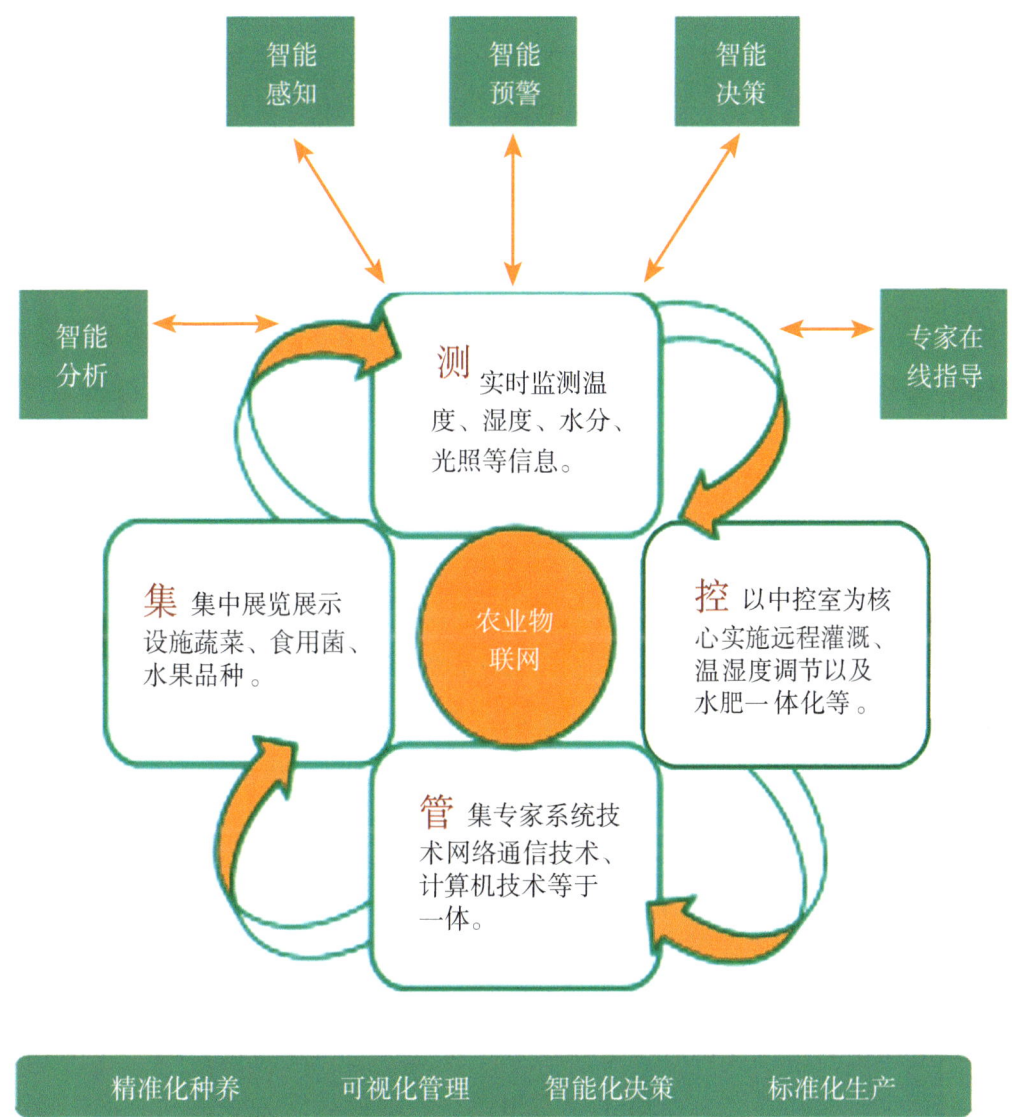

图 8-16　园区农业物联网发展

8.2.2　以二产联动一三产发展类型

案例一——河北肃宁国家农业科技园区

1. 园区产业与发展概况

- 肃宁总体概况

肃宁县位于河北省中南部、沧州市最西端，全县产业发展蓬勃，初步形成了皮毛、纺织、食品、图书印刷发行等特色产业,其中皮毛业是第一立县主导产业。肃宁县是河北省的农业大县、农业强县,近年来以结构调整为主线,转变经济发展方式,积极培育粮食、蔬菜、畜牧、林果四大主导优势产业,大力实施农业产业化、标准化、科技化战略,大力推进农业产业化经营,2004—2011年,粮食生产实现"八连增",2011年达到26.3万吨;农民收入实现"八连快",先后取得了"全国粮食生产先进县""国家商品粮基地县""农业部无公害蔬菜生产示范县""中国裘皮之都""国家级毛皮动物标准化养殖示范区""河北省农产品加工示范基地县""河北西红柿之乡"等多项称号,2012年1月,农业部正式批准肃宁县为第二批国家级现代农业示范区。

- 肃宁县农业生产现状

粮食作物。粮食生产总体情况。肃宁县是国家商品粮生产基地,河北省小麦和玉米主产区。2011年,粮食作物播种面积63.1万亩,粮食总产达到26.3万吨,实现"八连增",单产418千克/亩。其中小麦播种面积28.8万亩,小麦单产408千克/亩;玉米种植面积32.1万亩,单产435千克/亩,单产水平均居沧州市前列。

蔬菜作物。肃宁县是河北省菜篮子基地,出口蔬菜面积及产量均位于河北省前列,蔬菜产值达到12.7亿元占全县种植业总产值的68%。蔬菜产业是肃宁县主要优势产业,先后被农业部确定为"无公害蔬菜生产示范县"、被省政府认定为"河北西红柿之乡"和"菜篮子工程示范县"等,是河北省十大蔬菜生产核心县之一,2011年万里镇被农业部认定为"一村一品"专业示范乡镇。

畜牧养殖。畜牧养殖总体情况。肃宁县是全国知名的"裘皮之都",是河北省生猪活储基地,畜牧业规模大、名气高、品种多、品牌响,品种以毛皮动物、肉鸭、蛋鸡、生猪、奶牛为主,2011年畜牧业产值为15.4亿元,占大农业总产值的42.3%。2011年全县生猪出栏11万头,奶牛存栏0.16万头,蛋鸡存栏202万只,肉鸭出栏917万只;毛皮动物出栏342.1万只,其中貂37.5万只、貉51.7万只、狐狸98.8万只、獭兔153.1万只。鲜肉总产量3.0万吨,鲜蛋产量2.2万吨,鲜奶总产量4 180吨。

果树种植。肃宁县现有果树面积6.6万亩,其中梨树3.9万亩,苹果2.3万亩,桃、杏、葡萄、李等小杂果0.4万亩,果品总产量达到7.7万吨,果品总产值26 980万元,涉及4个果树重点乡镇,33个果树重点村。从空间布局看,2010年鲜果总产量位列前四名的乡镇依次是梁村镇(5.15万吨)、万里镇(2.24万吨)、师素镇(2.04万吨)、河北乡(1.58万吨)。从分布品种看,梨产量位居前三名的乡镇依次是梁村镇(4.9万吨)、万里镇(1.82万吨)、河北乡(1.25万吨);苹果产量主要分布在师素镇(1.48万吨)和肃宁镇(0.96万吨);桃主要分布在尚村镇(0.26万吨)。示范区在果树重点乡镇、村建立了优质梨出口创汇示范基地1万亩,无公害果品认定3.58万亩。全县建有果品储藏冷库442座,储藏能力7万吨,其中150吨以上的有241座,促进了果品产业和相关产业的发展。

- **肃宁县农业产业化概况**

龙头企业不断壮大。农业产业化经营向纵深推进,龙头企业规模实力和辐射带动力不断增强。2011年,肃宁县农业产业化龙头企业41家,其中国家级企业1家,省级龙头企业2家,市级龙头企业38家,农业产业化经营率高达79.1%,位居沧州市首位。2010年11月2日,位于尚村镇的华斯农业开发股份有限公司在深圳交易所上市,首次融资6.27亿元,开创了肃宁县企业上市的先河,成为"中国裘皮第一股"。河北东风养殖有限公司坐落在肃宁县梁村镇,是以肉鸭产品加工为主,集父代肉种鸭和种猪繁育、商品鸭种苗孵化、合同鸭放养和生猪养殖、回收屠宰加工、饲料生产、羽绒加工等系列化生产于一体的股份制省级重点龙头企业。

优势基地正在形成。目前,全县围绕设施蔬菜种植与毛皮动物养殖等主导产业,设立种植基地和养殖基地。截至2011年底,投资500万元以上的蔬菜园区5个,占地千亩以上的规模园区2个。全县现有养殖专业户1.5万户,占总户数的20%。标准化、规范化养殖小区60个,4个养殖场(区)的产品通过了农业部无公害农产品认证,12个养殖场(区)通过了省级无公害畜产品产地认定,其中存栏万只以上的毛皮动物养殖场(区)17家,年出栏千只以上毛皮动物养殖场(区)达到54家,被认定为"国家级毛皮动物标准化养殖示范区"。现有毛皮专业交易市场1家，是国内最大的原料皮交易市场，省级示范市场。先后被评为"最具影响力市场"及"全国十大土畜产品交易市场""中国竞争力百强市场"和市级农业产业化重点龙头企业的荣誉称号。

品牌建设有所突破。肃宁县品牌农业发展迅速，全县龙头企业拥有省级名牌5个，中国名牌1个，中国驰名商标1个。获得无公害农产品和有机认证的农产品达到85个。蔬菜方面：建设6万亩无公害蔬菜基地，有机食品77个，"肃仙""玉怀""龙堂"等蔬菜品牌。畜产品方面：培育了"京朔"鸭产品，"碧花"鸡蛋品牌。果品方面：果品无公害基地认定面积3.6万亩。

农业保险保驾护航。推行奶牛、能繁母猪、小麦、玉米保险，积极探索其他农业保险模式，肃宁县农业保险覆盖面达到35%，为农业生产健康发展提供了基本保障。

综上所述，肃宁县农业产业发展已经形成以"粮、畜、菜、果"为主导产业的发展格局，规模化、标准化生产体系已具雏形。

- 农业产业发展基本判断

肃宁县具有自身发展的外部和内部优势条件，既面临千载难逢的历史机遇，也面对诸多风险挑战。肃宁县的发展已经进入由传统农业向现代农业初级阶段过渡的拐点，抢抓机遇、高端错位、强势崛起，加速发展资源节约环境友好的生态高值农业。概括地讲，未来肃宁县现代农业具体体现为"高、大、绿、特、闲"五大特征。高是指高端农业、高效农业和高值农业，遵循"高起点、高层次、高辐射"原则。大是指规模化农业生产和产业集群。绿是指生态农业，包括优美的生态环境和安全的食品。特是指做精裘皮产业，做强蔬菜和畜牧产业，培育特色林果产业。体现特色产业、特种养殖、特殊地位。闲是指休闲观光农业。

(2) 园区规划总体思路与产业联动机制

- 总体思路

总体思路，即"4555"。围绕"粮食、蔬菜、畜牧、林果"四大产业，优化配置技术、资金、信息、人才、水土"五类资源"，打造从"种苗—标准化生产—精深加工—市场营销—休闲文化"完善"五个环节"的产业链条，培育"科技支撑、规模生产、龙头带动、物流服务和品牌影响"五大能力（图8-17）。

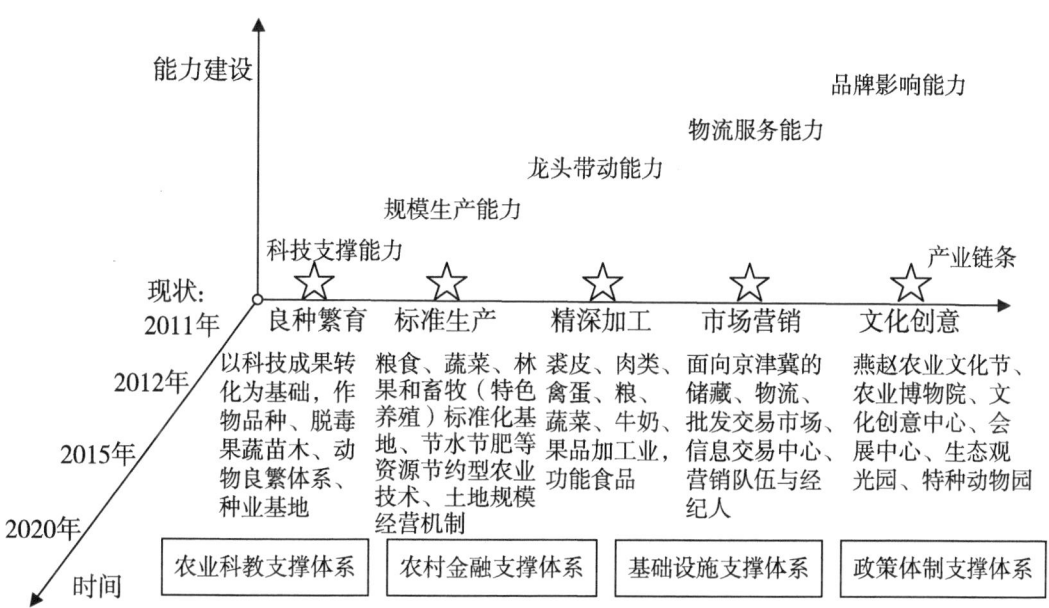

图8-17 肃宁县现代农业产业发展总体思路

- 产业联动机制

循环产业链条搭建（图8-18）。构建以蔬菜种植、果树种植、畜禽养殖和粮食种植为主导产业的园区循环产业发展架构，形成以科技服务体系发展农业循环经济模式。农业生产废弃物、养殖业、生物有机肥、种植业四者之间形成有机的产业循环链，实现农业增效、农民增收、农村繁荣。

产业融合模式搭建（图8-19）。园区以互联网、智慧农业等新兴信息技术为依托，推动一二三产融合发展的农业科技创新工程，同时逐渐调整加第二、第三产业的比重，增加农业休闲观光等服务产业，大幅度提高农业的产出和经济效益。打造了集科技研发、良种繁育、产品展示、药业养生、休闲观光于一体的肃宁特色景观带；打造"产城结合、文旅结合、业居结合、现代农业一二三产业深度融合"的典范。

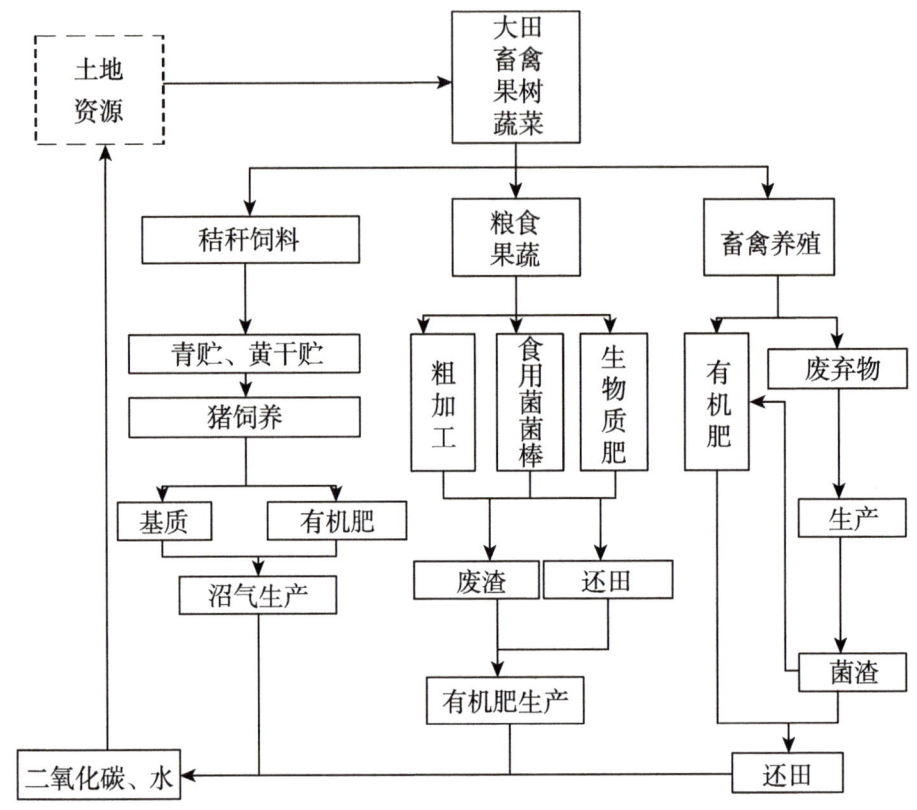

图 8-18　园区循环模式构建

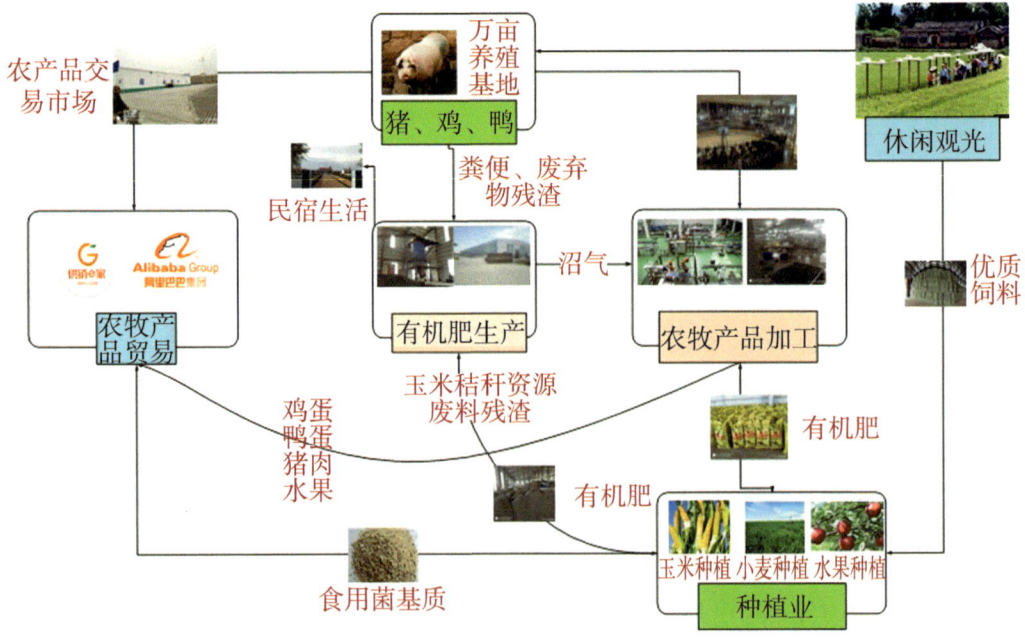

图 8-19　园区循环模式构建

(3) 园区布局与产业发展

- 总体空间布局

以现代化农产品为引导,以规模化、产业化、标准化、市场化为导向,建设生态农业基地,在全县保证粮食种植为基础的前提下,发挥各区域的特色,按照"核心区+示范区+企业+基地"的总体思路,遵循"十字交叉、集中连片、东西相望、南北呼应"的基本原则,打造肃宁"北牧、南菜、西闲、东综、中流通"的总体农业产业格局,推动现代农业产业化进程。

- 重点产业规划

以农业科技成果的示范、推广和应用为主线,根据肃宁县现代农业产业总体规划的指导思想和战略定位,并按照功能相近、产业关联等基本原则,参照地理位置、土地利用现状等进行各功能区的布局以下主要产业发展。

现代种业发展。建设现代种业科技基地区,用于品种的研发、示范推广和科技创新,展示蔬菜、畜禽、水果等的新品种、新技术、新模式,发挥"科技、试验、孵化、集聚、展示、示范带动"的重要作用,实现肃宁农业的生产和社会保障功能、生态服务功能、景观文化功能、休闲观光功能,以及产业间的相互融合、相互协调功能。完善畜禽、蔬菜、玉米三大优质良种繁育体系,建设具有国内先进水平的畜禽良种繁育示范园和基地,完善畜禽良种繁育基础设施建设。

高产粮食产业发展。以玉米、小麦为代表的高产标准化粮食种植承担种质创新和商品粮生产的重要功能,巩固肃宁县的商品粮基地的重要地位。在窝北镇建设10 000亩高产标准示范农田:改善粮田的基础设施,普及标准化生产,推进高产、优质、标准化粮食生产基地建设,建设旱涝保收高标准农田,建设田间排灌沟渠及机井、小型集雨蓄水设施。开展土地平整、积肥设施和机耕道路建设,落实土壤改良、地力培肥等质量提升措施,增强抗灾能力和综合生产能力。

优质蔬菜产业发展。建设设施农业示范园区和标准化蔬菜基地,大力发展以综合性、多样性为主的绿色、有机蔬菜,示范推广蔬菜新品种、新技术,丰富北京市的菜篮子,拓展采摘、观光、休闲、体验、科普教育等功能,建设成为城市居民观光、采摘、度假的首选去处之一。

特色畜禽产业发展。以加快肃宁县现代畜牧产业示范基地建设为突破口和切入点,构建区域化、规模化、标准化、产业化、生态化、信息化的现代畜牧产业体系,发挥助农增收、典型示范、辐射带动、创新提升四大作用。重点布局:生猪产业布局、鸡鸭产业布局、特色毛皮动物产业布局、奶牛产业布局。

优质果品产业发展。果品生产严格按照有机果品的生产标准进行,建设配套节水灌溉设施。将肃宁县打造成为精品果业基地和科技示范基地。水果产业核心区以果树种植专业村为依托,在河北镇建立水果示范基地,有效带动周边梁村镇发展水果,形成东部水果产业带,打造粮果菜畜一体化的格局。重点布局:苹果种植、梨种植、桃种植、葡萄种植。

休闲观光产业发展。通过高品质休闲观光项目的建设,打造肃宁县休闲观光产业品牌,提升产业整体水平。通过规划的实施,使肃宁县休闲观光产业规模和档次都上一个新台阶,成为肃宁县旅游业的重要组成部分。形成三大关键结点。一是以付佐水库为结点,打造水库景观及绿水湾景观;二是以尚村镇为结点,建设毛皮动物博物馆,集科普教育、休闲与高档购物结合;三是以南部师素镇南边为结点,打造果园景观、蔬菜景观、高标准玉米景观、小麦农田景观和牧草景观,同时兼顾市场发展。

(4) 园区发展建设主要特点

- 园区发展模式特点

肃宁国家农业科技园区发展过程中,利用"互联网+"模式,充分调动园区产业转型升级,助力发展现代农业产业融合发展,借助互联网手段,将园区管理人员、生产者、专家、销售者等各类参与者聚集,打造农业园区互联网管理平台,实现线上管理、产品销售、农技指导和农事作业,同时联合国内科研机构和社会单位,引进物联网设备和技术,发展智慧农业,建设绿苑蔬菜高标准智能温室以及多种智能农机设备,实现自动化农事作业、无土栽培以及高标准生产。

- 园区产业发展特点

园区通过项目建设、政策扶持、院地共建等多种形式发展园区产业,形成以毛皮、鸭、猪、蛋鸡、奶牛、蔬菜产业共同发展的产业化格局,全县无公害畜产品产地认证单位6个,实现畜产业高标准、高质量发展,其中"小店"商标被评为"中国驰名商标",华欣珍稀动物养殖专业合作社也被评为国家级示范社,同时县政府为了支持园区产业建设,整合各类农业资金向园区集中投放,并设立金融投放激励基金、土地流转补贴基金、经济领班人扶持资金支持园区产业发展。

- 园区双创模式特点

围绕园区主导产业领域,建设以龙头企业为引领的科技创业企业培育库,通过"创业培训+创业孵化基地+创业担保贷款"等发展模式,重点培育和扶持一批技术水平强、成长性高、市场前景好的科技创业企业,努力孵育一批行业小巨人企业。整合并充分利用社会资金,对融资担保公司、小贷公司为科技创新企业提供金融服务的机构予以奖励。借助各类创新创业大赛等方式,开展优秀项目推介活动,积极与风投企业、天使基金、金融机构合作,为有发展潜力的企业和项目注资。强化创新创业载体建设,充分利用城市综合体、专业化市场、农业产业园区等形式建设适合扶持创业的孵化基地和创业园区。

案例二——内蒙古通辽国家农业科技园区

(1) 园区与产业发展概况

- 通辽概况

通辽市农作物种植以玉米、小麦、水稻为主,属典型的农牧类型区,农牧业资源丰富。是国家重要的商品粮基地和畜牧业生产基地,粮食产量和肉类产量均居自治区之首。素有"内蒙古粮仓""黄牛之乡""红干椒之都""蓖麻之乡"的美誉。近年来,通辽市农牧业科技工作以自治区"8337"发展思路为指引,深入落实科技创新驱动战略,全面实施科技"双十"工程(十个重点产业科技攻关和十个特色产业基地建设),构建起以创新载体为依托,以科技创新人才为支撑,以产学研结合、协同创新为核心的农牧业科技创新体系，实施重点产业科技攻关，有效整合科技创新资源，培育农牧业科技创新主体，着力推进农牧业科技成果转化应用，推动了玉米、肉牛、蓖麻、荞麦、红干椒等特色优势农业的大发展，打造了通辽黄玉米、科尔沁肉牛、梅花味精、库伦荞麦、开鲁红干椒、科尔沁食用菌等农畜产品绿色品牌，成为自治区重要的绿色农畜产品生产加工输出基地。

- 产业发展基础

通辽市农业发展在内蒙古自治区具有突出优势，并且通辽市现代农牧业示范区、通辽通科农业科技园区（自治区级园区）、科左中旗蓖麻特色科技产业化基地（自治区级基地）等园区的建设为通辽国家农业科技园区提供了良好的基础条件。通辽国家农业科技园区在此基础上，充分整合相关资源进行建设。近年来，通辽市围绕特色主导产业发展面临的技术需求启动实施了玉米、肉牛、秸秆转化等重大科技攻关，制定攻关方案，明确攻关方向和具体任务，筛选攻关项目，全力推进科技攻关。

玉米产业科技攻关成效显著。围绕全市800万亩节水高产高效粮食功能区建设，按照良种良法相配套、农机农艺相结合的要求，由市农牧业局牵头，联合中国科学院、中国农业科学院、中国农业大学、国家玉米改良中心，开展玉米产业发展关键性、共性技术攻关。玉米良种培育取得成效，仅十二五以来就培育玉米新品种22个。在条件较好的西辽河流域冲积平原等地集成应用"一增四改"、土壤深翻深松、秸秆还田、有机质提升、病虫害综合防治、前氮后移等多项玉米增产技术，推行测、配、供、施一条龙服务，实现了4个生产关键环节技术应用到位率100%和整个生产过程的"八个统一"。建成全国首家玉米博物馆，成为集通辽黄玉米品牌展示、节水高产高效玉米栽培技术展示、秸秆转化技术展示、通辽玉米工业产业展示、科技创新成果展示于一体的平台。

肉牛产业科技攻关重大突破。一是联合国内高校、科研机构和企业，利用中国西门塔尔牛品种资源，引进和牛等良种肉牛基因，开展经济杂交，筛选最优杂交组合，提高科尔沁肉牛生产性能，培育科尔沁肉牛品系。二是组建创新团队，开展优质肉牛标准化养殖技术研究。制定完成肉牛各生长期饲养管理技术方案，推广肉牛标准化饲养技术；开展畜间布病疫苗免疫鉴别诊断，制定完成防控技术规范；开展牛口蹄疫预防控制技术研究，制定完成全市统一的免疫接种操作规程。三是开展优质牧草种植技术研究，推进饲草料基地建设。

秸秆转化科技效益明显。联合中国科学院、内蒙古民族大学及相关企业，开展玉米秸秆田间生物转化还田、颗粒燃料生产、颗粒饲料加工、气化、固化、栽培食用菌等22项技术攻关，取得15项科技成果，其中有8项成果获得国家发明专利授权。在种养业探索不同产业、不同区域、不同机制的标准化模式研究和示范，为农牧业标准化建设提供科学依据。

（2）总体思路与产业联动机制

- 总体思路

通辽国家农业科技园区的发展按照"124647"的发展思路，即围绕一条主线（创新驱动发展战略），强化两大主导产业（玉米、肉牛），提升四大特色产业（蓖麻、荞麦、沙地林草、红干椒），发展第六次产业（"1+2+3"三产融合全产业链模式），建立四大支撑体系（政策支撑体系、科技支撑体系、投入支撑体系、人才支撑体系），拓展七大功能（高端研发、要素聚集、产业链创业、先导示范、科普教育、高端服务、健康养生），增强核心区驱动力、强化示范区带动转化力、提高辐射区扩散增值力，推动通辽现代农业转型升级，实现跨越式发展。

- 产业联动机制

循环产业链条搭建：构建以种植产业循环、节水循环农业主导产业的园区循环产业发展架构，按照科技高产、生态节水、循环利用的要求，形成资源高效利用、循环利用、多级利用的农业循环经济模式。秸秆饲料加工、养殖业、生物有机肥、种植业四者之间形成有机的产业循环链；强化良种良法配套、农机农艺的有机结合，建成玉米节水高产高效技术集成创新园，园区内还推行大垄双行全程机械化作业，推广使用标准化生产和质量溯源、智慧种植信息化管理、生物预警绿色防控、秸秆还田深松深翻、轮作倒茬、结构调整等先进的农业技术和装备，实现了农业生产、管理、灌溉、装备的现代化（图8-20）。

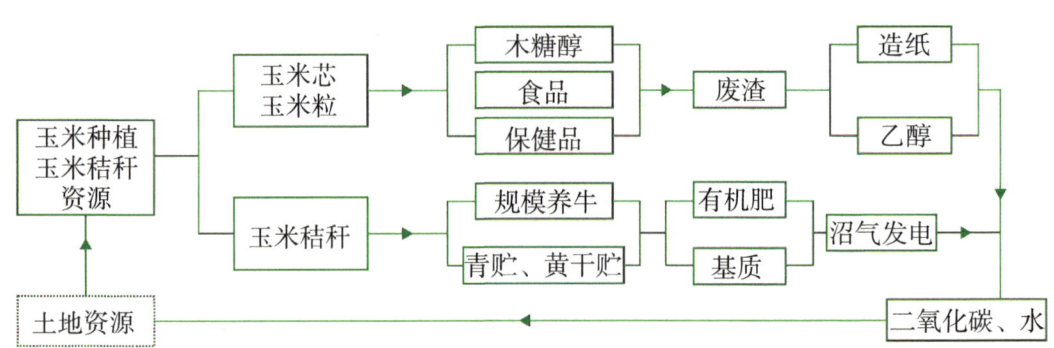

图 8-20 园区循环产业链条

产业融合模式搭建：园区紧密促进一二三产业高度融合发展，围绕核心区玉米和黄牛两大主导产业，推动农业由单一种养殖功能向精深加工、观光休闲、文创旅游等多功能拓展。深入挖掘肉牛产业蕴藏的特色文化底蕴，推进肉牛产业与文化旅游业、餐饮服务业融合发展，重点打造"中国草原肉牛之都"、中国冷鲜牛肉集散地。建设舍伯吐黄牛主题特色美食风情街，塑造"达尔罕全牛宴"特色品牌。探索"育牛、养牛、卖牛"和"赏牛、比牛、展牛"模式，打造"休闲观光农业"特色品牌，塑造独具蒙古族风情的"农业文创产业带"，形成一二三产融合发展新模式（图8-21）。

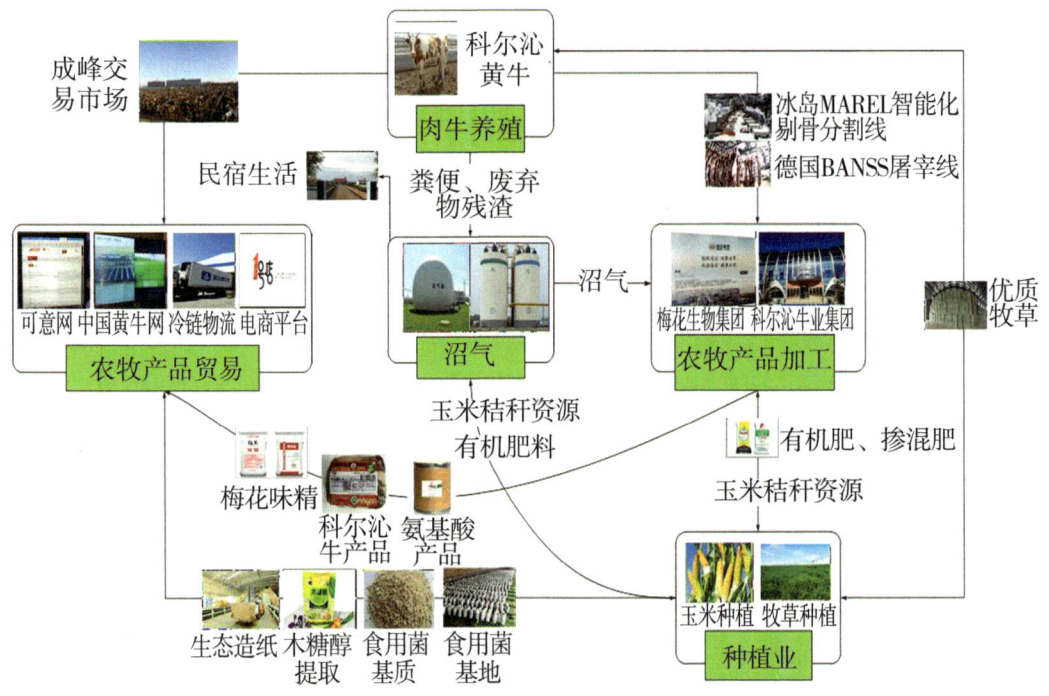

图 8-21 园区产业融合模式

(3) 园区整体布局与功能规划

- 总体布局规划

通辽国家农业科技园区按照"核心区—示范区—辐射区"格局进行空间布局规划。核心区发挥高端研发、产业孵化、展示示范、行政管理、创新创业服务、配套加工、商贸物流和"互联网+"等产业链支撑功能。示范区发挥科技示范和生产经营方式的示范功能。

- 核心区布局规划

园区核心区围绕玉米和黄牛两大主导产业设置一核四园一带功能布局。

一核。即科技创新创业服务中心，围绕两大主导产业和四大特色产业，以现有科研单位、产业技术联盟、院士专家工作站等为技术依托，创新体制机制、整合社会资源，搭建服务平台，增强服务功能，建成集行政管理、科技创新、产业孵化、创业与培训、信息服务与电子商务等多功能于一体的综合性、现代化、高水平研究平台。

四园。玉米节水高产高效技术集成创新园，围绕通辽市节水高产高效粮食功能区建设，按照科技高产、生态节水、循环利用的要求，强化农田水利基础设施建设，完善配套技术体系，加强技术集成，打造从田间到餐桌的全产业链高效技术集成高地。

科尔沁肉牛科技产业园，以科尔沁牛业工业园为核心，采取"企业+基地+养殖户"的模式，建立从"繁殖—饲养—屠宰—加工—冷冻—配送—零售—餐桌"的全产业链条，实现全流程各个环节的可追踪性与可追溯性。

沙地林草生态科技园，通过沙地林草种质资源驯化与培育、沙地改良、林草产业开发，实现防风固沙、生态修复、畜牧业发展、农牧民增收、现代农牧业综合发展的全产业链农林牧紧密结合的立体农业科技园。

新型城镇化与商贸物流科技园，以城乡一体化为统领，以"互联网+"技术为依托，建成一个集全国文明的集体制机制创新、产业模式优化、生态环境优良、现代农牧业先进技术集成于一体的"智慧型城镇化"与商贸物流科技园。

一带。科尔沁休闲农业文创产业带，以百千米科尔沁草原文化旅游景区建设为目标，以第一产业为基础，深度融合二三产业，建成集农业文化创意、休闲旅游、养生体验于一体的独具蒙古族特色的科尔沁休闲农业文创产业带。

(4) 园区发展建设主要特点

- 园区组织机制特点

园区按照科技创新和精简高效的原则，实行政府引导和市场协同的管理机制。园区建设领导小组负责园区建设的宏观规划与决策，领导小组下设园区管理委员会负责园区具体规划实施和一般行政性事务。管委会下设园区投资管理公司和专家咨询委员会负责园区的招商和科学技术问题。园区负责引导协调形成良性运转平台，采用"政府+园区+投资商+龙头企业+农牧民"的组织模式多点示范辐射（图8-22）。

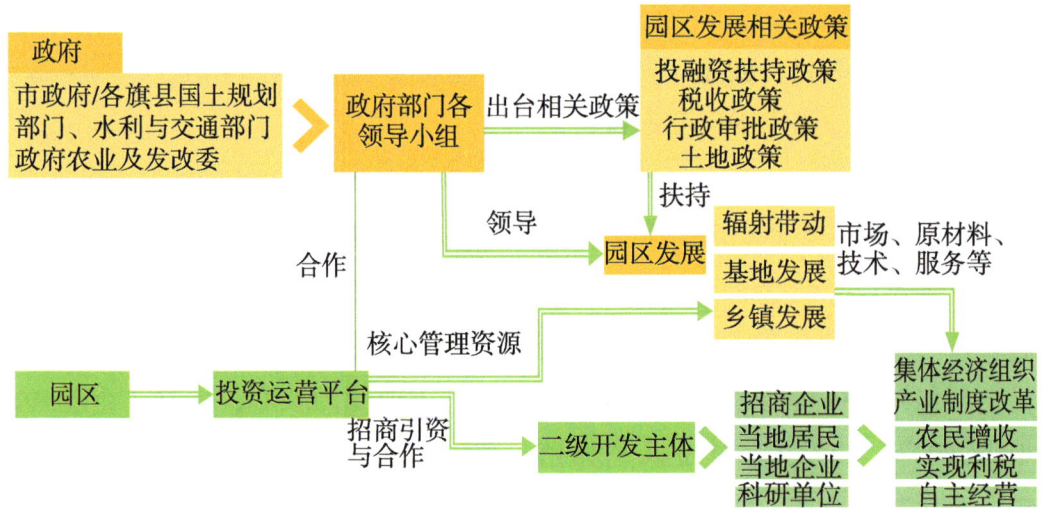

图8-22 园区组织机制

- 通辽模式特点

园区为实现产城结合、园区产业高质量发展，探索实施了"5+N"通辽模式。"5"是引、扶、拓、强、提。"引"，即按照"引技、引智、引资"的发展理念，拓宽渠道、搭建平台，出台各项优惠政策，为园区引进龙头企业、创新人才及新技术；"扶"，即优化园区政策环境，出台各项扶持政策，打造创新创业平台，扶持园区企业高质量发展；"拓"，即针对园区企业创新需求，实施中小微企业科技服务工程，努力拓展企业经营发展空间；"强"，即强化企业技术创新的主体地位，全面增强企业综合实力；"提"，即打造产学研合作平台，推动协同创新，全面提升企业自主创新水平。N是指：拓宽园区加企业、园区加农户、园区加社会力量等多种合作渠道，全面增强园区示范引领作用。"5+N"发展思路与园区的"绿、大、科、优"（生态绿、规模大、科技强、产业优）紧密结合，通辽模式初步成型，推动了园区建设发展不断迈上新台阶（图8-23）。

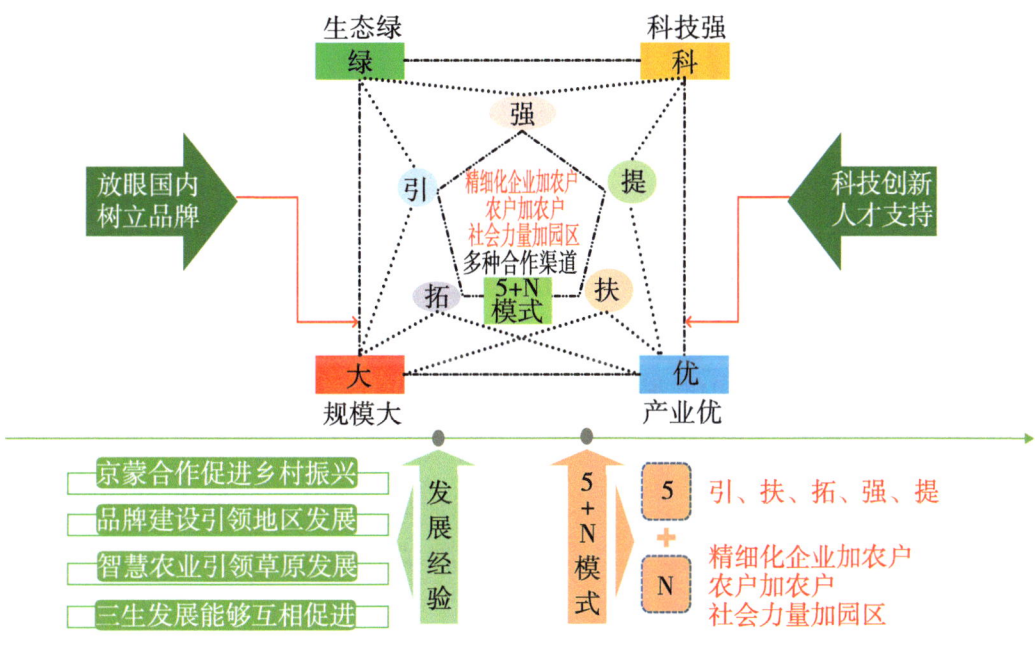

图 8-23　通辽模式

- 园区运行机制特点

园区建立市场化产业运营机制，按照"简政放权、多予少取放活"原则，深化行政审批制度改革，精简和规范行政审批事项，建设统一开放、竞争有序的市场体系，形成符合市场经济规律、与国际惯例接轨的产业运营机制。一是发挥市场在配置资源中的决定性作用，对于符合发展规划和定位的产业项目给予扶持，对于不限制、不支持的产业项目由市场决定自主发展。二是按照"经营园区"的理念，对园区实行市场化运作。管委会设立具有企业法人资格的国有独资公司；以公司为主体承担园区资本运作、产业推进、对外合作等职能。三是按照"经营产业"理念，在招商引资上尽量减少政府行为，坚持以企业法人的身份与合资合作伙伴"利益共享、风险共担"，在为企业提供服务的同时,对所有经营活动全部实行市场化运作。四是扶持园区内企业建立产权明晰、权责分明、管理科学、激励和约束相结合的现代企业制度及内部管理体制,不断完善市场导向的企业化经营机制。

8.2.3 以三产带动一二产发展类型

案例一——四川南充国家农业科技园区

(1) 园区与产业发展概况

- 南充发展概况

南充市地处嘉陵江中游,四川盆地中北部,四川省东北部,成渝经济区北部,与成渝形成三角,2 小时内两地皆至。东邻达州,南接广安,西依遂宁、绵阳,北靠广元、巴中,辖 3 区 1 市 5 县。南充市是成渝经济区北部中心城市,为川东北区域中心城市和四川省交通次枢纽之一,中国优秀旅游城市、国家园林城市。核心区所在的西充县,是南充的生态后花园和卫星城,是中国西部有机食品第一县和中国西部乡村旅游目的地,2007 年度"四川省十大宜居城市之一",2012 年 CCTV 年度品牌城市之一。

- 农业经济概况

"十一五"期间,南充地区生产总值增长率保持在年均 15% 以上的水平。2011 年南充全市共实现地区生产总值 1 026.57 亿元,总量居全省第 5,跨入千亿俱乐部。2013 年南充市实现地区生产总值(GDP)1 328.55 亿元,位列全省第 5 位,川东北地区首位;比上年增长 14.2%,增速比上年回落 3.2 个百分点,比全国、全省平均水平分别高出 3.3 个、1 个百分点,继续领跑川东北区域。现已建设三大基地:中国四大丝绸产业基地之一、四川第一大国家级生猪出栏基地、四川三大石化产业基地之一。

- 园区科技支撑条件

南充市 20 世纪 90 年代初就开始实施"科技兴农"战略,不断推动农业科技进步和创新,加快农业发展方式转变,突破资源环境约束,促进了农业可持续发展,逐步形成了一套完善的科技管理、科技研发和成果推广体系。并形成了一批具有较高水平的科研院所,南充市农业科学院、南充职业技术学院等。南充市农业科学院创建于1950年，历经半个多世纪的发展，现已成为科技实力雄厚、研究条件先进、专业优势突出、科研成效显著的全国知名农业科研机构；"七五""八五"均获国家有突出贡献研究单位，1987年以来13次荣获省"先进科研单位"、2次荣获市科技发展突出贡献单位称号；在"十五""十一五"全国农业科研机构综合科研能力评估中，均位列全国百强农业科研机构和十强地市农业科研院所。

核心区所在地西充县同样具备一定的科技支撑条件，西充县属农业领域有西充县农业局、西充县畜牧局、西充县蚕业局、西充县农机局等涉农部门，有西充县农业科学技术研究所工程技术中心等科技机构，有百科有机种养殖有限公司等农业科技型龙头企业，有种类专业技术人员310人（其中高级职称15人、中级职称92人），为科技园区核心区、示范区发展起到了科技引领和支撑作用。

- 园区发展SWOT分析

通过SWOT分析（图8-24），基于良好的地理区位、生态环境与传统农业优势，南充市在种植与养殖业2个主导产业方面已经形成一定的规模，但是基于科技要素驱动的现代农业发展较为滞后，产品市场竞争力表现较为薄弱，因此需要通过科技要素集聚，围绕科技服务产业、生态农业、农产品加工产业与休闲旅游四大目标，最终形成基于丘陵山地为特征的生态立体循环农业。

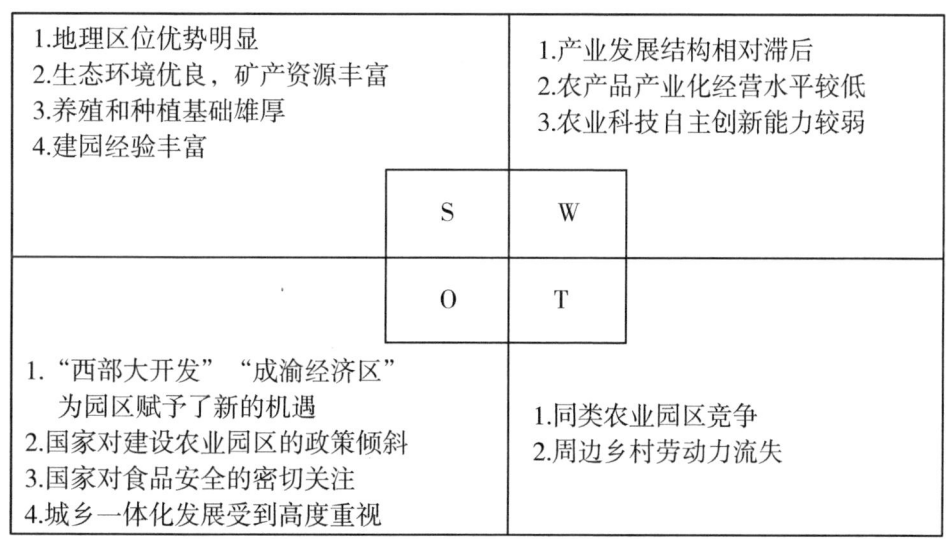

图8-24　园区发展SWOT分析

(2) 园区规划总体思路与产业联动机制

- 总体思路

根据国家和四川省关于建设农业科技园区、大力发展现代农业的战略部署，以科学发展观为统领，结合南充市农业结构调整和产业升级转变的切实需要，探索六方联动新机制，创新农业经营新模式。园区规划围绕果蔬和畜牧两大产业，建立完整的"良种繁育—精深加工—标准化生产—加工物流—市场营销—文化创意"的产业链，大力发展生态循环农业，通过园区建设实现种养结合循环基地、科技创新创业引擎、农业信息服务、园村一体示范样板四大功能，最终形成基于丘陵山地为特征的生态立体循环农业（图8-25）。

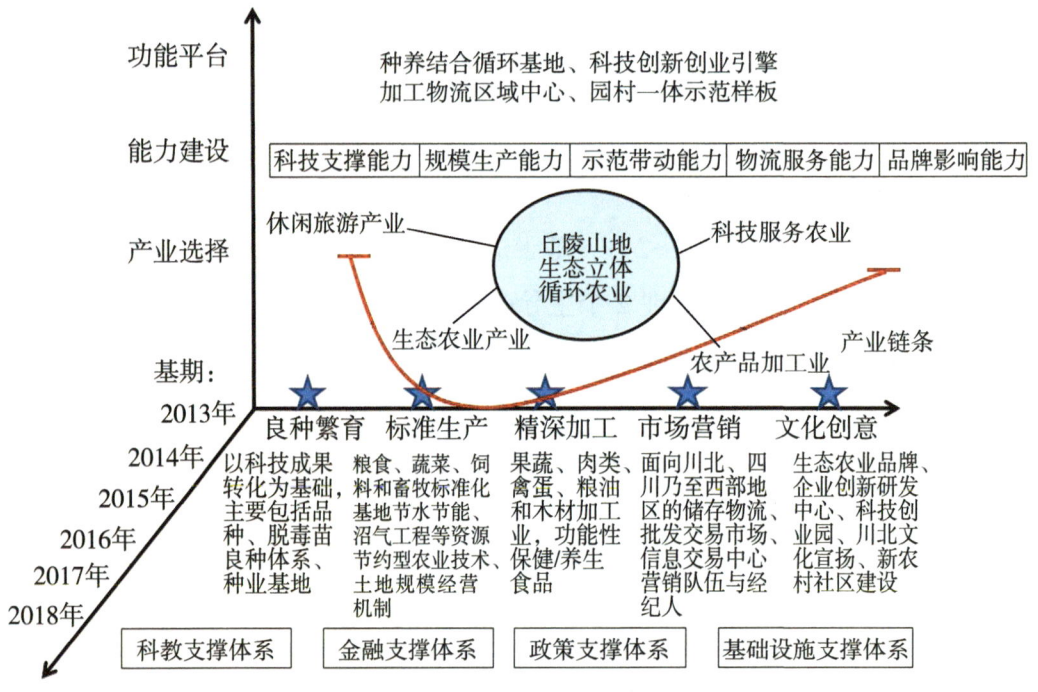

图 8-25 四川南充国家农业科技园区规划总体思路

- 产业联动机制

循环产业链条搭建。构建以果蔬产业、畜牧产业为主导产业的园区循环产业发展架构，形成以科技服务体系发展农业循环经济模式。农业生产废弃物、养殖业、生物有机肥、种植业、休闲旅游业之间形成有机的产业循环链，实现农业增效、农民增收、农村繁荣（图8-26）。

产业融合模式搭建。为紧密促进一二三产业高度融合发展，推动农业由单一种养殖功能向精深加工、观光休闲、文创旅游等多功能拓展，深入挖掘南充本地种植、养殖产业蕴藏的特色文化底蕴，借助智慧农业先进技术和科技创新能力，充分发挥生态农业、有机绿色农业价值优势，构建园区一二三产业融合发展体系，实现产业兴旺（图8-27）。

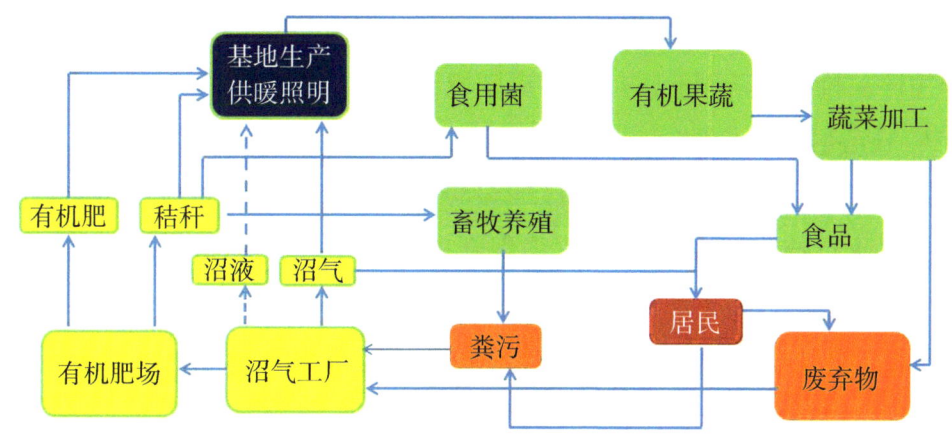

图8-26　四川南充国家农业科技园区生态循环

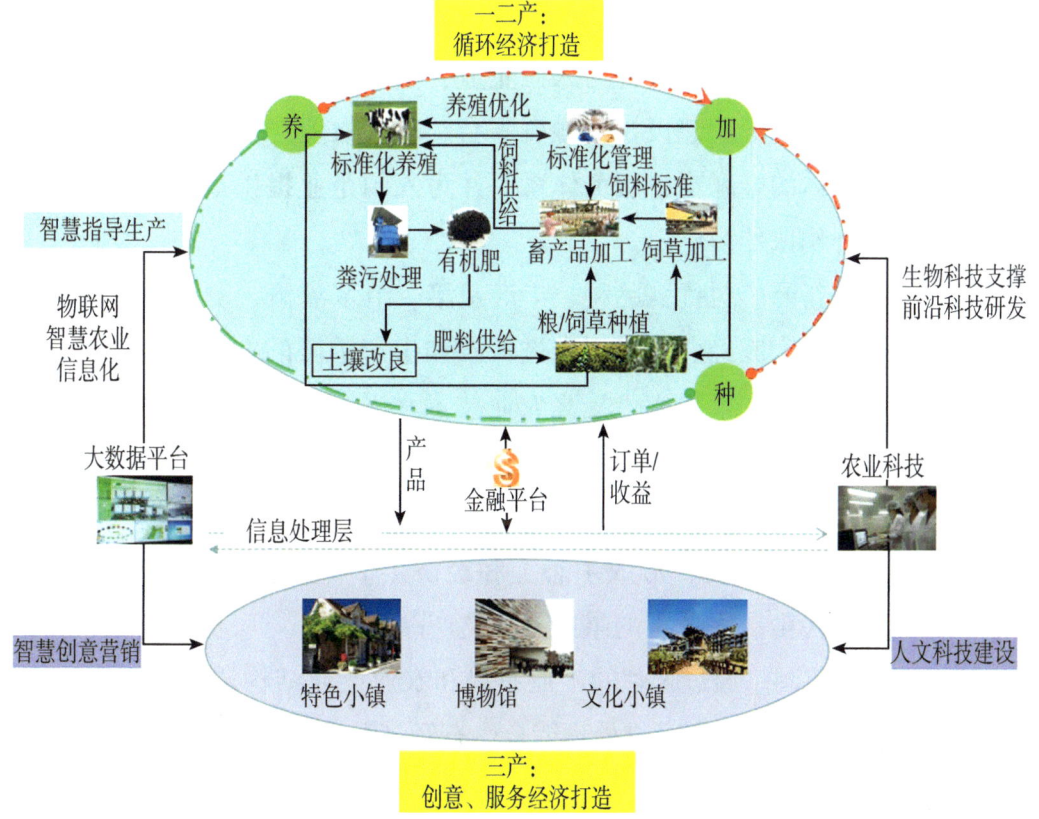

图8-27　四川南充国家农业科技园区产业融合模式

(3) 园区布局与功能

园区分为核心区、示范区和辐射区3个层次，园区按照"三区联动"原则建设，核心区形成"一心一区一带六园"的建设格局，引领示范区和辐射区协调发展。根据园区地貌、土壤、水资源分布状况及产业布局现状，结合农业科技园区的优势和区域特点，确定功能定位。园区建成后，将具有种养结合循环、科技创新创业、加工物流区域和园村一体示范的"四大功能"。

- 核心区布局与功能

南充国家级现代农业科技园区的核心区是进行先进农业技术组装、技术集成、农业科技成果转化、人才培训新的经济增长点的基地，是技术、人才、资金、信息、中介和龙头企业的聚集区。核心区的高标准建设，具有总部研发、行政服务、高效种养、精深加工、仓储物流、休闲观光和科普教育功能。主要发展如下。

园区管理投资中心。组建具有一定独立行政级别和一定行政编制的园区管理委员会，按照园区的总体规划，贯彻落实政府的有关政策、法规，制定规范入园企业的各项管理办法，为入园企业、技术部门、合作组织等提供各项后勤保障和公共服务。建设投资融资平台、现代农业产业投资平台，构建以管理公司为主体的金融支持服务体系，并为入园企业提供策略与方针并为其引入投资与合作伙伴。

农业科技创新园。对优良品种、丰产栽培、节水灌溉、测土施肥等进行大面积应用，促进家庭经营向采用先进科技和生产手段的方向加快转变，增加技术、资本等生产要素投入，提高农业技术水平。通过科技创新，技术引领驱动生产力的发展。

川北生态农业示范园。通过人工设计生态工程协调发展与环境之间、资源利用与保护之间的矛盾，形成生态上和经济上2个良性循环，发展高产、高效、低耗、无污染、无公害的果蔬、畜禽产品。

有机农业示范园。通过合理的产业布局和农业产业结构调整，探索种植、养殖、加工、生产资料和废弃物处理综合生态经济循环协调发展模式，实现有机农业示范园的"自我生存、自我发展、示范带动、增产增效、健康持续"。

现代智慧农业示范园。利用实时、动态的农业物联网信息采集系统，实现快速、多维、多尺度的信息实时监测,并根据农作物生长信息与种植专家知识系统,实现农田的智能灌溉、智能施肥与智能喷药等自动控制。

农产品物流加工园。重点发展高端特色粮油产品加工、高端特色果蔬产品加工、高端特色畜禽产品加工和高端特色水产品加工。要求进入农产品精深加工区的企业必须满足低能耗、无污染、高附加值、高技术含量、针对高端市场、能够带动农民增收致富的条件。

- 示范区布局与功能

示范区覆盖整个西充县,通过核心区新产品、新技术、新模式的示范和示范区生产基地建设带动,为辐射区提供必要的技术示范和技术支撑,推进示范区种植业和养殖业的快速发展。将在槐树镇、青狮镇、太平镇、多扶镇、太平镇等地区建设一批生猪养殖基地、奶牛羊养殖基地、家禽养殖基地、设施蔬菜种植基地、有机生态蔬果生产基地,并大力发展八品莲花茶、葵花鸡等特色畜牧种植基地。

- 辐射区布局与功能

辐射区为南充市,并通过龙头企业把基地和市场延伸到广安、遂宁、绵阳、广元、巴中等地区。辐射区可以按照示范区的生产模式和理念进行生产和管理,示范区对辐射区进行技术扩散、产业延伸和市场对接,带动辐射区的发展。辐射区是示范区技术普及推广的对象,为核心区提供优质安全的农产品和原材料。辐射区是核心区和示范区的辐射对象,也是实现农村繁荣、农业增效、农民增收的主要载体。

(4) 园区发展建设主要特点

- 园区运行机制特点

实行"园区管委会+管理投资公司+企业"高效经营管理机制。园区投资管理委员会全面负责园区不同发展阶段的金融投资需求,以信用体系建设为基础,通过创业投资、代办股份转让、技术产权交易、担保贷款、信用贷款等,统筹园区发展的投融资体系。龙头企业在管委会和管理投资公司创造的良好经营环境下,充分利用现代农业科技,统筹整合园区资源,提高劳动生产率和土地利用效率,使农民增收、农业增效,促进园区经济健康持续发展,做到对园区负责、让农民受益。

- **"西充模式"发展特点**

一是政府引导,搞好规划和基础设施建设,协调解决资金、流转土地,当好龙头企业、业主和农民的"红娘";二是农民自主,农民自建园区、自筹资金、多干多得,充分调动其积极性;三是龙头带动,龙头企业领园发展,成为龙头企业的生产车间;四是金融支持,政府出资成立农村小额信贷担保公司,信贷担保公司与金融机构建立风险规避机制,为发展产业的农户提供10万元以内的担保贷款;五是协会组织,在各产业园区成立专业合作社,由合作社组织建立风险基金,当市场低迷时补助农户,保证农户发展产业无风险。

- **创新创业模式特点**

通过整合资源,建立创业互助组织,实现创新与创业相结合、孵化与投资相结合,为创业人员提供良好的工作空间、网络空间、社交空间和资源共享空间。探索一条多渠道资本扶持企业白领、大学生、返乡农民工、退伍军人等创业的崭新之路,努力打造成地区创新创业的样板工程。对于当地农民建立以职业农民为主的各类产业型人才培育机制,为职业农民和新兴农业经营主体营造良好发展环境,培养一大批懂技术、会经营、爱农业的职业农民市场化的主体,双创基地规划为当地农民提供有效的创新、创业发展空间。

案例二——宁夏中卫国家农业科技园区

(1) 园区与产业发展概况

- **中卫农业生产概况**

近年来,中卫市农业结构不断调整,特色农作物种植规模不断扩大,新兴产业快速发展,全域形成了枸杞、硒砂瓜、肉牛奶牛、设施蔬菜、马铃薯、苹果等农业优势特色主导产业。

枸杞精品化品牌塑造能力稳步前进。围绕枸杞产业,中卫市推行"龙头企业+合作社+农户"订单式生产模式,鼓励龙头企业、农民专业合作社等规模生产经营主体按标生产,将一家一户分散种植基地进行有效对接,面积达到10.2万亩,同时发布了《中宁枸杞标准》,进一步加大枸杞品牌宣传、推广力度。同时,成立了中宁枸杞院士工作站和中宁枸杞创新研究院,初步研发出滴眼液、护眼液、明目膳食含片等产品;重组中宁枸杞产业集团,完善集团架构,搭建枸杞融资平台，与农发行、平安保险公司、农业银行达成合作协议，融资1.2亿元；制定了《中宁枸杞品牌建设行动计划》，严格商标管理，强化日常监管；统一设计中宁枸杞区域公用品牌形象及包装物，新包装物获得外观专利保护，并在百瑞源、早康等40余家企业推广使用；2019年，中卫市枸杞出口创汇4 000万美元，综合产值近百亿元；同时枸杞产业制定了7个地方标准、2个道地药材团体标准，实现道地药材标准"零"突破；推进枸杞种产销标准化建设，新建绿色防控核心示范区7个，良种覆盖率达到95%，基地标准化率达到71%，加工转化率达到25%；此外，枸杞糖肽、枸杞酵素、枸杞面膜、枸杞明目片和枸杞花青素含片等一批功能性深加工产品生产线相继建成投产。

硒砂瓜规模化生产经营能力持续增强。沙坡头区在全面构建硒砂瓜产业、打造硒砂瓜示范基地、推动硒砂瓜规模化与专业化发展方面取得了显著成效。硒砂瓜种植基地主要集中在沙坡头区环香山地区，当地气候条件优、产业集中度高、已具备硒砂瓜良（种）苗培育基础。近5年来，借助区、市党委政府的强力支持，在多项培植硒砂瓜产业发展和硒砂瓜品牌保护的优惠政策下，硒砂瓜产业发展区域的水电路、农资供应、技术服务、质量监测、品牌包装、市场流通等全产业链基础设施不断得以完善。中卫硒砂瓜以高质硒砂瓜规模化发展为目标，以龙头企业为载体培育知名品牌推动全产业链发展，全面推进"硒砂瓜标准化种植基地建设""硒砂瓜标准种植示范园建设""硒砂瓜良（种）苗培育优质高效基地建设""硒砂瓜集约化节水及水肥一体化示范基地"等专项建设；以香山乡、兴仁镇等为重点区域，落实绿色标准化种植基地25万亩，富硒硒砂瓜示范基地5万亩，创建富硒硒砂瓜高标准产业园7个，其中，香山乡3个、兴仁镇2个、常乐镇2个。

肉牛合作化联农带农水平持续发力。海原县推进"四化四调"措施，实现了布局区域化、经营规模化、生产标准化、发展产业化，不断调优种养结构、调大经营规模、调强加工能力、调长产业链条等领域快速发展，初步形成了集品种改良、基础母牛扩繁、饲草料生产加工配送、疾病防治与疫病防控、生产加工与营销、科技服务与人才培养六大体系相互融合、相互促进的社会化服务发展模式，精品肉牛产业化发展的基础条件已经具备。在肉牛产业扩群增量的同时，牛肉质量有了很大提升。近年来，海原县依托"基础母牛银行模式"，有效推动了良种肉牛的引进与扩繁工作，引进了安格斯牛和西门塔尔牛进行杂交改良，极大地加速了牛群品种结构的持续优化。并创新"基础母牛银行"模式，实现了高端肉牛产业由脱贫产业向富民产业转变，创出了一条符合山区特点的高端肉牛产业高质量发展之路。在全市推广"基础母牛银行"扶贫模式，累计赊销基础母牛 3.4 万头。2019 年，海原县牛饲养量达到 25.05 万头，成功打造出"龙头企业+物流+高端牛肉深加工"的深加工模式。

- 中卫发展整体判断

当前，中卫市农业发展正处于传统农业向现代农业转变的关键阶段，特色农业产业发展有着得天独厚的自然资源优势和显著的区位优势，但农业产业水平整体较低，一二三产业融合发展基础薄弱。在当前推动中卫市农业产业结构调整、提高农业整体效益、增加农民收入的关键时期，国家、地方政策大力扶持下，依托中卫现有产业基础和资源禀赋，充分利用国家农业科技园区平台，促进中卫国家农业科技园区提质升级，建立健全园区农业科技创新体系，引领示范农业产业结构优化升级，将地域优势转化为产业优势和发展优势，加速中卫农业产业化与现代化进程，建设社会主义新农村意义重大（图 8-28）。

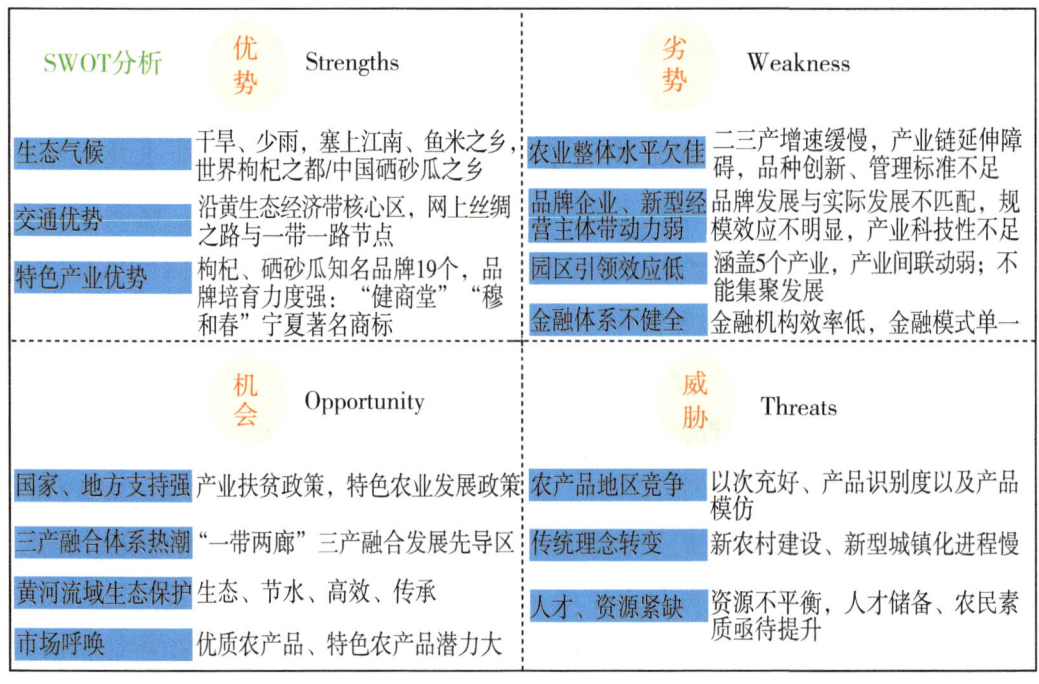

图 8-28 园区 SWOT 分析

(2) 总体思路与产业联动机制

● 总体思路

落实习近平总书记讲话精神，创建黄河流域生态保护和高质量发展先行区，国家农业科技园区是载体也是发展农业的核心引擎。此次园区规划修编，将立足中卫区域资源优势和特色农业产业基础，进一步调整和凝练园区主导产业，重点以枸杞、硒砂瓜、肉牛三大特色产业为核心，引领创新、聚合发展，积极培育自治区农业高新技术产业示范区、继而向国家农业高新技术产业示范区迈进（图8-29）。达成4个方面的建设目标。1个创新高地：建设一个宁夏现代农业创新创业信息高地；3个产业链：枸杞良种繁育—高效生产—精深加工—市场营销—文化创业产业链；硒砂瓜品种改良—高效生产—精深加工—市场营销—文化创业产业链；肉牛良种繁育—高效生产—精深加工—市场营销—文化创业产业链。4个能力：政策扶持与保障能力、科技转化与创新支撑能力、金融服务与协调扶持能力、运营支持能力，提升产业园基础设施建设水平、构建枸杞、肉牛、硒砂瓜产业的基础建设与运营支持体系。5大功能：科技示范功能、农旅休闲功能、绿色生产功能、科普教

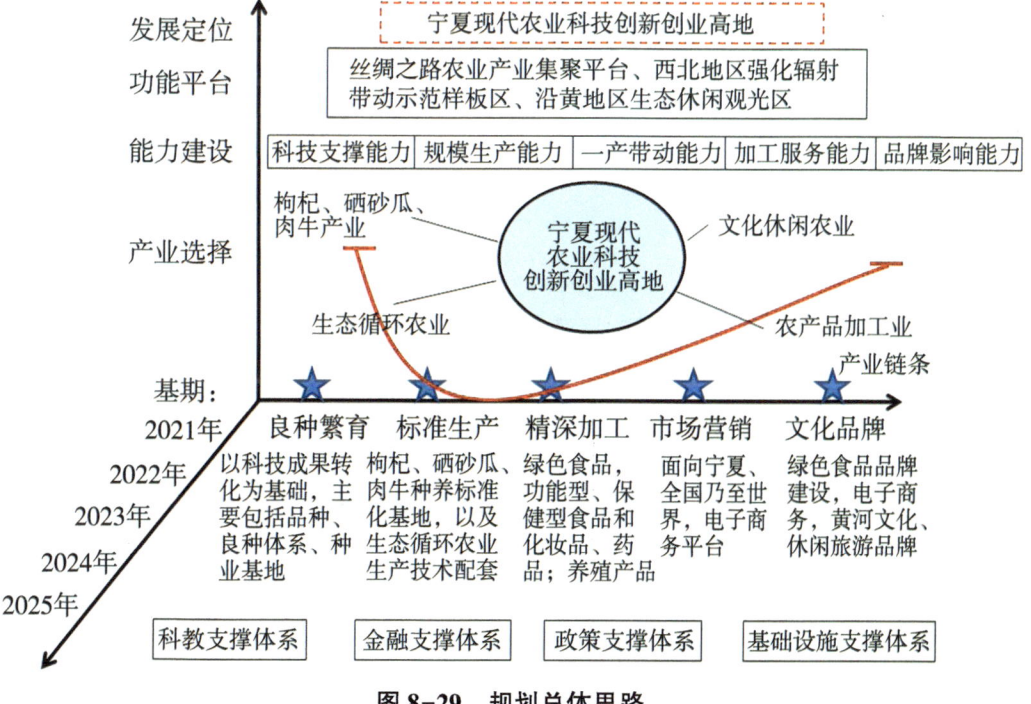

图8-29 规划总体思路

育功能和金融扶持功能。以科技示范和绿色生产为核心，扩展和发挥农业的多功能性，发展产业园休闲观光旅游，促进农村一二三产业融合，带动区域乡村经济发展。

● 产业联动机制

构建肉牛循环产业链微笑曲线。以创建国家级肉牛产业技术体系示范县和自治区级肉牛良种繁育基地示范县为目标，以"延长产业链、完善供应链、提升价值链"、发展高端肉牛产业为主线，以科技创新为核心，构建肉牛产业以科技服务与人才培养—牛主题休闲旅游—品牌营销—牛养殖—牛废弃物联动的循环产业架构，推进肉牛产业链与价值链融合发展，促进海原牛产业由脱贫产业向富民产业转变，创出一条符合山区特点的高端肉牛生态草畜一体化高质量发展之路（图8-30）。

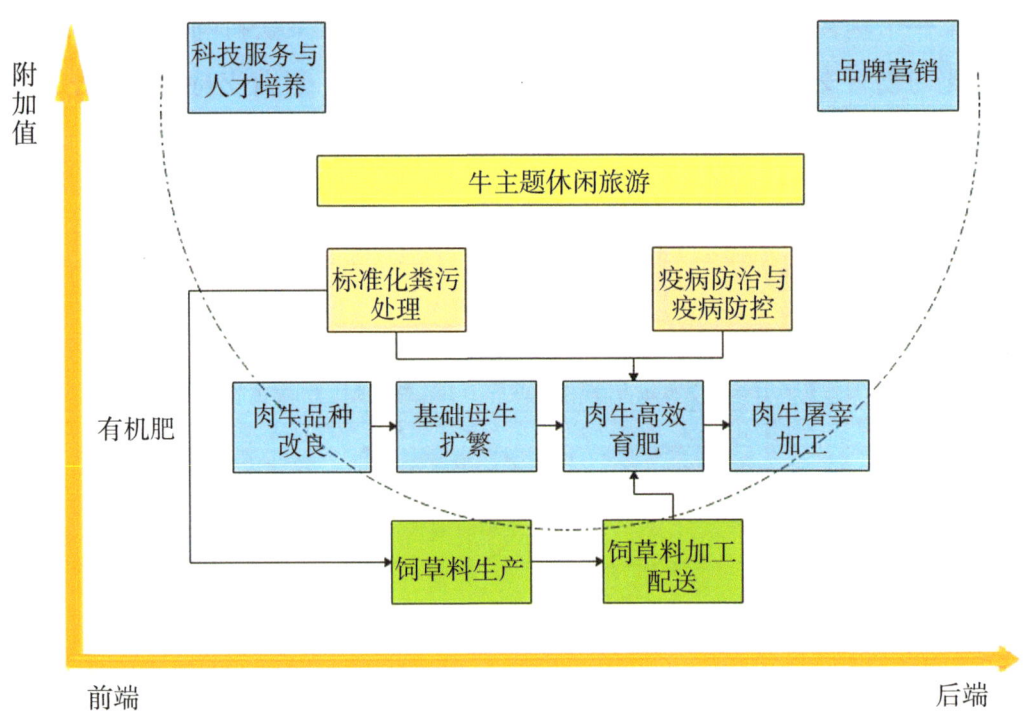

图8-30　海原肉牛循环产业链微笑曲线

构建三产+三链融合模式。以枸杞、肉牛和硒砂瓜三大主导产业为基础，以各类新型经营主体为依托，以农产品精深加工行业为引领，以各类资产为纽带，以科技创新创业为驱动力，通过枸杞、肉牛和硒砂瓜产业间的生产要素相互渗透、交叉重组，前后联动，要素聚集，机制完善和跨界配置，将园区三产有机结合，一体推进，形成新技术、新业态、新模式，带动供应链上的要素、资源、技术、市场需求等各类需求在园区整合升级，再分配，最终实现产业链条和价值链条延伸，实现三大产业转型升级，带动了农民增收致富，让农民真正分享到一二三产业带来的利益。在一产环节，农民通过苗木销售、职业农民、合作社分红、特色养殖和土地使用权转让等渠道增加收入；二产环节，农民通过在企业做工和企业分红增加收入；三产环节农民通过商业经营、餐厅经营、车辆租赁、农家乐、网络销售等方式增加收入。通过一二三产业融合，实现产业链、价值链、利益链的三链融合（图8-31）。

(3) **园区整体布局与功能规划**

- **总体布局规划**

遵循"科技凝聚、层级辐射、跨越发展"指导思想，按"核心区—示范区—辐射区"3个层次分别进行3个产业的园区总体布局。核心区是3个产业的"总部经济"，集聚产业科技要素，示范区对各项产业科技成果进行推广转化示范，辐射区是产业发展的生产基地，辐射范围越大、生产后劲越足、辐射带动能力越强。

3个产业建设以枸杞为重点，将枸杞产业核心区按照国家级农高区相关建设要求设计打造，为下一步建设自治区级农高区、向国家级农高区迈进奠定坚实基础。同时园区建设与中卫市农业科技示范展示区相呼应，建设中卫市"国家农业高新技术产业示范区—国家农业科技园区—自治区农业科技示范展示区"三级科技园区体系，形成梯次布局、协同发展格局，推动园区整体发展水平迈上新台阶。

枸杞核心区位于中宁县宁安镇、新堡镇和舟塔乡，硒砂瓜核心区位于沙坡头区东园镇、柔远镇和香山乡，肉牛核心区位于海原县三河镇。按照全产业链发展思路，结合各个产业发展现状和发展水平，设计功能齐全、结构优化的核心区功能区。其中，中宁枸杞核心区布局包括"两心两区三基地"7大功能区，沙坡头硒砂瓜核心区设置科技服务核心区和示范种植核心区，包含"两心一区三基地"6大功能区；海原肉牛核心区规划建设"两心三区两基地"7个功能区。

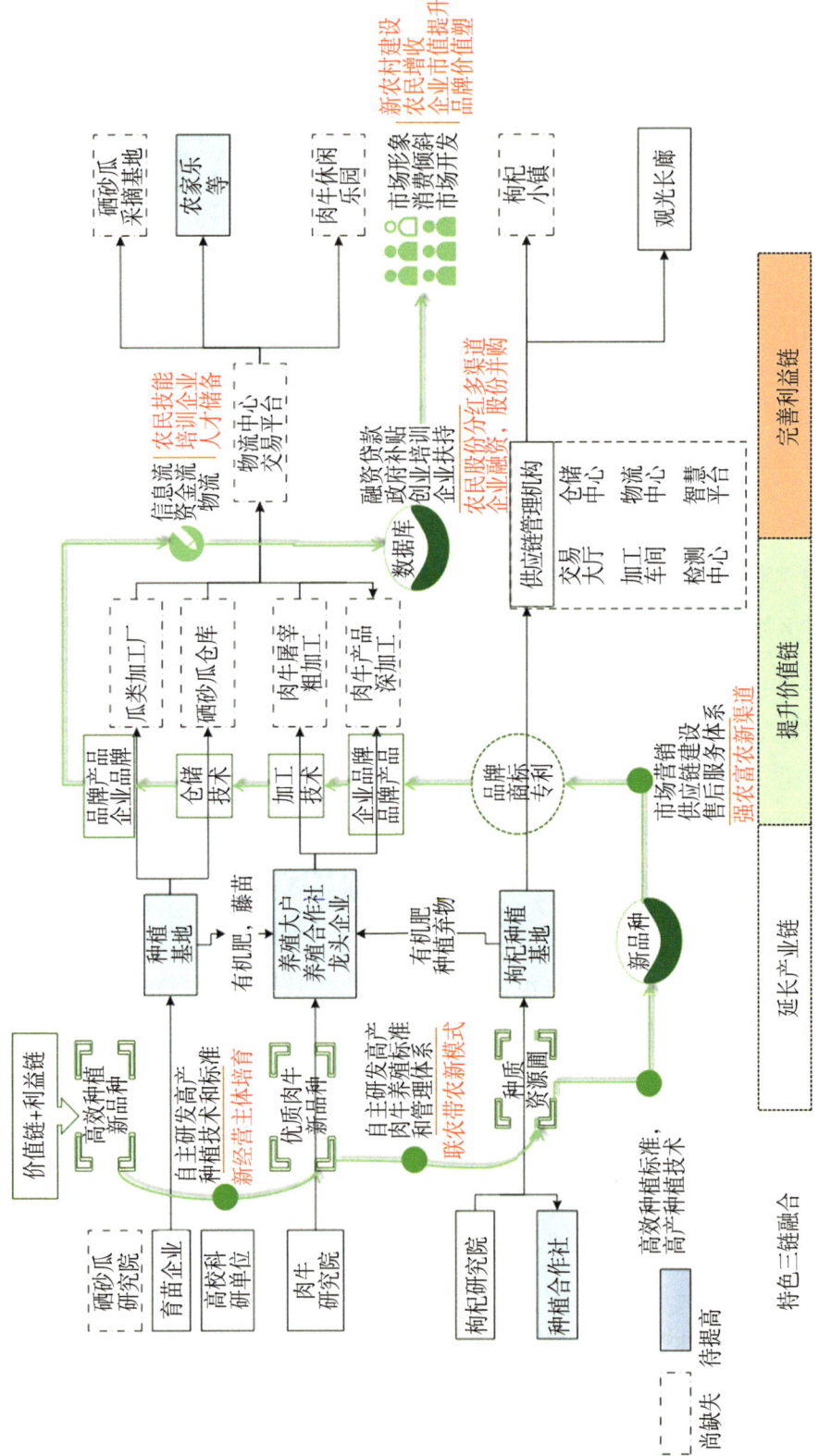

图 8-31 园区三产+三链融合架构

3个产业核心区布局合理、产业结构优化、要素集聚齐全、健康食品产业链条延伸、科技研发力量雄厚，信息、物流、检测等公共服务完善，通过重构产业市场价值和利益分配机制，建成风险共担、利益共享、产业联动、三链融合的现代农业创新高地。示范带动中卫24个乡镇的产业发展，辐射引领宁夏及我国主要枸杞产地的发展、全中卫市硒砂瓜生产、中卫及周边地区的肉牛养殖。

规划期内，枸杞和硒砂瓜2个产业的主要建设任务以完成核心区主体功能建设任务为主，牛产业的主要建设任务是立足于海原县牛产业布局现状，在县域范围内围绕产业科技能力提升、肉牛养殖提质增效、饲草料绿色生产、牛肉加工与营销实施四大重点工程。3个产业以产业技术研究支撑"科研开发经营型"全产业链布局，实现三产融合发展，分别建立完善的现代农业产业体系、生产体系、经营体系。

- 核心区功能布局

核心区主要发展枸杞、肉牛和硒砂瓜三大产业。

枸杞产业。枸杞产业核心区按照国家级农高区相关建设要求设计打造，为下一步建设自治区级农高区、向国家级农高区迈进奠定坚实基础。优化枸杞全产业链，打造枸杞价值链，树牢宁夏枸杞品牌优势，提升一二三产业融合水平，推行绿色生产方式，实现枸杞全产业链持续健康高质量发展。从纵向、横向2个维度延伸枸杞产业链。基于现阶段枸杞产业链结构，从横向上拓宽产前生产资料来源、生产和供应能力；拓展枸杞生产环节，从纵向上加长产品层次和生产流程；后端应大力挖掘枸杞文化和品牌价值，注重枸杞文化内容打造和设计。同时，在全国范围内打造枸杞产业加工、生产联盟，拓展中宁枸杞国内市场。重点打造：枸杞产业管理与科技服务中心，以核心区办公及农业高新技术研发、科研成果孵化、新品种选育、良种繁育、物流工程与农产品产权贸易、农产品质量检验检疫等功能为一体的综合服务中心，为整个枸杞产业发展的技术引擎并提供持续发展的科技动力；中宁枸杞国际交易中心，集农产品集散、加工配送、仓储保鲜、产品包装、检测检疫等于一体，绿色食品和精制加工成品（半成品）贸易市场；枸杞精深加工城（南北区），主要推动中宁枸杞产业链延伸，在产业分工的基础上，衍生出各自的加工产品，不断提高产业价值增值能力和产品附加值；枸杞创新创业基地，引进高科技企业和高层次人才的重要平台；枸杞文科旅融合基地，集合了文化科普功能、质资源功能和休闲观光功能；枸杞高新产业基地，主要针对枸杞新品种和高新技术研发，科技型农副产品深加工企业孵化，推广枸杞新品种和推进新技术成果转化等。

硒砂瓜产业。推行绿色生产方式，打造"生态绿色安全"的"中卫硒砂瓜"。以提升硒砂瓜品质、打造硒砂瓜品牌为目标，立足"中卫硒砂瓜"生产资源优势和现有产业基础，集聚技术、人才、金融、政策现代科技资源要素，围绕种子研发、种苗繁育、标准化生产、初级加工等重点环节，依托现有产业化龙头企业，引进新品种、新技术、新模式，聚集土地、资本、科技、人才、信息等现代要素，以解决制约硒砂瓜产业发展的关键性问题为目标导向，推动硒砂瓜产业向"高端化、绿色化、智能化、融合化"方向发展，重点打造硒砂瓜产业管理与科技服务中心、硒砂瓜产业研发基地、硒砂瓜种苗繁育基地、硒砂瓜高效种植示范基地、硒砂瓜产业物流基地和硒砂瓜特色观光休闲区。

肉牛产业。以创建国家级肉牛产业技术体系示范县和自治区级肉牛良种繁育基地示范县为目标，以"延长产业链、完善供应链、提升价值链"、发展高端肉牛产业为主线，以科技创新为核心，以推广"基础母牛银行"为抓手，以中卫市国家农业科技园区为平台，加大肉牛品种改良、母牛扩繁，构建海原县高端肉牛产业母畜扩繁、品种改良、饲草配送、科技服务、疫病防控、加工营销、金融服务"七大体系"，推进肉牛产业链与价值链融合发展，促进海原牛产业由脱贫产业向富民产业转变，创出一条符合山区特点的高端肉牛生态草畜一体化高质量发展之路。重点打造牛产业管理与科技服务中心、新品种改良与产业技术试验区、肉牛繁育、育肥一体化养殖示范区、牛产业创新创业孵化区、优质牧草绿色生态种植基地、高端肉牛深加工与物流中心和标准化肉牛高效育肥基地。

(4) 园区发展建设主要特点

- 枸杞产业价值链特点

枸杞产业价值链（图 8-32）是产业从育种农资农技到原材料生产再到

向最终消费者提供产品或服务过程中创造价值的所有重要活动构成的有逻辑次序的活动链。整个枸杞全产业链，从纵向看，从育种农资农技、枸杞规模化标准化种植、枸杞精深加工储藏、品牌营销文化休闲。育种农资农技：包括良种繁育、专用肥研发、专用除草剂与农药研发和专用机械研发与引进。规模化标准化枸杞种植：按照品种专用化可分为药用枸杞、鲜食枸杞、观赏枸杞等。枸杞精深加工储藏：以浆果为原料加工干鲜果、休闲食品类和保健类产品；以枸杞茎叶为原料加工药用地骨皮、燃料和饲料等；以发挥枸杞的观赏性制作的枸杞盆景、观赏枸杞树等；通过安全储藏，延长枸杞的加工周期和销售周期，包括种苗储藏、加工用枸杞储藏和鲜食用枸杞储藏。品牌营销文化旅游：包括品牌培育、市场营销（线上线下）、枸杞文化、枸杞科普和观光休闲。

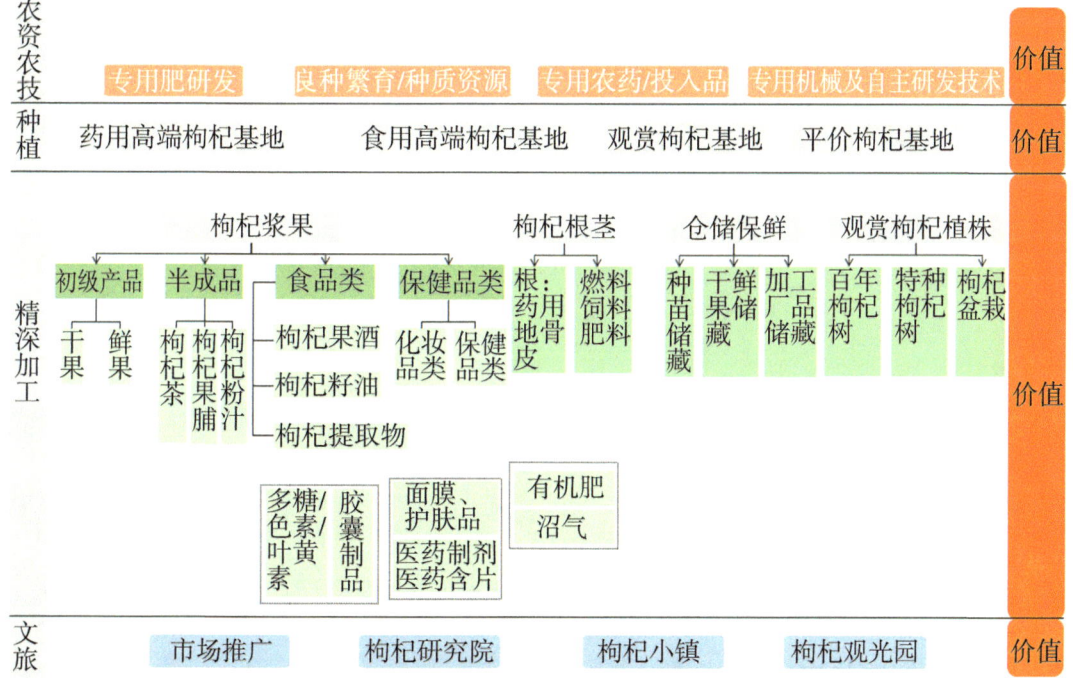

图 8-32 枸杞价值链

- 园区创新创业特点

园区围绕3大主导产业为基础，重点发展枸杞产业，完善绿色生产平台、创新创业平台、科技示范平台、金融扶持平台4大平台在园区的应用，创新发展硒砂瓜产业和海原肉牛产业，创造发展枸杞产业，以科技要素聚集驱动产业示范发展，实施信息化、品牌化、标准化"三大战略"，建成多个创新创业平台、孵化多个高新技术企业、提升多个精深加工链条、培育多个科技人才队伍，实现多个品牌互动、多个产品畅销、多个产业贯通、多个市场结合的融合发展局面。进一步培育科技研发实力，鼓励科技创意、科技研究、科技开发与科技实验，掌握创新源头，发挥科技创新的"引擎"功能；推进科技转化能力，围绕前期研发、中试孵化等，强化园区科技工程化与科技产业化能力；提升科技配套能力，配套园区内检测认证、技术交易等环节，增强园区创业辅导、金融服务、法律服务等高端服务，打造高科技、高价值、高水平的科技园区（图8-33）。

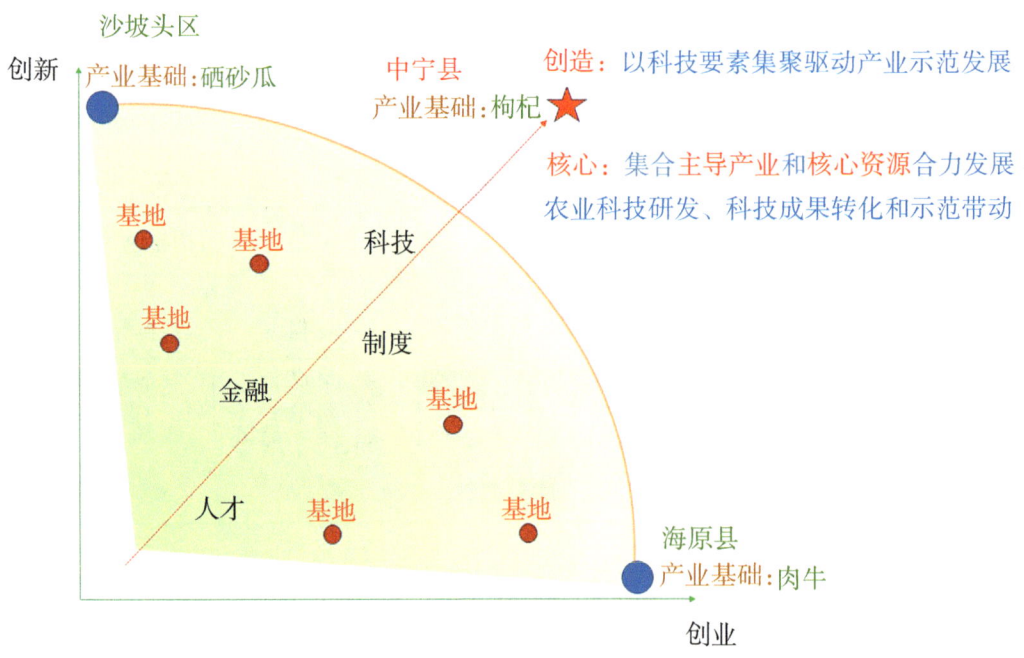

图8-33 园区创新创业发展

- 园区运行机制特点

以体制机制创新为动力，不断完善园区运行机制，在园区管理、投融资、科技推广、技术和人才引进等方面进行创新探索，建立多层次、多元化的要素投入机制，利用市场手段建立符合新时期农业农村发展需要的科技创新体系，推进产学研深度融合，促进企业、科研单位、技术人员、农民等主体发挥最大效能。发展全产业链利益联结机制，通过推广股份合作型、流转聘用型等多种利益联结机制实现全产业链覆盖；通过探索多元化融资机制，发展银农合作和信贷担保体系；通过科技创新成果转化机制助推政产学研推用银的一体化发展；通过实施分期分层次培训模式，健全人才激励机制；通过实施奖优治庸罚劣方式健全监督考核机制；通过政策吸引、利益共担和风险共担模式，完善市场化运行机制（图 8-34）。

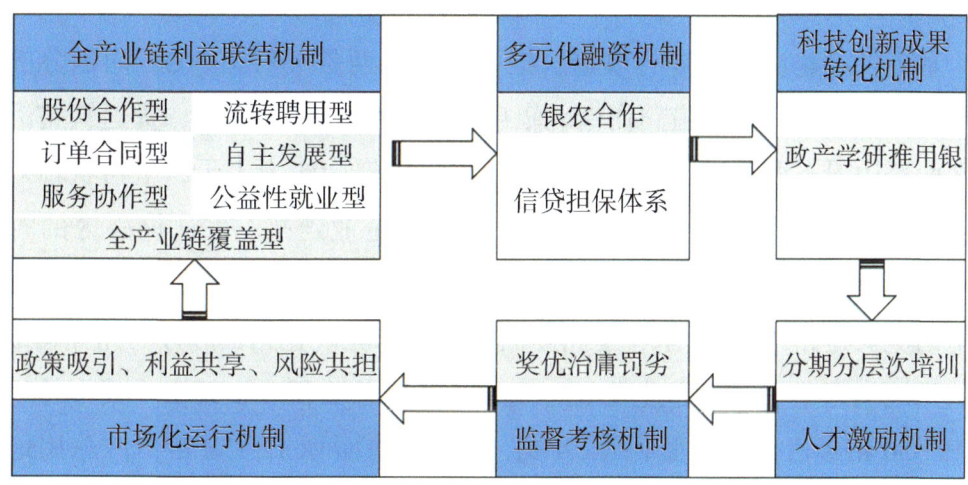

图 8-34　园区运行机制

8.3　产业集聚打造规划

8.3.1　陕西铜川国家农业科技园区

(1) 园区产业与发展概况

- 核心区资源概况

产业转型升级试点区域。铜川市是陕西省继西安市之后第二个省辖市，辖耀州区、王益区、印台区、宜君县和省级经济技术开发区—铜川新区。铜川是全国资源型可持续发展试点城市、全国节能减排财政政策综合示范城市、关天经济区次核心城市、陕甘宁革命老区振兴规划区成员城市、全国绿化模范城市、全国宜居生态示范城市。《2012 年中国城市竞争力蓝皮书：中国城市竞争力报告》显示，在全国 294 个城市中，铜川排名第七。

核心区地处铜川市印台区中部，陕甘宁盆地南缘，为黄土覆盖的丘陵区域。在原有园区核心区基础上适度扩展规模,纳入相关优质资源进行提升开发,由西往东共计4个行政村,所有行政村均整村纳入核心区范围,包括寇村、周陵村、刘村和崖尧村,规划核心区占地总面积4.3万亩,其中可利用地范围占地面积约2万亩;园区示范区为主要覆盖印台区的周陵村部分(原枣园村)、庞家河村、太和寺村、崖尧村部分(原桥子村)、炭庄塔村、傲背村、苟村以及王石凹村,共计8个行政村,占地面积约8万亩。

基础设施建设亟待提升改造。核心区内东西贯穿省道305,两侧分散居民点和部分企业,由此道路向南北辐射主要道路和次要道路,货运铁路沿核心区南部边界东西贯通。核心区道路结构以省道305为主干,呈树状辐射分布,基本覆盖整个核心区,与居民居住点和企业连接。贯通核心区的省道305约18千米,辐射的主要道路约41千米,道路路面主要是水泥硬化路面;辐射的次要道路约16千米,道路路面主要由水泥硬化路面和沙石路面构成。

用地类型单一限制产业发展。核心区占地总面积4.3万亩:其中林地占地19 950亩,占总用地面积46.4%;旱地占地面积12 158亩,占总用地面积28.3%;果园占地面积4 973亩,占总用地面积11.6%;三者共占地86.3%;其他用地较为分散:天然草地3 400亩,占总用地面积7.9%;村庄与建制镇占地面积1 808亩,占总用地面积4.2%;少量采矿用地、内陆滩涂、风景名胜、水工建筑等;因此可利用地范围占地面积约2万亩。

地貌类型多变利于多元发展。高程分布特点:核心区最高高程点为1 225米,最低高程点为870米,高程差为355米,呈西低东高,由西向东逐步升高的趋势。坡度分布特点:核心区地形地貌沟壑起伏,坡度变化较大,分布也较为散乱,整体坡度范围在[0°,34°]。坡向分布特点:核心区坡向分布同样受到地形地貌沟壑起伏的影响,坡向变化较大,分布也较为散乱。

- 整体判断

天时:中央、省和市区对农业生产和美里乡村建设的重视和扶持。2016年中央农村工作会议要求,一是一二三产融合,多渠道增加农民收入;二是加强农业供给侧结构性改革,推进农业现代化发展;三是解决农村土地要素市场化配置,推动新型城镇化发展;四是加快农村电商和互联网农业发展。

地利：核心区位于陕西省中部，陕北黄土高原低中山区南缘，南俯关中平原，北依陕北高原；属大陆性季风气候，四季分明，气温月季变化明显。

人和：中国农业科学院、西北农林科技大学与地方政府形成合作，增强科技要素对农业生产的创新驱动力和竞争力；园区获"陕西铜川国家农业科技园区"称号，将获得国家农业科技园区协同创新战略联盟支持。

因此，引入农业科技要素、增强农业信息手段与整合农业金融平台是园区现代农业发展的正确选择和必由之路！

(2) 园区规划总体思路与产业联动机制

- 规划主题

园区规划主题（图8-35）："科技""金融"与"信息"打造黄土高原残垣沟壑旱作现代农业"生态"品牌。以打造生态园区引领科学技术、金融资本与农业信息为园区建设服务，同时科学技术、金融资本与农业信息支撑生态园区的可持续发展。从园区长远建设和发展来看，园区建设要"立足农业，跳出农业；立足园区，跳出园区；立足铜川，跳出铜川"。

图8-35　陕西铜川国家农业科技园区规划主题结构

- 规划思路

核心区规划以打造黄土高原残垣沟壑旱作现代农业"生态"品牌为主

题，以全维信息规划技术为平台，以新型生产组织关系建设为基础，针对区域农业产业供给侧结构性改革和提质增效，主要围绕"科技、金融与信息支撑生态园区"与"生态园区引领科技、金融与信息"2个"新模式探索"，整体遵循"科技示范、生态观光、金融支持、绿色生产、生活服务、科普教育"园区能力建设，围绕1个中心，着力打造1条产业链、打造4个产业、集成4个体系、构建6个平台、形成6个能力，促进黄土高原残垣沟壑旱作"生态"农业大发展（图8-36）。

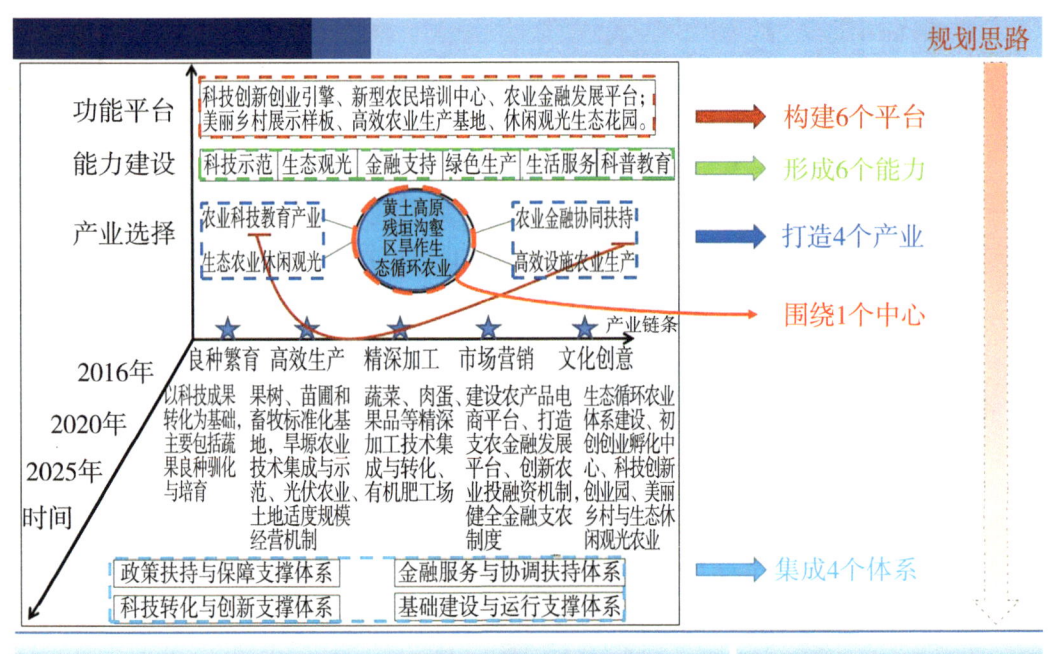

图8-36 陕西铜川国家农业科技园区规划产业结构

- 产业联动机制

现代生态循环农业是通过以生态学原理和经济学原理为基础，运用现代科学技术成果和现代管理手段，以及物质循环再生原理和物质多层次利用技术，在传统农业的有效经验上，实现较少废弃物的生产和提高资源利用效率的农业生产模式。循环农业作为一种资源节约型和环境友好型农作方式，具有较好的社会效益、经济效益和生态效益，通过技术、信息、资金输入，使之成为一项运转流畅的系统工程，推进农业资源循环利用和现代农业持续发展。主要包括4种模式：农户参与型"果—草—鸡"模式生态果园；公司参与型"鸡—草—果"循环型生态果园；"猪—草—果—沼—窖"五配套生态果园；"牛—草—果"循环型生态果园。按照"一心在内，基地在外"的空间格局，融合农业科技要素、农业金融要素和农业信息要素，最终实现一二三产业融合，发展第六产业（图8-37至图8-39）。

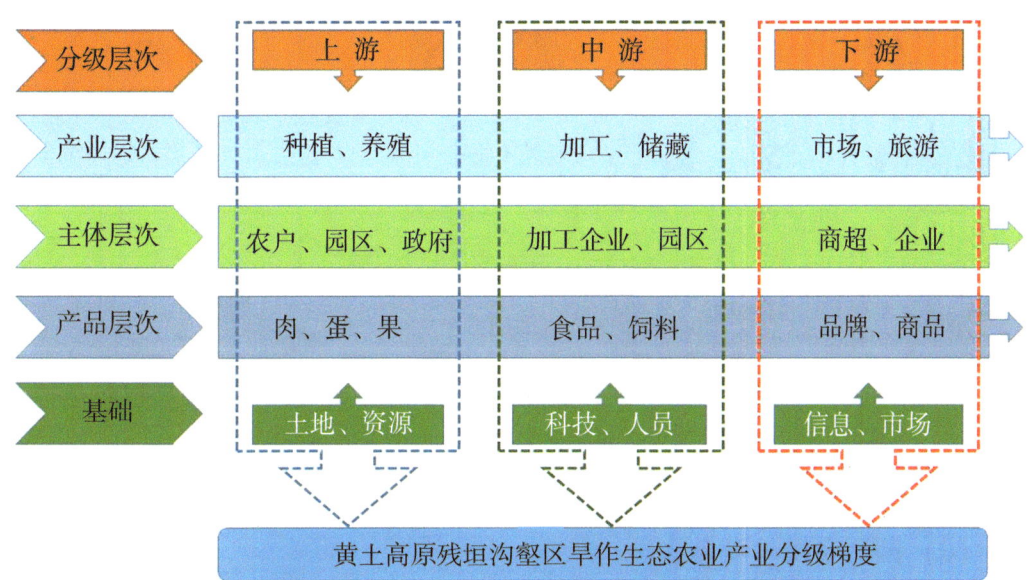

图8-37　陕西铜川国家农业科技园区产业分级

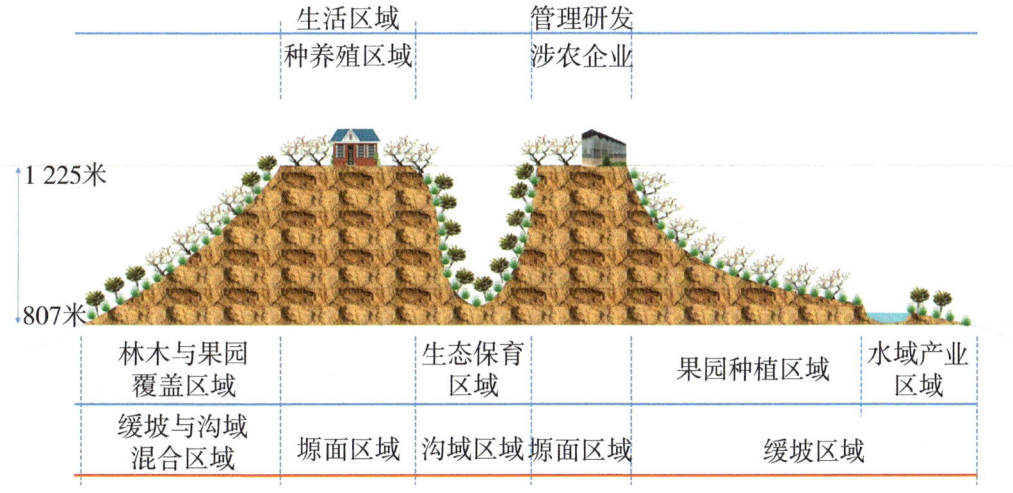

图8-38　陕西铜川国家农业科技园区生态循环体系规划

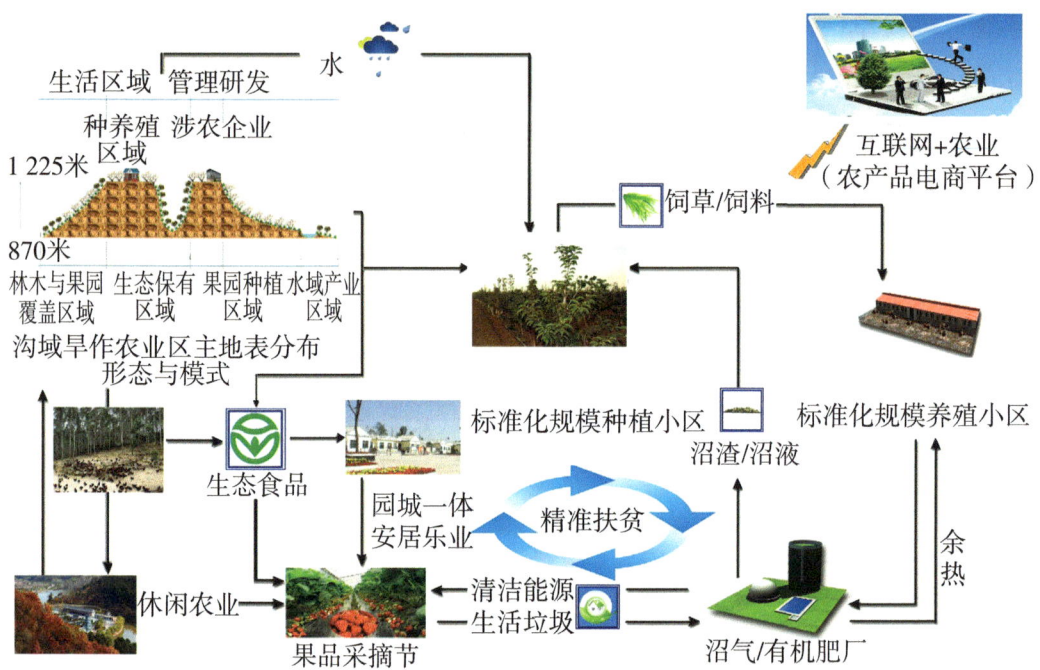

图 8-39 关中台塬旱作生态农业典型发展循环模式

(3) 园区布局与项目建设

● 总体布局

园区核心区、示范区与辐射区形成"三区联动",产业布局形成"一心在内+基地在外"发展模式。

核心区范围:园区核心区基础地块位于铜川市印台区中部,规划核心区占地总面积 4.3 万亩,其中可利用地范围占地面积约 2 万亩,由西往东共计 4 个行政村,所有行政村均整村纳入核心区范围,包括寇村、周陵村、刘村和崖尧村。

主要功能:以"科技"和"金融"两大要素为支撑,融合一二三产业,聚焦发展"黄土高原残垣沟壑旱作现代生态循环农业"。

示范区范围:主要覆盖印台区的周陵村部分(原枣园村)、庞家河村、太和寺村、崖尧村部分(原桥子村)、炭庄塔村、傲背村、苟村以及王石凹村。

主要功能:以核心区科技示范带动为样板,复制核心区产业集成模式,以点带面，全面推进。

辐射区范围：辐射区分为陕北辐射区、甘东辐射区、关中辐射区、陇南辐射区和陕南辐射区。

- 核心区项目建设

核心区重点建设内容包括4大功能区建设。现代科技农业展示与服务大功能区，主要建设包括园区综合管理与服务中心、科技创新创业中心、旱作农业技术研发中心、特色农产品精深加工园、农业电子商务服务中心、农产品批发物流园、关中旱作农业体验园、农业金融平台、科技生态涵养示范带9大亚功能区；花卉苗木科技种植示范大功能区，主要建设包括优质花卉引进与繁育基地、花卉观赏与体验园、设施花卉生产园、优质苗木引进与繁育基地、苗木观赏与体验园、设施苗木生产园；现代种植科技增效示范大功能区，主要建设包括特色果业种植园、特色中药材种植园、特色蔬菜高标准生产园；畜牧养殖科技提质示范大功能区，主要建设包括高效生态有机肥工厂、优质畜禽科技提质繁育园、畜牧科技提质标准养殖园。

- 示范区项目建设

示范区重点布局沟域经济农业建设和高端光伏农业休闲生产建设，其中沟域经济农业建设布局四大联动区。休闲农业沟域联动区、民俗创意沟域联动区、高端休闲沟域联动区和生态转型沟域引导区，以沟域为载体、纽带和中轴，以沟域内的自然资源、地理条件、人口分布和乡村产业为基础，通过沟域上中下段不同层次功能的划分，进而实现沟域资源合理开发和沟域生态环境有效保护。

(4) 园区发展建设主要特点

- 园区管理模式特点

园区聚焦"沟域旱作农业为中心的农业生态循环体系"开展建设，围绕聚焦互联互通，大力推进国际产能合作，以此聚集市场主体，找准企业需求，逐步探索解决，以创新驱动园区农业发展。围绕科技研发、示范培训、产业推广等方面打造"南有杨凌，北有周陵"的旱作生态农业样板区，利用干旱山地雨养农业区自然基础，提出了生态农业模式的思路，将集蓄水设施、高效种植业、舍饲养殖业、新型清洁能源有机结合起来，组装、配套多项成熟的农业实用新技术，延长产业链条，发展循环经济，增加群众经济收入，实现农业生产和区域经济的又好又快发展（图 8-40）。

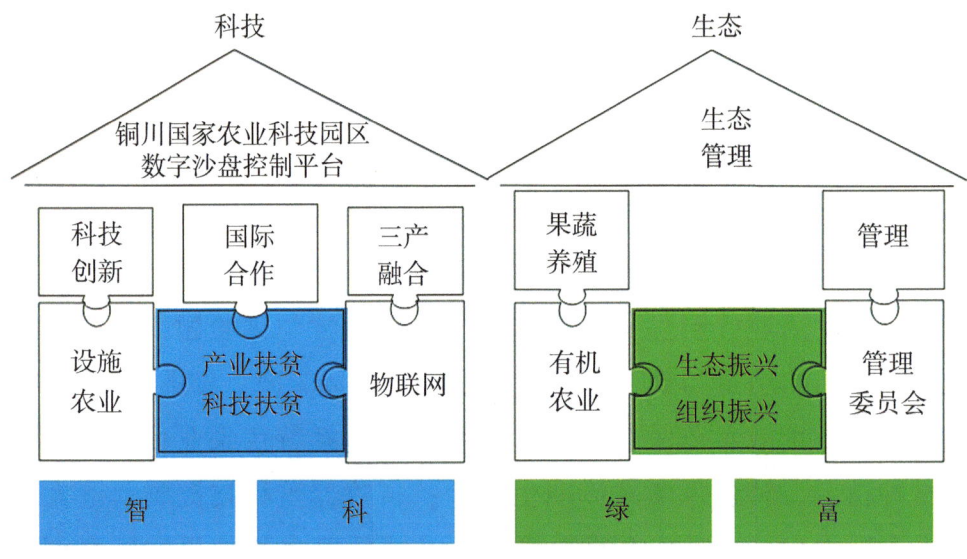

图 8-40　园区管理模式

- 园区扶持政策特点

为推动经济社会快速发展，由印台区政府、区农业局、园区管委会结合园区具体实际打造金融服务平台，成立了铜川市智农源实业有限公司，由区政府注资 5 000 万元对接园区企业金融服务，旨在促进农村经济发展，减少农业生产者的借贷成本，提供足够资金，改善其生产和生活条件，通过为其分散存在于生产和经营等过程中的自然风险和市场风险，以增进其农村经济活动的可预见性，保证园区企业的正常运行和双创工作的正常开展。

围绕企业扶持和科技创新支持，积极落实《陕西省科技示范村创建管理办法》，制定出台了《铜川市深化科技体制改革推进科技创新实施方案》《铜川市院士专家工作站建设管理办法》等多项政策，调动人才创新积极性，支撑产业转型升级，为园区企业的发展和科技创新保驾护航。

- 循环产业发展特点

园区为支撑循环产业持续、稳定、健康的发展，鼓励企业不断加大研发实力，引进新技术，实现陕中沟壑旱作经济生态小循环的良性发展，探索实施农户参与型"果—禽—肥"和公司参与型"粪—肥—果"2种小循环模式。

公司参与型以"缓解人畜粪便对环境的污染，实现废弃物循环利用"为指导思路，形成园区循环农业生产模式"生物有机肥—无公害、绿色、有机基地—无公害、绿色、有机农产品—无公害、绿色、有机肉（食品）—畜禽加工废弃物—生物有机肥"为主；农户参与型围绕技术培训，生态循环经济宣传，鼓励园区内各乡村实施适应本地的产业循环模式，比较成熟的如"林果种植—林下养殖、劣果喂猪—粪肥发酵—农家肥还田"等方式，助力园区实现园区内产业资源高效利用和可持续发展。

8.3.2 江西上饶国家农业科技园区

（1）园区发展与产业概况

- 上饶概况

上饶县位于江西省东北部，隶属上饶市，信江上游，灵山地区。地处赣、浙、闽、皖要冲，史称"八省通玉衢""豫章第一门户"。东邻上饶市信州区、玉山县、广丰区，南连福建省浦城县、武夷山市，西接铅山县、横峰县，北界德兴市。该县不仅具有与苏、浙、沪、闽等沿海开放地区地缘相近的优势，更重要的一点是作为江西省对外开放的东大门，在21世纪国家实施东部大开放、西部大开发的重大战略中，也扮演着"东部发达地区产业转移的承接地、沿海休闲观光的后花园和西部大开发的中转站"的重要角色。

- 园区产业发展概况

优势特色产业基础突出。上饶县有280万亩杉、松、竹等林木，且有红豆杉、银杏、水杉等珍稀名贵树种分布。森林覆盖率达到68%，是江西省油茶、茶叶的重点产区，活立竹达到1 600万株，是全国的"毛竹之乡"，38万亩耕地、清澈见底的溪流，为发展绿色无公害食品提供了得天独厚的优势。自古盛产芝麻、雪梨、板栗、洋葱、大蒜、生姜、笋等绿色农副土特产品。以果大皮薄、内质细嫩著称的"上饶早梨"，曾被列为清宫贡品；"上饶白眉""信州龙翠""雪菇"系列绿茶珍品，多次荣获部优、省优和中国农业博览会金、银奖。建立了一定规模的淡水鱼虾、珍珠、泥鳅等特种水产养殖基地。

产业化经营水平良好。实施农业产业化"强龙、增值、富民"工程，鼓励龙头企业通过合资合作、技术引进、股改上市等方式做大做强。支持远泉、恩泉、金标、盛水、茗龙、益精等龙头企业的发展，积极扶持远泉集团股改上市，重点抓好恩泉集团组建工作。启动农业产业化重大项目专项行动，每年在粮食加工、茶叶精深加工、林产品加工等重点领域，选择大型加工项目列入县统筹推进农业产业化重大项目，进行重点扶持。进一步加快农民专业合作社等农村合作经济组织的发展，继续推行"龙头企业+专业合作社+农户"等农业产业化经营组织方式，不断完善利益联结机制，提高农民组织化程度和农产品市场竞争力，带动农民增收致富。全县拥有国家级农业龙头企业1家、省级龙头企业8家、市级17家、县级20家。农业企业实现销售收入6.6亿元，带动农户5.89万户，户均增收1 200元。全县拥有各类农民专业合作组织64个，参合农民3 130人。

自然人文景观资源丰富。境北灵山，气势磅礴，七十二峰，峰峰皆秀，主峰海拔1 496米，面积160平方千米，唐代被列为道教第三十三福地。灵山分为水晶山、至圣峰、石人殿、南峰塘、太极岩、夹层灵山、中西台、茗洋湖、高南峰、道士仙十大景区，2003年灵山被列入省级风景名胜区。境南五府山，最高海拔1 891米，山上青峰入云，峭壁似削；山下有大坳枫泽湖。信江沿岸有七峰岩、月岩、南岩等著名洞穴景观。江左有震惊中外的上饶集中营遗址，江右有近年兴建的旭日广场、赣东北乐园、四星级京都国际酒店。

农业经济条件基础雄厚。已建立水稻、蔬菜等绿色食品原料生产基地50万亩，被列为"全国绿色食品原料（水稻）标准化生产基地""全国绿色农业示范区"。荣获"中华蜜蜂之乡""全省农产品加工先进县"和"全国绿色食品原料标准化基地建设最佳展示奖""全省茶叶十强县"等称号。实施农业标准化，培育农业品牌经营主体，发展无公害、绿色和有机食品，大力推进农业品牌化的建设理念进一步提高，荣获全国绿色食品原料（水稻）标准化生产基地和全国绿色农业示范区建设单位和"中华蜜蜂之乡"称号，全县累计绿色食品总数 127 个，保持绿标 107 个，已拥有省级著名商标 3 个、省级名牌农产品 4 个、认证无公害农产品基地 4 个。

(2) 园区规划总体思路与产业联动机制

- 总体思路

以科学发展观为统领，根据国家和江西省关于建设农业科技园区大力发展现代农业的战略部署，结合上饶市上饶县的现实需求，探索"政府引导，企业带动，协会组织，家庭参与，科技支撑，金融扶持"的新机制，按照一、二、三产业融合、现代服务业引领现代农业发展的理念，统筹城乡发展，创新农业生产经营模式，以增加农民收入为目标，市场为导向，科技为支撑，企业为带动，体制机制创新为动力，围绕"花卉、苗木、茶叶"建立完整的"种业—标准化生产—加工物流—文化创意"的产业链条，立足上饶，面向江西，放眼中部，通过核心区、示范区和辐射区的利益联动机制，引导"优势产业、优化资本、优秀人才、优良技术、优质服务"向园区集聚，在"四化同步"进程中推动上饶现代农业产业向绿色、生态、创意、精品、高值农业转变，促进区域经济的快速发展和人民生活水平的极大提高。

- 产业联动机制

循环产业链条搭建。构建以花卉、苗木、茶叶为主导产业的园区循环产业发展架构，形成以科技服务体系发展农业循环经济模式。拓展农业产业功能，加速产业聚集，带动基地化生产和组织载体构建，同时构建循环产业长效发展机制（图 8-41）。

产业融合模式搭建。为紧密促进一、二、三产业高度融合发展，推动农业由单一种养殖功能向精深加工、观光休闲、文创旅游等多功能拓展，深入挖掘南充饶茶价值内涵、生态文化内涵以及高标准有机农产品品牌，借助智慧农业先进技术和科技创新能力，实现产业跨界融合、要素跨界流通、资源集约配置、联农带农紧密的经营方式，打造"从农田到餐桌"的农业全产业链高质量发展路径（图 8-42）。

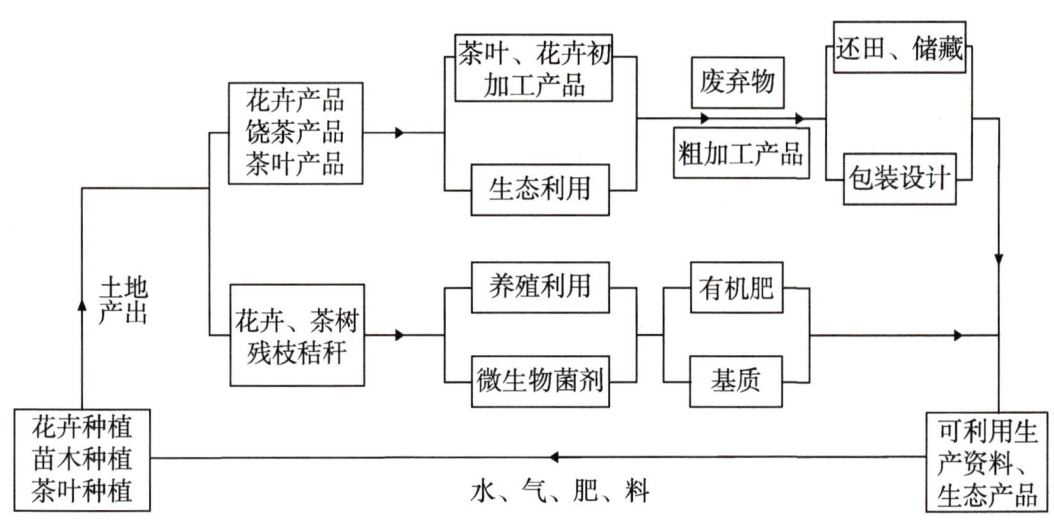

图 8-41 园区产业循环模式

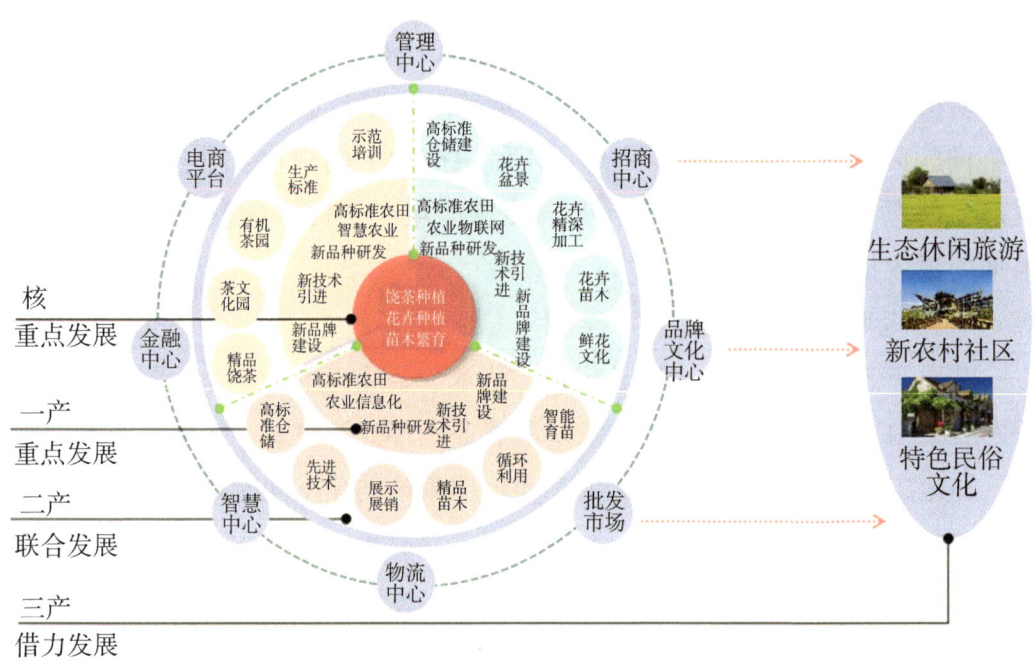

图 8-42 园区产业融合发展

（3）园区布局与主要功能

园区分为核心区、示范区和辐射区 3 个层次，园区按照"三区联动"原则建设，核心区形成"一带二区三中心"的建设格局，引领示范区和辐射区协调发展。根据园区地貌、土壤、水资源分布状况及产业布局现状，结合农业科技园区的优势和区域特点，确定功能定位。园区建成后，将具有高端服务功能、总部研发功能、产业创业功能、种质创新功能、科技创新集成示范功能、流通贸易功能、展示观光功能的"七大功能"。

核心区主要布局与功能。核心区形成"一带二区三中心"的建设格局，引领示范区和辐射区协调发展。根据园区地貌、土壤、水资源分布状况及产业布局现状，结合农业科技园区的优势和区域特点，确定功能定位。园区建成后，将具有高端服务功能、总部研发功能、产业创业功能、种质创新功能、科技创新集成示范功能、流通贸易功能、展示观光功能的"七大功能"。核心区"一带二区三中心"作为园区平台，抓住茶叶和花卉苗木两大优势产业，配合现代农业生产技术、农业信息化技术和农产品加工技术，促进农业向高端发展，率先进入农业现代化。"一带二区五中心"是园区的核心和建设重点，通过核心区的建设，一方面，直接带动茶叶和花卉苗木两大产业的发展；另一方面，为其他几个示范区提供技术平台、示范带动和运行机制、管理制度（包括土地、资金、人才等规章管理制度）等方面的龙头产业带动作用，从而带动全市及周边地区的农业产业结构调整。

示范区主要功能与布局。示范区规划两个主导产业分区，一是有机茶园标准化生产示范区，二是花卉苗木标准化生产区。示范区在核心区技术、人才、种苗、培训、资金等要素的带动下，通过龙头企业的进一步带动，进行标准化生产和示范，是核心区孵化新产业的中试和推广基地。通过核心区的技术支撑和企业带动，探索和实践现代农业产业化发展模式，示范区成为农业新品种、新技术应用的样板。

辐射区主要功能与布局。辐射区为上饶市周边地区，并通过龙头企业把基地和市场延伸到安徽、浙江、福建、湖南等地。辐射区可以按照示范区的生产模式和理念进行生产和管理，示范区对辐射区进行技术扩散、产业延伸和市场对接，带动辐射区的发展。辐射区是示范区技术普及推广的对象，为核心区提供优质安全的农产品和原材料。辐射区是核心区和示范区的辐射对象，也是实现农村繁荣、农业增效、农民增收的主要载体。

（4）园区发展建设主要特点

- 园区管理模式特点

成立江西上饶国家农业科技园区投资管理委员会，全面负责园区不同发展阶段的金融投资需求，以信用体系建设为基础，通过创业投资、代办股份转让、技术产权交易、担保贷款、信用贷款等，统筹园区发展的投融资体系。投资管理公司在园区运行中起着中间介质的作用，它为入园企业提供策略与方针并为其引入投资与合作伙伴，使企业得到较好的发展。把投资管理公司引入科技园区的管理运行体制中，有利于园区的企业化运营模式。投资管理公司在管委会的领导下，开展工作。

- 园区运行机制特点

实行"政府引导，企业带动，协会组织，家庭参与，科技支撑，金融扶持"的运行机制，建立"政府、企业、科研、协会、农民、金融"良好的六方联动机制和新型的农业生产关系。按照"自主经营、自负盈亏、自我约束、自我发展"的原则，进行运营和管理。并逐步建立"产权明晰、责任明确、政企分开、事企分开、管理科学"的现代企业制度，不断完善市场导向与技术创新有机结合，围绕园区建设，从相关高等院校、科研单位聘请专家作为技术顾问，主要负责园区发展规划、年度计划、项目建设方案的论证和科技开发指导。

- 园区资金筹措特点

园区规划项目建设资金主要按照"政府引导、主体运作，地方为主、省级扶持"相结合的方式和"目标统一、渠道不变、有效整合、管理有序"的要求进行筹措。项目建设符合国家农业发展投资方向，属于国家、省、市批准的现代高效农业示范工程建设项目，可享受国家有关的专项低息或贴息贷款的优惠政策。规划建设资金采取以下3个方面进行筹措：一是申请建设项目财政补助资金，占总投资的15%，重点支持示范区建设；二是充分利用村镇银行和小额信贷公司的资金，同时加大招商引资力度，由项目业主多形式、多渠道地筹措，占总投资的25%；三是申请银行贷款资金，占总投资的 60%。

8.4 园城镇村融合规划

8.4.1 陕西渭南国家农业科技园区

(1) 园区与产业发展概况

- 区域发展概况

大荔县位于陕西省渭南中部，东经 109°43′~110°19′，北纬 34°36′~35°02′，大荔东滨黄河，南眺华山，西接晧壤，北靠镰山，素有"三秦通衢、三辅重镇"之称，处在关中—天水经济区、陕晋豫承接产业转移示范区、陕西东大门建设重要位置，距西安 125 千米，距北京 1100 千米，连南贯北，承东启西。境内路网纵横密布，108 国道、202 省道、沿黄旅游专线穿境而过，韦罗高速公路将连（云港）霍（尔果斯）、西（安）禹（门口）高速接为一体，西韩铁路、大（同）西（安）高铁将实现出境道路全高速。镇镇通油路，村村通公路，公路密度、里程居全省全市之首。大荔从自然资源到区位优势以及交通优势均具有得天独厚的条件，为园区的发展奠定了坚实的基础。

- 产业发展概况

三产融合层次不断提升。近年来，面对全球复杂多变的经济形势和发展环境，园区所在的大荔县坚持"1+"发展思路，县域经济平稳发展，一、二、三产业结构有所优化，2019 年三次产业比重为 28.3∶24.1∶47.6，全县产业结构呈三一二的格局（图 8-43）。

截至 2019 年年底，大荔县先后荣获"全国食品工业强县""国家农村产业融合发展试点示范县""全国美丽乡村建设示范县"等荣誉称号。近年来，陕富面业、秦盛食品等近百家食品加工企业加速发展，脆冬枣、黄花菜等 13 种食品工业产品已打入高铁航空市场，大荔县已成为全省重点发展食品工业的产业集聚区。

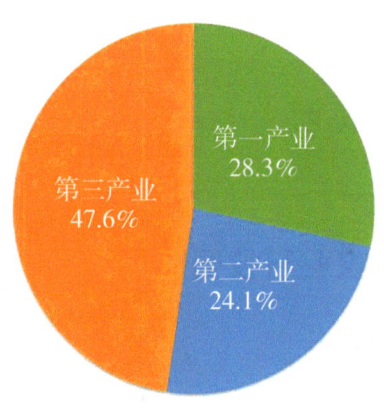

图 8-43　2019 年大荔县一、二、三产业结构

冬枣品牌优势不断加强。大荔县是全国重要的枣树发源地之一和鲜食冬枣的优生区。依托得天独厚的自然资源，大荔冬枣肉细嫩，口感脆，味香甜，已成为大荔的一张名片畅销国内外。大荔冬枣设施种植规模居全国第一，栽培模式多样，进一步拓宽了市场供应期，满足市场多样化需求。2019年，大荔县冬枣生产面积达到42万亩，其中设施冬枣面积37万亩，各类从业人员超过10万人，冬枣规模化生产水平位于全国前列。大荔出台的冬枣生产标准被认定为国家标准，连续五年跻身"中国果品区域公用品牌20强"，2019年进入第11位，品牌价值44.94亿元，成为国家农产品地理标志示范样板。

产业链条规模不断扩大。大荔县农产品产业发展链条日趋完善，冬枣产业已实现产、供、销一体化的良性发展，全县现有冬枣相关企业及合作社300余家，建成冬枣销售中心8个、大中型冬枣保鲜储藏冷库25座，在沈阳、北京、深圳、西安拥有品牌形象店或专柜10余个，并利用陕西农业品牌网和京东、淘宝、天猫、快手、抖音等新媒体传播渠道进行线上宣传，拓宽冬枣网络销售新途径。全县冬枣精深加工链条不断完善，大荔绿源农庄、安友果品、新禧冬枣等企业（合作社）建成冬枣4.0智能分级选果生产线5条；陕西大荔沙苑黄花有限公司、陕西天禾农业开发有限公司等企业建成脆冬枣精深加工生产线5条。冬枣种植、产中管理、精深加工一体化产业链条已基本形成。

(2) 园区规划总体思路与产业联动机制

● 规划总体思路

基本思路。城乡统筹，协同结盟，农牧结合，畜为龙头，科技服务，金融支撑，产业延伸，农民增收；实现渭南园区的"农业产业化、农村信息化、农民职业化和新型城镇化"的新四化示范样板（图8-44）。

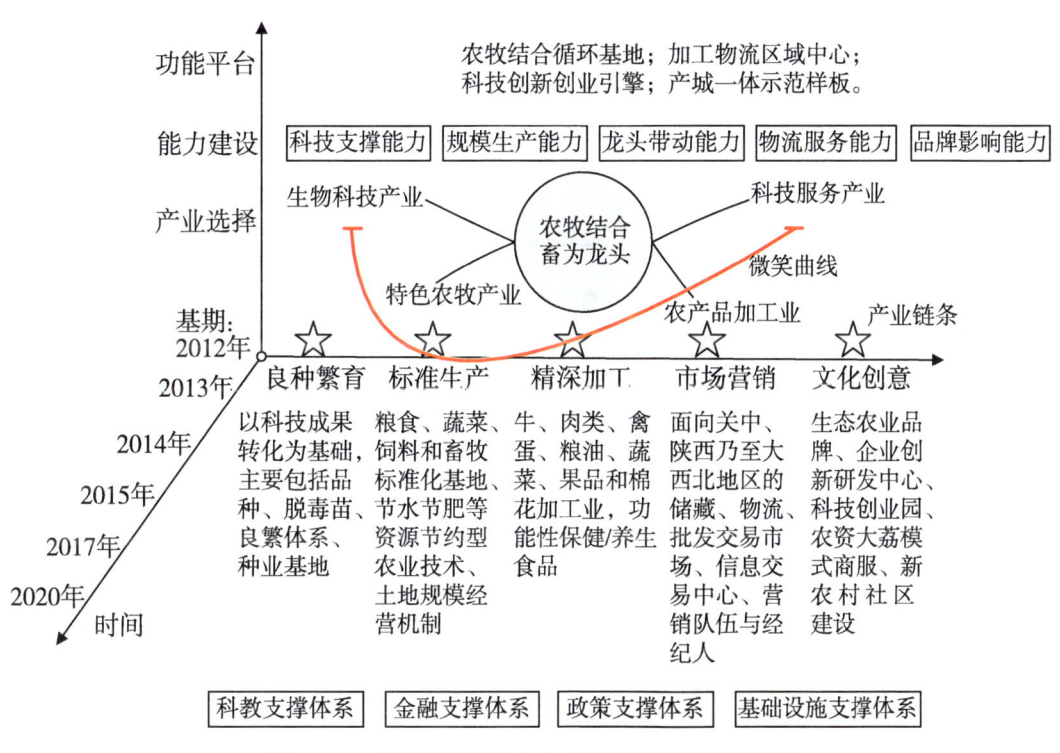

图 8-44 陕西渭南国家农业科技园区规划思路

功能目标。在核心区已有基础设施配套、产业建设初具规模的基础上，以农牧结合为主要特色，围绕全产业链，建设西部最大的畜禽良种繁育、畜产品生产、加工基地；建成涉农特色产业生产、加工、销售、物流为一体的龙头企业聚集地；建成技术创新、成果转化、科技研发、集成示范、企业孵化、信息交流、人才培训为一体的农业科技创新创业平台；建成"连锁经营、技企结合、密集覆盖、三级网络服务的农资农技双连锁、农资农副双流通、政府企业双推动"的新型农业科技服务体系——"大荔模式"典型示范区；建成基础设施完备，配套设施齐全且具有休闲、观光等功能的现代农业科技园区。

- *产业联动机制*

循环产业链条搭建。构建以秦川牛为主导产业的园区循环产业发展架构，发展以农产品加工产业、农业生物科技产业和科技服务产业为主，联动示范区产业布局以秦川牛、生猪、设施蔬菜等生产基地形成以科技服务体系发展农业循环经济模式。通过科技服务、企业带动和信息结盟等方式有机串联起来，形成有效互动，实现园区产业可持续发展（图8-45）。

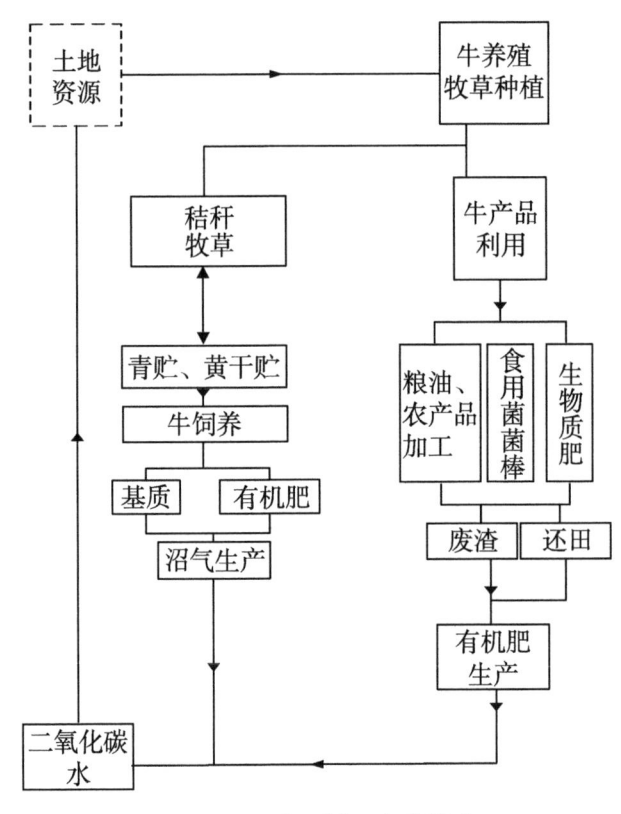

图 8-45　园区循环产业模式

产业融合模式搭建。为紧密促进一二三产业高度融合发展，推动农业由单一种养殖功能向精深加工、观光休闲、文创旅游等多功能拓展，深入挖掘秦川牛产业特色和内在价值，通过搭建生物科技产区实现产业高精尖发展，通过农产品加工产业区实现农业向休闲、环保、创意、服务等领域扩展，激生产业技术创新、提高农业生产率和品质（图8-46）。

8 农业科技园区的规划与建设实践

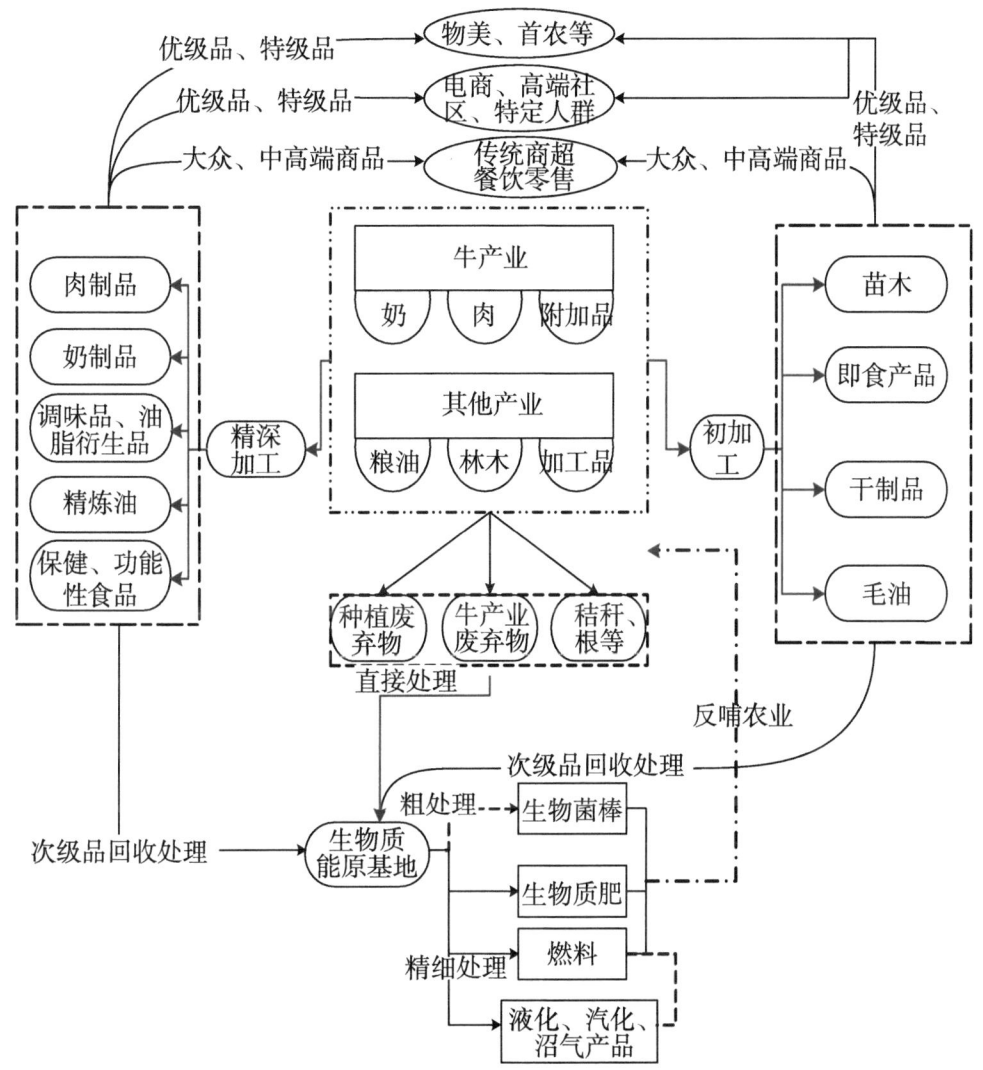

图 8-46 园区产业融合模式

(3) 园区布局与核心区建设

● 产业空间布局

整个园区按照核心区、示范区和辐射区"三区联动"的方式总体功能布局,根据园区发展特点,产业布局原则上按照"高端在内,基地在外"的空间格局,核心区产业布局以农产品加工产业、农业生物科技产业和科技服务产业为主,示范区产业布局以秦川牛、生猪、设施蔬菜等生产基地为主,辐射区畜牧养殖和高端设施生产为主导,空间上核心区、示范区和辐射区保持相对独立性，从产业发展上，三区通过科技服务、企业带动和信息结盟等方式有机串联起来，形成有效互动，核心区作为园区窗口起到引领带动作用，推动示范区和辐射区的产业发展。

- 功能空间布局

大荔核心区面积为20平方千米，根据产业分布情况和园区发展现状，核心区整体功能布局为三大功能区，具体包括：农业科技服务产业区、农产品加工产业区和生物科技产业区；农业服务产业区下设：农产品物流园、农业科技创业园、综合服务与科技创新中心和商贸服务中心；农产品加工产业区下设：特色农产品加工园、粮油加工园、林木加工园和畜禽肉奶加工园；农业生物科技产业区下设：畜牧良繁中心、动物疫苗研发中心、种苗培育中心、植物病虫害检定研发中心、生物农药及肥料研发中心和食用菌生产培育中心。

示范区主要包括大荔、临渭、蒲城、合阳、澄城等县（区）的冯村、埝桥、龙池、龙阳、党睦、城关、坊镇、吝店、下吉、交道10个乡（镇），根据园区产业现状及布局，示范区将建设两大基地，一是标准化畜牧养殖基地，下设秦川牛养殖基地、奶山羊养殖基地和生猪智能化养殖示范基地；二是标准化生产基地，下设高效设施大棚蔬菜示范基地和标准化粮食生产基地。

辐射区主要包括核心区示范区毗邻的大荔、蒲城、临渭、合阳、澄城等县（区）的乡（镇）和全市其他县（市），通过核心区新产品、新技术、新模式的带动和示范区生产示范基地建设，为辐射区提供必要的技术示范和技术支撑，推进辐射区种植业和养殖业的快速发展。将在蒲城县、合阳县、富平、澄城县、临渭区等地建设一批秦川牛养殖基地、奶山羊养殖基地、生猪养殖基地、设施蔬菜种植基地，并大力发展鸵鸟等非常见畜牧养殖基地。至2020年，核心区和示范区辐射带动区域逐步推进到整个渭南市及周边地区。

(4) 园区发展建设主要特点

- 园区科技创新特点

园区与国内多所科研院所、高等院校展开深入合作交流，与西北农林科技大学签约达成冬枣产业科技合作协议，开展冬枣良种研发与繁育、精深加工与产品开发研究，建立大荔冬枣良种繁育基地和标准化生产示范中心，致力于壮大冬枣产业，实现冬枣标准化种植、生产效益提升和完善精深加工；

与中国科学院西安分院（陕西省科学院）、陕西省生物农业研究所建立长期技术合作协议，进行盐碱地修复技术应用、设施果蔬根结线虫的生态适应机制及防控技术研究；与中国科学院西安分院（陕西省科学院）合作成立中国科学院西安分院（陕西省科学院）大荔基地。此外，农高区还与中国农业科学院、中国农业大学、西北农林科技大学、陕西师范大学等院校的专家学者建立了良好而紧密的合作关系，推动园区农业产业持续健康高质量创新发展。

- 产业发展环境优势

园区主导产业发展具有先天的环境优势，园区所在的大荔县拥有黄花菜、冬枣、高石脆瓜、西瓜、红萝卜、花生、辣椒7个国家地理标志产品。同时也是全国重要的枣树发源地之一和鲜食冬枣的优生区，大荔冬枣设施种植规模居全国第一，大荔出台的冬枣生产标准被认定为国家标准。同时园区所在的大荔县农产品产业发展链条日趋完善，冬枣产业已实现产、供、销一体化的良性发展，在国家和地方政府的扶持下，大荔县农业企业与各类专业合作社积极建设冷藏储备库、购置相关精深加工技术设备，打造"生产—储藏—加工—运输—销售"产业链条，良好的产业发展环境，有助于园区实现产业转型升级和迭代发展。

- 园区科技服务模式特点

园区深化应用"大荔模式"科技服务体系，一是示范引领及辐射带动功能日趋增强，以园区为核心，不仅解决了核心区农民的致富增收问题，同时也带动示范区、辐射区的生产生活问题，实现多赢的局面；二是农业实用技术推广及高效应用日趋明显，大荔模式科技服务体系在园区的充分应用充分解决了传统农业科技服务体系过程中的"最后一公里"问题，依托农资环节的统一化和标准化，积攒信用体系，借助全国农技推广体系和渠道，充分调动基层农技师的积极性，最大限度发挥了科技对农业产业的支撑作用；三是优质廉价的生产资料让农民体会到更多的实惠，大荔模式科技服务体系在园区的充分应用最直接的好处就是让利于农民，农民是最直接的受益群体，大荔模式同一生产资料，不仅是把低于市场价15%~25%的生产资料带给农民，更是带来一份保障、一份信用和一套更全面的服务；四是在科技推广及体制机制创新方面取得了重大突破，大荔模式科技服务体系在园区的充分应用打破了政府原来单打一、有钱养兵无钱打仗的困局，县政府专门设立了技企结合办公室，重点研究扶持政策并主抓落实工作，极大地提高了农业技术的推广效率。

8.4.2 河南洛阳国家农业科技园区

(1) 园区与产业发展概况

- 园区发展概况

洛阳市位于河南西部、黄河中游，因地处洛河之阳而得名，是国务院首批公布的历史文化名城和著名古都，省域副中心城市，也是中部地区重要的工业城市。先后荣膺中国优秀旅游城市、国家园林城市、国家卫生城市、全国文明城市、国家森林城市、国家创新型试点城市、全国科技进步先进市、国家知识产权示范城市、中国十大最佳魅力城市、全国节能减排二十佳城市、国家旅游标准化试点城市、国家首批智慧旅游试点城市、全球网民推荐的中国十大旅游城市、福布斯中国大陆最发达旅游城市等荣誉称号。《促进中部地区崛起"十三五"规划》明确提出，洛阳市是全国区域性中心城市；中国（河南）自由贸易区、郑洛新国家自主创新示范区、"一带一路"倡议重要节点城市等一系列政策落地，为洛阳市产业结构转型升级与供给侧结构性改革提供了重要支撑。

- 产业发展概况

农业基础条件利于产业发展。孟津县重点发展以京孟种植专业合作社、洛建农业发展有限公司、慧林源合作社等农业新型经营主体为龙头引领的产业发展集群。全县花卉苗木培育面积达到6.8万余亩，孟津依托蔬菜瓜果种植基地、花卉苗木园区、鱼塘荷塘等产业及景观资源，打造了孟扣路果蔬产业观光带、小浪底专用线休闲农业观光带、新310国道都市现代农业观光带3条农业休闲线路，发展各类休闲农业园区、农庄、民俗村达到68家，以休闲观光、生态旅游为主的成规模（500亩以上）农业园区达到55个。

新型经营主体助力科技创新。孟津县拥有河南省西瓜育种工程技术研究中心,省级农业产业化重点龙头企业达到5家,市级64家,市级农业产业化集群2个;各类农民专业合作社1 000余家,其中国家级示范农民专业合作社6家、省级8家、市级34家;注册家庭农场76家,国家级蔬菜标准园3个、省级农业标准化基地3个、市级农业标准化基地4个。全县已注册或认定的电子商务企业28家,入驻阿里巴巴产业带的企业29家,参与电子商务经营企业349家,已注册的物流快递企业175家,约1 500家淘宝、微商店铺,电商从业人员超3 000人。

园区基础设施完备助力园区升级。核心区南临连霍高速G30,东接焦柳铁路洛阳市段,西至洛吉快速通道,东西贯穿省道S314,两侧分散居民点和部分企业,由此道路向南北辐射主要道路和次要道路,货运高速路沿核心区北部、东部边界贯通。

核心区道路结构以省道S314为主干,贯通核心区,辐射道路呈树状辐射分布,主要是水泥硬化路面;辐射的次要道路路面主要是水泥硬化路面和沙石路面,并与居民居住点和企业连接贯通。

- 整体分析

天时。中央、省和市区对农业生产和美丽乡村建设的重视和扶持。党的十九大提出乡村振兴战略和创新驱动战略,为农业科技园区发展提供了巨大政策红利。2017年中央农村工作会议要求,一是推进农村一二三产融合,多渠道增加农民收入;二是加强农业供给侧结构性改革,推进农业现代化发展;三是解决农村土地要素市场化配置,推动新型城镇化发展;四是加快农村电商和互联网农业发展。

地利。核心区位于河南西部,黄土高原南缘,西接关中平原,东临中原大地;属大陆性季风气候,四季分明,气温月季变化明显。洛阳市自古为"九州腹地、十省通衢",具有承东启西、纵贯南北的区位优势,是我国中西部地区重要的交通枢纽。

人和。中国农业科学院、西北农林科技大学、河南农业科学院、河南农业大学与洛阳市、孟津县形成深度合作,增强科技要素对农业生产的创新驱动力和竞争力;各级政府积极支持,核心区内农业经营主体主动作为、积极奋进,农业科技发展取得了一定成效。

因此，引入农业科技要素、增强农业信息手段、整合农业金融平台、拓展农业全产业链条是园区发展的正确选择和必由之路！

(2) 园区规划总体思路产业联动机制

- *规划思路*

一条产业。瓜果品种选育—种苗培育—标准化生产—精深加工—市场营销—休闲文化—品牌创建。通过延伸产业链条，不断扩展园区功能，促进一二三产业融合，带动农业农村经济发展，提升乡村振兴战略发展水平。

三个重点。做精瓜果种业、做大精深加工、做强休闲旅游。围绕以西瓜为主的特色农业产业，以种业科技为核心，提升瓜果精深加工水平，促进生态休闲旅游服务业发展。

四大体系。科技转化与创新支撑体系、政策扶持与保障体系、金融服务与协调扶持体系、基础建设与运营支持体系。构建人才、设备、资金、政策协同互补的科技转化与创新支撑体系；通过政策和制度创新，构建政策扶持与保障体系，促进技术、人才、资金等要素向园区集聚；扩展投资融资渠道、撬动社会资本不断流入农业农村，打造围绕农业科技创新的金融服务与协调扶持体系；完善园区基础设施、促进物流发展、改善区域营商环境，构建农业产业的基础建设与运营支持体系。

六大功能。农村创新创业、成果展示示范、三产融合发展、成果转化推广、科普休闲示范、职业农民培训。以技术创新和科技孵化功能为核心，通过科技引领示范，促进科技创新成果转换。扩展和发挥农业的多功能性，发展乡村农业观光休闲旅游，促进农村一二三产业融合，通过示范带动乡村经济发展。

- *产业联动机制*

循环产业链条搭建。构建以瓜果为主的特色农业产业，发展配套农业设施园艺产业，建设发展农业科技教育、高效设施农业、生态农旅休闲和农业金融扶持形成以科技服务体系发展农业循环经济模式。通过科技服务、企业带动和信息结盟等方式有机串联起来，形成有效互动，实现园区产业可持续发展（图8-47）。

8 农业科技园区的规划与建设实践

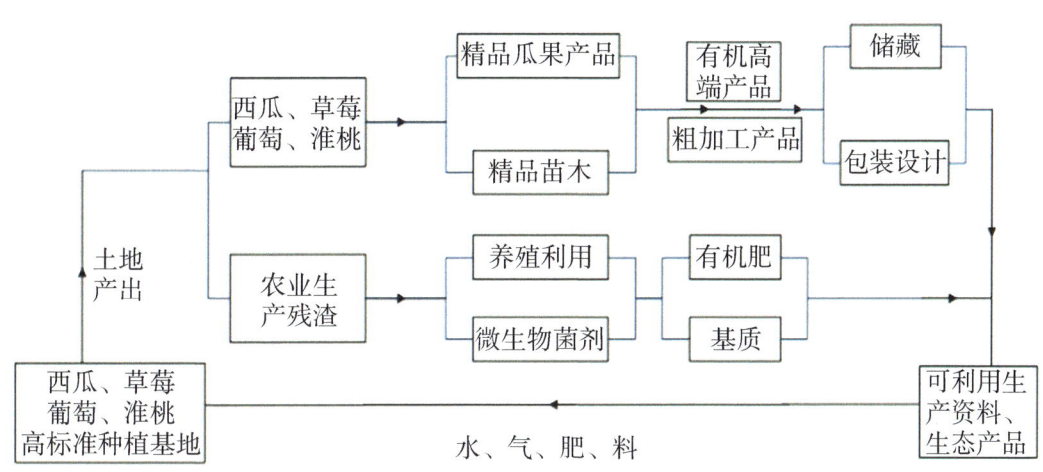

图 8-47　园区产业循环模式

产业融合模式搭建（图 8-48）。为紧密促进一二三产业高度融合发展，推动农业由单一种养殖功能向精深加工、观光休闲、文创旅游等多功能拓展，深入挖掘西瓜、草莓、葡萄、淮桃产业特色和内在价值，通过搭建高标准瓜果种植示范功能区、生态技术示范功能区实现产业高精尖发展，通过构建三产融合发展示范功能区进行农耕活动体验、农具展览及体验、乡村生活

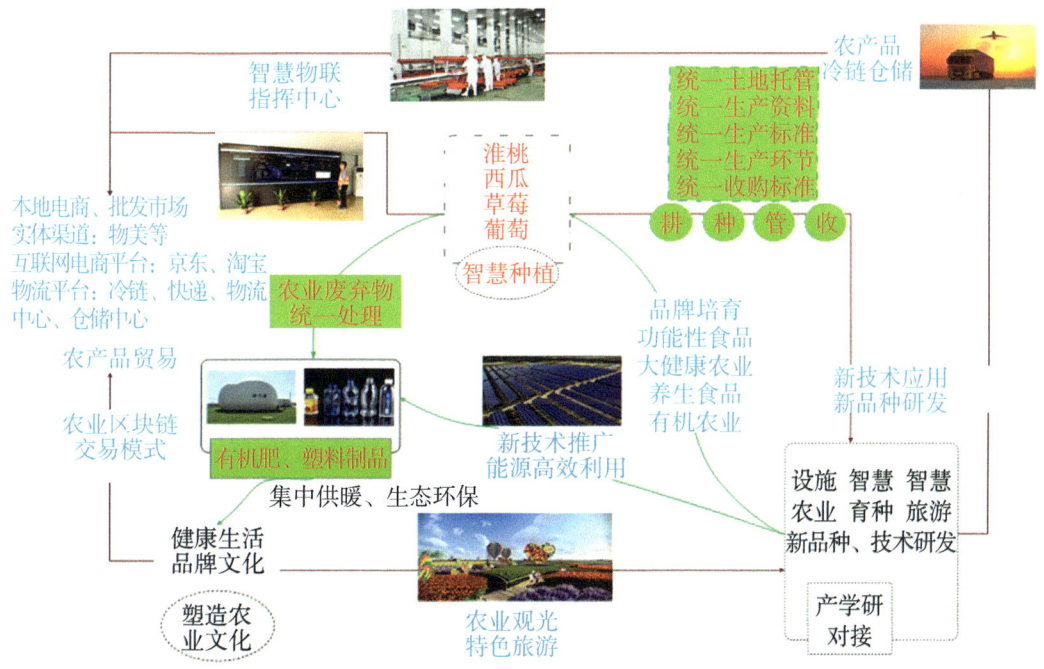

图 8-48　园区产业融合模式

体验、豫西民俗传统文化和庆典活动体验等，让游客在轻松愉快的休闲中了解农民、体验归田耕种、喜迎收获的乐趣，领略田园景观的清新自然美感，享受悠闲自在的乡村生活。实现农业向休闲、环保、创意、服务等领域扩展，激生产业技术创新、提高农业生产率和品质。

（3）园区布局与主要建设内容

- 园区布局

河南洛阳国家农业科技园区整体在空间上形成核心区、示范区与辐射区"三区联动"发展模式。

核心区范围。园区核心区基础地块位于河南省洛阳市孟津县黄河南部，规划核心区占地总面积7.1万亩，由西往东共计覆盖3个乡镇（白鹤镇、朝阳镇和送庄镇）的部分区域，整体纳入行政村13个，包括游王村、阎凹村、十里头村、范村、崔窑村、朱寨村、梁凹村、白鹿庄村、宋庄村、西山头村、东山头村、护庄村和三十里铺村。

主要功能。以乡村振兴战略和农业供给侧结构性改革为目标，融合一二三产业，聚焦围绕西瓜等特色农产品发展"豫西丘陵地区生态循环农业"。

示范区范围。以瓜果为主导产业的特色农产品形成产业带动发展模式，示范带动河南省洛阳市9个市县，包括孟津县、新安县、宜阳县、伊川县、洛宁县、嵩县、栾川县、汝阳县和偃师市。

主要功能。以核心区科技示范带动为样板，复制核心区产业集成模式，以点带面，全面推进。

- 核心区主要布局

核心区整体占地面积约7.1万亩，空间呈"一心一带五区"分布格局，其中一心即园区管理中心，一带即高效休闲农业观光带，五区包括集约高效瓜果生态技术示范大功能区（主要包括高标准精品西瓜生产园、高标准越冬草莓生产园、高标准优质葡萄生产园、高标准桃生产园）、优良品种示范大功能区（主要包括西瓜优良品种标准化种植园、草莓优良品种标准化种植园、桃优良品种标准化种植园、孟津梨优良品种标准化种植园）、三产融合发展示范大功能区（主要包括豫西传统农业体验园、瓜果精深加工园、瓜果设施园艺观赏园、精品瓜果采摘园）、创新创业孵化大功能区（主要包括大学生返乡创业园、农民工返乡创业园、创新创业大厦）和高标准瓜果种植示范大功能区（主要包括高标准精品西瓜生产园、高标准越冬草莓生产园、高标准优质葡萄生产园、高标准桃生产园）。

- 示范区主要布局

园区示范区为洛阳市除核心区以外区域，主要包括孟津县、新安县、宜阳县、伊川县、洛宁县、嵩县、栾川县、汝阳县和偃师市。主要是围绕西瓜等特色农产品建设的高标准种植生产基地和农产品加工企业。通过核心区农业科学技术的集成示范，对示范区起到引领和推动作用，将核心区的技术、资本、模式等在示范区进行学习推广，有效提升示范区农业科技含量与农业产业生产经营模式。

（4）园区发展建设主要特点

- 园区科技服务模式特点

以洛阳园区为载体，省市科技部门培育、提升，以"政府+企业+专家+农户"的市场化运作方式，实现农技农资双向服务、农资农副双向流通、农业科技双向推动的农业科技服务新型模式。服务方式：政府引导、群众点菜、科技送餐、企业买单。服务体系：县为单元、乡为阵地、村为网站、技物配套、三级连锁。农技服务网络：示范区县建专家团和科特派员、村聘技术员，主要负责开展技术培训、技术咨询、示范推广。农资农副连锁经营网络（"六统一"管理）：即在园区设总部，示范和辐射区镇设配送中心，村设连锁店，实行统一标识、统一采购、统一配送、统一核算、统一价格、统一服务的"六统一"管理模式。组建由科研院所、大专院校、知名企业和有关单位共同参加的"洛阳园区农业技术协会"，充分发挥协会在市场调查、信息交流、咨询评估、行业自律、政策研究、市场监督等作用，积极推进产学研紧密结合，促进洛阳市现代农业产业的发展；加强种养产业农业科技研究，突出园区的"科技示范"作用。

- 园区管理体制机制特点

园区管理委员会作为洛阳市政府的派出机构，设为市直正处级单位，管委会主任由洛阳市副市长兼任。园区管理委员会主要负责园区规划方案和年度计划的编制和实施；建立园区任务目标责任制度，主持园区建设、检查、验收及考核评价；完善各配属部门职能建设，落实优惠政策及扶持政策；协助维护园区所辖区域内社会稳定，统筹城乡一体化建设，确保整个园区的顺利建设。本着"精干、高效、统一"的原则，设置管委会的工作机构，配备专门工作人员。按照有利于体制创新、科技创新和灵活高效的原则，园区管委会下设综合办公室、技术部、招商部、工程部、财务部等部门。

● 园区管理运行机制特点

实行"市县共建"的管理模式。市级政府逐年下达目标任务给核心区、示范区所在地政府及建设领导小组各成员单位；将核心区、示范区建设和发展纳入市年度综合考核范围，考核结果直接纳入市对县考核。

采取"企业自主经营"的运行方式。园区内企业按照"自主经营、自负盈亏"的原则生产运营，逐步建立"产权明晰、责任明确、政企分开、事企分开、管理科学"的现代企业制度。建立科农贸一体化的企业经营机制。

构建"择优奖补"的激励机制。构建和完善激励机制，为园区科技创新提供良好的外部条件。择优奖补，在对科技创新领域有突出贡献者给予政策和资金支持，提高科技工作动力，促进成果高效产出。

9

主要结论和政策建议

9.1 主要结论

一是我国初步建立了较为完善的农业科技园区体系，园区建设对促进我国农业科技创新和农业农村经济发挥了重要的作用。本研究总结了农业科技园区的发展历程，将园区发展划分为5个阶段：萌芽起步阶段、快速发展阶段、调整发展阶段、全面发展阶段和提质升级阶段。经过多年的发展，我国形成了一批类型多样的农业科技园区，为促进我国农业农村发展和农业科技创新积累了丰富的经验。然而，与形势发展需求相比，农业科技园区发展还存在一些不足，包括：资源集聚不强，创新要素缺乏；产业联系不紧，产业体系缺失；经济效益不佳，发展动力不足；科创效率较低，示范能力较弱。

二是农业科技园区管理体制机制的改革创新，需要系统性、整体性推动。农业科技园区管理体制是一个复杂的系统，解决问题需要综合考虑宏观和微观两个层面。在宏观层面，需要做好顶层设计、明确园区的功能定位、加强激励和约束机制建设、促进部门间的联合治理、提高园区宏观政策支持力度。在微观层面，需要加强园区的职能权利和资源支持、理顺园区管理组织结构、完善园区管理制度、不断激发改革创新活力。农业科技园区建设是一项复杂的系统工程，也是一项长期的工作任务，只有持续不断地推动管理体制和机制的改革创新，才能确保园区持续、快速地发展，推动园区提质升级。

三是农业科技园区的建设需要不断推动产业跨界融合，促进一二三产融合发展。农业科技园区早期一般以一产为基础带动园区发展，但核心驱动力的发展只能依靠科技创新，不断推动一二三产业融合发展。产业融合发展有助于将资本、技术以及资源要素进行跨界集约化配置，使农业生产、农产品加工和销售、餐饮、休闲以及其他服务业有机地整合在一起，促进不同主体相互分工协作，打通农业全产业链链条，通过"叠加效应""联动效应""乘数效应"快速推动园区的经济发展。

四是集群打造有助于推动园区的科技创新和经济发展。园区产业集群化发展有利于技术创新和产业升级,园区产业集群化发展有利于创造园区增长的"乘数效应",园区产业集群化发展有利于农产品区域品牌化建设。我国已经初步形成了一些典型的园区集群模式,例如陕西杨凌园区的科教融合引领型、山东寿光园区的中小企业集聚型、湖北武汉园区的大型企业辐射型。

五是园镇村一体化发展是优化农业园区产业空间布局的有效途径。"园城镇村"融合是农业科技园区发展的重要方向,可以利用农业科技园区的载体或平台功能,通过采用整体性、集群化、全产业链的综合发展模式,推进农村一二三产业融合发展,不断拓展园区功能,连片带动乡村振兴。"高端在内,基地在外"是农业科技园区发展的重要模式。这种空间格局理念,有助于打破传统农业产业概念,用"一二三产业融合"发展的思路来培育现代农业园区。

9.2 政策建议

9.2.1 不断推进管理体制机制的改革创新

要实现园区农业产业现代化发展,需要从运行机制的创新入手,改变过去由政府立项、政府建设和管理的组织形式,实行"政府引导、企业主导、协会组织、农民主体、科技支撑、金融支持"的新机制。

宏观层面——完善农业科技园区评价制度,以引导园区进行科技研发、营造创新创业环境、发展农业高新技术产业,增强科技产业、创新创业、基础设施、人文环境等方面的评价指标;完善农业科技园区的监测制度,逐步推进农业科技园区的监测统计立法;尽快建立动态退出机制,定期对不符合要求的农业科技园区进行整改、降级和退出。加强政府的监管和服务职能,引导农业科技园区注重科技创新绩效,提高创新资源的投入利用效率。

微观层面——通过多种渠道筹集资金,为园区规划建设的水、电、路、通信等基础设施建设提供资金保障,以便为投资企业提供良好的基础设施条件;制定相应的土地、科技、人才、金融、税收等政策,为以现代农业为主导产业的企业、科研机构和人员提供良好的投资和创业环境;积极引进和培育主导产业链条上关键节点的龙头企业建设是整个现代农业产业体系建设的重要节点，龙头企业按照"公司+基地+农户"产业化经营形式的要求，与生产基地的农户签订产销合同、提供配套服务，以合同形式明确双方的责权利，结成风险共担、利益共享的经济联合体，提高农业收益，增加农民收入。

9.2.2 做精做深做强主导产业，不断推动产业融合

突出园区的农业科技创新功能，加强园区科技资源、政策支撑等方面的投入，加强科技制度、组织管理等方面的创新，促进农业科技园区进一步发展。集中力量打造一批科技创新力强、具有竞争力的农业高新技术园区。通过因地制宜建立多种类型的农业科技园区，以科技促产业、以科技促就业，多角度激活农村资源，让企业、农户、科研单位积极加入科技创新促进产业发展的大环境。

促进产业交叉融合，推进农业与加工流通融合，发展多要素交叉融合发展新业态，推进农业与文化、旅游、教育、康养、信息等产业融合，发展数字农业、体验农业、功能农业等业态。坚持以一产推动二三产、以二产联动一三产、以三产带动一二产的发展理念，推动城乡资本、技术、人才等要素双向流动，促进农业产业链条向前端和后端延伸。构建产加销、农工贸、种养加一体化运行的现代农业产业链体系。顺应"互联网+"农业发展趋势，加大力度发展农产品电商，实现农业产业链和价值链的全面升级。推进园区和城镇互动融合，逐步缩小城乡差距，打造新型"科技+产业+生活"特色小镇。

9.2.3 择选部分园区集中打造，培育具有世界影响力的高水平园区

农业科技资源具有稀缺性，而且区域分布不均衡。在技术、资金、人才等要素稀缺的情况下，只有将有限的资源集中投放在具备发展条件的地方进行重点打造，才能发挥出农高区创新示范的引领作用。农业科技园区需要坚持高标准严要求，数量不能过多，以确保建设质量、增强可持续发展能力。

推进差异化、特色化发展,集中力量发展一批特色和优势园区,大力推动国家级农高区建设,打造全国乃至全球著名的农业创新集群,培育国际农业科技品牌。

9.2.4 加强与科研机构的合作,注重创新的内生性培育

农业科技园区的发展离不开高校、科研单位等主体的支撑,其建设应当充分考虑科教资源的分布情况,积极与高校、科研机构进行合作,促进产学研的深入融合。制定出台农业企业和农业院校引进人才、培养人才、留住人才的倾斜政策,集聚科教资源。引导高等院校和科研院所等单位的科技人员,到园区做兼职技术开发研究工作,通过农校、成人教育、绿色证书培训等形成造就一批农民技术骨干,逐步建立高、中、低不同层次规模的农业科技人员队伍体系。注重科技创新的内生性,有条件的园区可以通过建立园区大学、教育基地、研究院所等科教机构,构建扎根于本地的农业科技创新体系。同时,营造良好的创新环境,培育创新创业文化,促进园区持续创新发展。

9.2.5 发展农业科技服务,构建农业科技社会化服务体系

以市场化为导向,大力发展农业科技咨询、科技服务等产业,为地区农业经营主体提供科技信息咨询与技术服务。通过物化投入、开展社会化服务和技术指导服务等措施,集成推广"全环节"绿色高质高效技术模式,探索构建"全过程"社会化服务体系和"全产业链"生产模式,辐射带动周边生产水平提升。建立农业科技交易中心和科技信息服务平台,为科技供求双方提供科技信息,促进农业科技成果转化,实现创新成果的价值。促进科技中介、科技经纪人等中间主体和机构发展,促进农业科技成果与农业生产有效对接,在农业科技专家与农业经营主体之间搭建信息桥梁,推进农业科技成果转化和新产品新技术改进创新。基于园区科技优势,大力开展职业农民培训和科普教育,培养有文化、懂技术、会经营的新型职业农民队伍,为现代农业发展提供强有力的人才支撑。

参考文献

阿尔弗雷德·韦伯，2009. 工业区位论［M］. 李刚剑 等，译. 北京：商务印书馆.

蔡秀玲，陈贵珍，2018. 乡村振兴与城镇化进程中城乡要素双向配置［J］. 社会科学研究（6）：51-58.

陈昕昕，2018. 农村内生发展动力与城乡融合发展［J］. 农业经济（12）：35-37.

程郁，郭雯，2014. 联合治理视角下的高新区管理体制创新［J］. 科学学与科学技术管理（2）：88-97.

道格拉斯·C. 诺斯，1994. 制度、制度变迁与经济绩效［M］. 刘守英 译. 上海：上海三联书店出版社.

东晓，赵扬笛，2019. "镇园合一"模式的制度逻辑、实践困境及路径选择：以湖北省H镇为例［J］. 长江论坛（3）：50-56.

范恒山，2019. 城镇村企联动实现乡村振兴［J］. 宏观经济管理（7）：10-12.

冯健，2012. 乡村重构模式与创新［M］. 北京：商务印书馆：46.

付俊红，张淑荣，2016. 一二三产业融合型农产品发展模式研究：以天津七里海河蟹为例［J］. 天津经济（9）：23-27.

高焕喜，2000. 农业科技示范园区的功能与机制［J］. 中国农村经济（10）：30-33.

耕夫，2005. 武汉有个"农业硅谷"——湖北武汉国家农业科技园区创新之路［J］. 中国高新区（4）：29-32.

何红，2018. 城乡融合发展的核心内容与路径分析［J］. 农业经济（2）：91-92.

何伟，2005. 我国农业科技园研究综述与展望［J］. 农业经济（2）：32-33.

何增科，2007. 论改革完善我国社会管理体制的必要性和意义——中国社会管理体制改革与社会工作发展研究之一［J］. 毛泽东邓小平理论研究（8）：18，52-60，84.

胡振民，2005. 贯彻中央"三农"工作总体部署　努力推进农村精神文明建设［J］. 求是（5）：26-29.

黄海平，龚新蜀，黄宝连，2010. 基于专业化分工的农业产业集群竞争优势研究：以寿光蔬菜产业集群为例［J］. 农业经济问题，31（4）：64-69，111.

黄祖辉，2018. 准确把握中国乡村振兴战略［J］. 中国农村经济（4）：2-12.

姜长云，2015. 推进农村一二三产业融合发展新题应有新解法［J］. 中国发展观察（2）：18-22.

姜长云，2016. 完善农村一二三产业融合发展的利益联结机制要拓宽视野［J］. 中国发展观察（2）：42-43，45.

蒋丹平，卢凤君，2012. 国家农业科技园区可持续发展战略研究［M］. 北京：中国农业科学技术出版社：16-18.

蒋和平，2000. 我国农业科技园区特点和类型分析［J］. 中国农村经济（10）：23-29.

蒋永穆，周宇晗，2018. 改革开放40年城乡一体化发展：历史变迁与逻辑主线［J］. 贵州财经大学学报（5）：1-10.

孔祥智，张效榕，2018. 从城乡一体化到乡村振兴——十八大以来中国城乡关系演变的路径及发展趋势［J］. 教学与研究（8）：5-14.

雷国平，刘子宁，2014. 基于DEA-Tobit两步法的耕地生产效率研究［J］. 东北农业大学学报（12）：82-87.

李二玲，2020. 中国农业产业集群演化过程及创新发展机制：以"寿光模式"蔬菜产业集群为例［J］. 地理科学，40（4）：617-627.

李红玉，2018. 马克思主义城乡融合发展理论及其现实意义［M］. 北京：中国社会科学出版社：79.

李秀彬，2010. 对于国家农业科技园区内空间布局过于分散问题的思考［J］. 中国农业科技导报，12（1）：56-59.

李扬，2018. 城市边缘区村庄发展研究［D］. 太原：太原理工大学.

刘宏娜，杨同毅，2018. "三产融合"的内涵与研究态势［J］. 农村经济与科技，29（9）：12-14.

刘继为，陈会然，2018. 基于DEA模型的河北省科技成果产出效率分析

［J］．台湾农业探索（6）：84-87．

刘克辉，1992．厦门闽台农业高新技术园区的规划设想［J］．台湾农业情况（4）：3-7．

刘盛和，吴传钧，沈洪泉，2000．基于GIS的北京城市土地利用扩展模式［J］．地理学报，4（4）：407-416．

刘孝蓉，2013．基于产业融合的传统农业与乡村旅游互动发展模式［J］．贵州农业科学，41（3）：219-222．

刘笑明，2008．农业科技园区技术扩散研究：以杨凌农业示范区为例［D］．西安：西北大学．

刘中会，2009．寿光蔬菜产业集群研究［D］．长春：东北师范大学．

卢凤君，2014．农业科技园区：面向全产业链增值的集群服务［J］．中国农村科技（11）：36-39．

陆大道，陈明星，2015．关于"国家新型城镇化规划（2014—2020）"编制大背景的几点认识［J］．地理学报，70（2）：179-185．

罗胤晨，2016．生命周期视角下的工业集聚及其演化研究［D］．上海：华东师范大学．

马晓河，2015-02-10．推进农村一二三产业深度融合发展［N］．农民日报（1）．

钱纳里 等，1988．发展的型式：1950—1970［M］．李新华 等，译．北京：经济科学出版社．

乔金亮，2017．建设田园综合体的核心是"为农"［N］．经济日报（13）．

任保平，2011．从城乡单向商贸流通体系向双向流通体系转变的战略选择［J］．西北大学学报（哲学社会科学版），41（3）：7-10．

阮晓东，2017．乡村振兴战略 新田园·新平台·新动力［J］．新经济导刊（12）：10-16．

沈毅，1985．创建农业科学经济开发园区的思考［J］．中共福建省委党校学报（5）：29-31．

十八大报告文件起草组，2012．中国共产党第十八次全国代表大会文件汇编［G］．北京：人民出版社：21．

佟光霁，2002．我国农业科技园区的功能定位、建设原则与发展对策［J］．科技导报（10）：19-22．

王朝全，2002．关于农业科技园的经济学解析［J］．绵阳经济技术高等专科学校学报（2）：45-50．

王朝全，2004．混合组织及其治理研究［D］．广州：华南农业大学经济管理学院．

王缉慈，陈平，马铭波，2010．从创新集群的视角略论中国科技园的发展［J］．北京大学学报（自然科学版），46（1）：147-154．

王乐君，寇广增，2017．促进农村一二三产业融合发展的若干思考［J］．农业经济问题，38（6）：3，82-83．

王小鲁，2010．中国城市化路径与城市规模的经济学分析［J］．经济研究，45（10）：20-3．

王欣，2017．国家高新区管理体制、科技创新政策与创新绩效关系研究［D］．合肥：中国科学技术大学．

魏德功，2005．现代农业的基本内涵与现代农业园区建设［J］．改革与战略（10）：28-32．

魏清泉，1998．城乡融合发展的动态过程——经济结构与城乡关系的改变［J］．现代城市研究（2）：22-25，62．

温铁军，2000．中国的城镇化道路与相关制度问题［J］．开放导报（5）：21-23．

吴普特，2001．农业科技园区的战略定位与发展模式［J］．中国农业科技导报（3）：6-9．

吴晓林，2017．模糊行政：国家级新区管理体制的一种解释［J］．公共管理学报，14（4）：16-26，63，153-154．

吴宗建，2021．新会陈皮村三产融合理论实践与创新［M］．北京：光明日报出版社：14-16．

夏骥，2011．对上海郊区产城融合发展的思考［J］．城市（12）：58-61．

肖万春，2005．中国农村城镇化问题研究［D］．北京：中共中央党校．

徐虹，林钟高，孙彦骊，2011. 组织结构、信息体制与企业内部控制模式研究——基于知识共享理论的分析［J］. 财贸研究，22（4）：140-148.

许越先，1999. 我国农业现代化建设中农业科技示范园的发展［J］. 调研世界（11）：11-13.

许越先，陈建华，杨文志，2001. 中国农业科技园区建设与发展（论文集）［C］. 北京：中国农业出版社.

严金明，迪力沙提，夏方舟，2019. 乡村振兴战略实施与宅基地"三权分置"改革的深化［J］. 改革（1）：5-18.

杨敬华，2008. 农业科技园区科技创新能力建设研究［J］. 农村经济（8）：107-110.

杨其长，2001. 我国农业科技示范园产生的历史背景与发展对策［J］. 农村实用工程技术（1）：2-3.

叶依广，纪漫云，2006. 基于个案的区域农业集群成长思考［J］. 南京农业大学学报（1）：121-126.

尹俊，2011. 破解城乡二元结构形成城乡经济社会发展一体化新格局［J］. 现代农业（7）：72-75.

于弘路，2016. 济南高新区管理体制创新研究［D］. 济南：山东财经大学.

曾光，周伟林，2005. 产业聚集理论及进展［J］. 江淮论坛（6）：5-10.

翟印礼，赵黎明，2016. 农业科技园区技术集聚及其形成动因研究［J］. 农业经济（3）：15-17.

张义丰，2010. 新时期我国农业园区的功能定位及其发展路径选择［C］//第九届中国农业科技园区论坛论文.

赵冲，杨栎楠，2019. 以田园综合体为载体推进乡村振兴战略［J］. 经济师（8）：22-23.

赵秋实，2009. 基于经济发展方式转变的生产要素投入效率分析［J］. 商业时代（13）：4-5.

郑丽果，2018. 城乡一体化与乡村振兴如何协同发展［J］. 人民论坛

(30): 78-79.

钟顺昌, 李坚, 简光华, 2014. 产城融合视角下城镇化发展的新思考 [J]. 商业时代 (17): 39-42.

周华强, 邹弈星, 刘长柱, 等, 2018. 农业科技园区评价指标体系创新研究: 功能视角 [J]. 科技进步与对策, 35 (6): 140-148.

周小琴, 查金祥, 2005. 农业科技园区: 功能定位、建园模式与运行机制. 江苏工业学院学报 (社会科学版) (3): 36-39.

朱启臻, 2018. 乡村振兴背景下的乡村产业——产业兴旺的一种社会学解释 [J]. 中国农业大学学报 (社会科学版), 35 (3): 89-95.

宗锦耀, 2017. 农村一二三产产业融合发展理论与实践 [M]. 北京: 中国农业出版社: 15-16.

HOSPERS G J, 2003. Creative cities: Breeding places in the knowledge economy [J]. Knowledge Technology & Policy (16).

KLINK H A VAN, LANGEN P W DE, 2001. Cycles in industrial clusters: the case of the Shipbuilding Industry in the Northern Netherlands [J]. Journal of Social and Economic Geography, 92 (4): 449-463.

MENZEL M P, FORNAHL D, 2007. Cluster life cycles—dimensions and rationales of cluster evolution [J]. Jena Economic Research Papers, 19 (1): 205-238.

PERROUX F, 1950. Economic Space: Theory and Applications [J]. Quarterly Journal of Economics, 64 (1): 89-104.

SHIN D H, HASSINK R, 2011. Cluster life cycles: the case of the shipbuilding industry cluster in south korea [J]. Regional Studies, 45 (10): 1387-1402.

WARES A C, HADLEY S J, 2008. The cluster approach to economic development, Technical brief no. 7 [EB/OL]. http://www.value-chains.org/dyn/bds/docs/712/The_Cluster_Approach_to_Economic_Growth.pdf.